도시에서 행복한 마을은 가능한가

도시에서 행복한 마을은 가능한가

마을과 행정 사이를 오가며 짱가가 들려주는
마을살이의 모든 것

유창복 지음

Humanist

작은 데에서 출발하는 귀중한 삶의 실험

마을공동체 운동은 사회와 정치, 그리고 우리의 삶을 바로잡으려는 여러 움직임 가운데 가장 주목할 만한 활동이다. 자본주의 사회에서 압축적인 경제 성장은 사회의 공동체적 기반을 근본에서부터 파괴했다. 성장에 대한 강압에 못지않게 그에 대한 비판과 저항도 거셌다. 그러나 이러한 문제를 두고 일어난 저항은 대체로 거대한 규모이거나 그것을 지향하는 것이었다. 이에 대해 마을공동체 운동은 압축 성장이 만들어낸 문제를 사회의 내면에서부터 바로잡아보려고 한다. 이것은 그 자체로도 주목할 만한 사회적 움직임이면서, 우리 사회의 발전 또는 변화의 단계로 보아도 극히 적절한 것이다.

전통적인 공동체의 파괴, 마을이나 가족의 소멸은 기초적인 인간 유대를 해체하여 삶의 환경을 황폐화했다. 그러나 단순히 정서적 차원에서만 삶이 삭막해진 것은 아니다. 공동체의 자연스러운 인간관계 속에서 저절로 해결되던 육아, 양육, 교육, 양로, 장례, 일상적 편의의 교환 등의 소멸이 이 삭막해진 삶의 현실적 내용을 이룬다. 사회 복지 체제의 수립에 대한 요구는 이에 대한 국가적 대책을 마련해야 한다는 것을 의미한다. 그러나 그것이 사람들의 필요에 대처하는 데 충분한가 하는 것도 문제이지만, 사회에 참다운 인간성 회복을 기약한다고 할 수도 없다. 필자 유창복의 표현에 따르면 '수혜자'를 위한 '공급자 중심의 체제'는 그 주체성을 축소시킨다. 공동체 회복을 위해서는 마을 주민들의 공동체 의식이 필요하다. 그것은 주민들 간의 자연스러운 교감에서 시작된다. 이로써 공통의 필요를 깨닫고 공동 행동에 참여하게 된다. 그 과정에는 강제나 압력이 없다. 모든 것의 기초는 참여자 자유의지다. 그리고 공동체적 어울림은 저절로 인간 심성의 깊이에 들어 있는 착한 마을을 움직이게 한다. 사고를 당해 추위에 떨고 있는 강아지를 외면하지 못하고 끝내 그 양육자를 찾고 마을동물보호단을 만들기로 한 '악동'들의 이야기는 이러한 심성의 움직임을 예시하는 하나의 우화이다.

필자가 말하고 있듯이, "마을이 우리 사회의 모든 문제를 해결할 수는 없다." 그러나 마을운동은 그것을 위한 가장 중요한 모델을 보여주는 것임이 틀림없다. 우리 사회의 문제를 "정치인에게 위임하지 않고, 시민단체가 대변하도록 내버려두지 않고" 시민 스스로 대안적 삶의 방책을 마련하고, 그렇게 살아가며 행복과 만족을 느낌으로써 정치를 달라지게 하려는 것이 곧 마을운동이다. 이 책은 이러한 삶의 실험을 충실하게 기록하고 그 실험의 결과를 평가하고 여러 제안을 담고 있는 소중한 자료이다.

김우창(문학평론가, 고려대학교 명예교수)

마을은 도시의 미래일 수 있을까?

나는 미아리라는 도시 변두리 마을에서 어린 시절을 보냈다. 여름
철엔 어김없이 물차가 마을에 들어왔다. 물차가 커다란 호스로 물
을 콸콸 쏟아내면 동네 사람들이 식구 수대로 다 나와 물지게며
양동이, 하다못해 양재기까지 들고 물차 앞에 줄을 서서 한 방울이
라도 더 받아가려 애를 썼다. 50년이 다 된 기억인데도 선명하다.

학교가 파할 무렵이면 1년 365일 동네 조무래기들로 골목은
밤늦게까지 항상 소란했다. 설날이면 동네 형들이 세뱃돈을 걷고,
돈을 낸 애들 열댓 명이 단체로 미아리극장에 영화를 보러 갔다.
시도 때도 없이 버럭 호통을 치는 통에 살아 있는 망태 할아버지
로 통하는 어르신이 지금도 눈에 선하다. 학교 당번이라 일찍 나선
등굣길에는 어김없이 후드점퍼 차림에 "쉭쉭!" 이상한 소리를 내
며 골목을 뛰던 형이 있었는데, 그가 바로 '세기의 복서' 홍수환이
었다. 길음시장에서 장을 보고 오시다 세탁소 앞에서 마주친 나에
게 오목을 가르쳐주신 홍수환 선수의 어머니가 문득 그립다.

마을에서 똘똘하다는 칭찬을 들으며 명랑하게 자란 세탁소집
막내아들은 대학을 가면서 마을을 떠났다. 아니 마을에선 잠만 잤

다. 그 잠도 2학년 말이 되면서 뜸해졌다. 좁은 세탁소에서 종일 옷먼지 마시며 고단한 일상을 살아내는 어머니, 아버지와 마주하면 다음 날 학교에 갈 자신이 없었기 때문이다. 옷 속에 무전기를 감춘 사복형사가 상주하고 있는 학교 교정, 방패와 몽둥이를 든 전투경찰과 대치하고 백골단과 뒤엉켜 몸싸움하던 대학 시절……. 그때 나는 이 한 몸 바쳐 나라라도 구하고 말 기세였다.

그럭저럭 대학을 졸업하고 직장에 다니고 결혼을 하고 어느덧 30대 중반, 아이를 키우려고 다시 마을을 찾았다. 그렇게 성미산마을에 깃든 지 어느새 20여 년이 되어간다. 아들놈 하나 잘 키워볼 요량으로 일찌감치 합류한 공동육아 어린이집에서 만난 동년배 엄마 아빠 들과는 대학 시절 동아리방에 모인 스무 살 청년으로 돌아간 듯 오붓하고 찰진 관계를 쌓아갔다. 비로소 깨어난 나의 수다 본능은 마을 곳곳에서 날밤 새는 줄 모르고 하룻밤에도 열두 번씩 만리장성을 쌓았다. 이렇게 맛을 들인 마을살이는 미아리에서 보낸 나의 어린 시절과 신통하게도 고스란히 포개졌다.

'내 새끼'에서 출발했지만 얼마 가지 않아 '우리 새끼'들이 눈에 들어오고, 마을이라는 공간과 마을 이웃의 관계망이 보였다. 그래야 그 속에서 내 새끼를 건사하는 일도 가능하다는 사실을 알게 되었다. 하지만 함께 가는 길이 만만치 않았다. 사사건건 의견을 조율하고 상대의 기분을 살피고, 일의 방향을 따지고 진도를 조절해야 했다. 때로 다잡기도 하고 그러다 지치면 '되는대로' 널부러지기도 하며 함께 왔다. 그래도 함께하는 일은 부담도 적고 처음 가는 길에 대한 불안도 나눌 수 있어 할 만했다. 아니, 오히려 함께 나누며 살아간다는 것의 의미를 되새기게 되었다. 이렇게 필요하면 사고치듯 일 벌리고, 벌리면 또 수습되는 협동의 신화로 인생 후반전의 밑그림을 그려왔다. 어느덧 나이 오십을 넘기면서 인생 이모작, 삼모작이 마을에서 다시 펼쳐진다. 작년 말, 동네 후배들이 챙겨준 반백(半百) 잔치까지 이미 받아먹은 터라 더 이상 딴생각할 여지도 없다.

그러던 어느 날 박원순 서울시장의 마을공동체정책 덕분에 '행정'을 만났다. 행정에 기대서는 별 뾰족한 수 없다는 것이 평소 생각이었다. 행정이 나서서 마을을 한다니 기대와 우려가 교차했다. 하지만 정부의 일방적이고 못된 '갑질'을 탓하고만 있기에는 우리 시민사회의 저변과 뿌리가 너무 빈약하다 싶었다. 우리 스스로 자원을 조달할 수 있는 능력이 서글플 정도로 취약했다. 시민이 나서서 뭘 하나 해보려 하면 안간힘을 다 해도 될동말동했다. 시장은 이미 승자독식을 넘어 강자독식으로 흘러가고 있었다. 강자독식의 시장에서 자유경쟁은 진즉 허울 좋은 거짓말이 되었다.

그래서 다시, 공공(公共)이 아쉽다. 그래도 정부는 '공공'의 책무를 노골적으로 내동댕이치지 않고 명목으로나마 자신의 존재 이유로 여기고 있지는 않을까? 시장에서 한쪽으로 쏠려버린 부를 조금이나마 고르게 나눌 수 있지 않을까? 스스로의 힘으로 지속가능한 뭔가를 도모하기에는 힘에 부치는 시민사회에 새로운 마중물이 되고 디딤돌이 될 수는 없을까?

하지만 그게 만만찮다. 마을에서 이웃들과 살갑게 벌이는 마을살이와 행정이 나서서 마을을 만들겠다는 건 전혀 다른 일이다.

전문가들과 함께 미리 세워둔 사업계획을 앞세우고 성과를 요구하며 내려오는 공무원들과 마을공동체를 만들어가는 일은, 내가 그동안 마을에서 20년 동안 지지고 볶으며 살아온 마을살이와는 아주 다른 일이다.

그래도 피하고 외면할 순 없었다. 번거롭고 공연히 헛김 새는 일이다 싶기도 하겠지만 어쩌겠나, 행정은 엄연한 이 사회의 한 주체다. 엄연하기만 할까, 막대한 자원과 힘을 가지고 있으며 오랜 세월 다져온 관행과 노하우로 강력하게 조직된 주체다. 시민사회가 단지 정부의 자원을 사용하기 위해 지불해야 하는 불가피한 대가든, 글로벌한 추세로 등장한 시대적 과제든 거버넌스에 대해 우리 사회 나름의 대안을 갖고 계속 혁신하기 위한 노력을 해야 하지 않을까?

일자리는 불안하고, 주거비와 교육비는 갈수록 올라가고, 의료비는 민영화다 영리화다 들썩이며 불안하다. 아이들은 파릇한 청소년기를 송두리째 공부에 바치고, 그렇게 대학을 가도 취직이 난망하고 결혼은 엄두도 내기 어렵다. 노인들은 방치되고 홀로 세상을 뜬다. 맞벌이가정 아이들의 방과후가 챙겨지지 않는다. 생계형 자살이 빈발하고, 별안간 목숨을 잃는 사고가 많아진다. 심지어 동네에서 아이들과 여성들이 봉변을 당한다. 어떻게 우리의 일상을 챙기고 살아야 하나? 혼자는 엄두조차 안 나고, 함께라면 가능할까? 그렇다면 누구와 함께할 것인가? 도시에서도 마을이 가능할까? 그동안 꼬물꼬물 실험해온 소중한 마을살이의 시도들이 있지만, 도시의 미래로, 서울시민의 행복한 삶의 터전으로 뿌리내릴 수 있을까? 아직은 답하기 어렵지만, 새 길 내는 마음으로 가능성을 찾아가야겠다.

*

1부에서는 필자가 20여 년 가까이 성미산마을에서 마을살이를 하면서 직접 겪은 여러 경험을 바탕으로 일종의 마을살이의 원리라고 할 만한 얘기들을 적었다. 마을살이를 하면서 마주하게 되는 과제나 어려움을 가능한 한 망라해보려고 노력했다. 마을살이를 처음 맛본 주민들이 마주하게 되는 어려움과 고민을 함께 나누며 대안을 궁리하고 희망을 공유하는 기회를 마련하고 싶었다.

2부는 2011년 10월 박원순 변호사가 서울시장 보궐선거에 당선된 이후, 서울시의 마을공동체정책을 수립하고 중간지원조직을 통해 실행했던 3년여 과정을 기록하고 정리한다는 마음으로 글을 썼다. 서울의 풀뿌리 활동가들이 모여 논의를 시작했던 3년 전 당시부터 민선 6기가 시작된 지금에 이르기까지, 숱한 문제와 씨름하고 해결책을 찾기 위해 동료들과 고민한 과정과 그 결과들을 나름의 틀로 정리해봤다. 과연 정부가 나서는 마을정책이 괜찮은가? 어쩔 수 없이 나타나게 될 관 주도의 부작용이 위험수위를 넘고 있지는 않은가? 이런 염려와 고민을 드러내고, 정부 자원을 동원해 과연 마을을 만들 수 있을까? 기대와 가능성을 구체화해보려는 그간의 노력을 공유하고 싶었다.

그래서 1부와 2부가 글투도 다르고 서술 체계도 다르다. 독자 입장에서는 들쭉날쭉하여 매끄럽지 않게 읽힐 수도 있지만, 그 다름 자체가 필자가 처한 상황의 차이이고 다른 맥락을 드러내는 것이라 여겨 같은 톤으로 정리하기를 일찌감치 포기했다. 1부가 짱가의 '성미산 마을살이 20년'의 되새김질이라면, 2부는 짱가의 '서울시 마을하기 3년'의 기록인 셈이다.

*

지난 4월, 커다란 골칫덩어리 하나를 내 몸에서 끄집어냈다. 크기로 보아 한두 해 자란 게 아닌 것 같았다. 고단하고 고통스러웠던 순간순간들이 몸 한구석 어딘가에 혹 덩어리로 자리 잡았을 거라 생각하니 그동안 참 무심하게 살았다 싶다. 드디어 또 하나 골칫덩어리(?)가 내 몸에서 빠져나온다. 4년 전 첫 책이 나온 뒤, 서울시와 함께한 3년여의 우여곡절을 담았다. 동네에서 놀던 판이 아니었다. 천만 대도시에서 벌이는 마을정책이 만만찮다. 그래도 많은 이가 마음 쓰고 몸을 던져 헤쳐 온 길이다. 가슴에 고스란히 쌓인, 동행한 이들의 이야기를 한데 모아 책으로 엮었다.

주말 거처인 강화의 집 앞 카페는 나의 훌륭한 서재가 되어주었다. 가끔 동네 이웃이 내다주는 국수며, 고구마 감자를 먹으며, 짱짱한 봄햇살 아래 통증을 달래가며 원고를 써내려갔다. 그러고 보니 종양과 책은 그동안 나의 마을살이 과정을 갈무리하는 결실 같은 것인지도 모르겠다. 어쨌든 둘 다 내 몸 밖으로 꺼내놓고 보니 후련하고 홀가분하다. 이제, 비운 그 자리에 무엇이 들어찰꼬?

2014년 11월

강화 집 앞 해미래 카페에서

짱가

차례

2025년
서울의 마을

마을 요양 네트워크

마을 학교

의료 생협

마을 동물 보호단

마을 카페

공구도서관

마을 생협

동네 부엌

게스트 하우스

청소년 아지트

마을여행사

마을 극장

마을 미디어 센터

공동육아 어린이집

2025년 서울, 어느 마을의 마을살이

동네부엌, 마을카페, 마을식당, 마을공방, 셰어하우스(share house), 게스트하우스, 공구도서관, 마을상포계, 의료생협, 마을요양 네트워크, 마을동아리와 마을축제, 마을극장, 마을학교, 청소년 아지트 '다락방', 공동육아 어린이집, 마을여행사 등 이 이야기 속에 나오는 마을의 여러 기관들은 모두 십수 년 전 서울시 마을공동체지원정책으로 씨가 뿌려지고, 싹과 잎이 나고, 열매를 맺으며 마을 속에서 번성하게 되었다. 처음에는 육아 품앗이로 친해진 엄마 너댓 명이 동네 축제를 해보자고 작당해 부산하게 움직이더니, 그 축제를 계기로 동네 사람들이 서로 알게 되고 친해지면서 마을카페다 마을식당이다 마을학교다 하며 하나둘 생기기 시작했다.

　물론 이 모두 협동조합 형태로 주민들이 형편대로 출자해서 기금을 모으고, 시청과 구청에서 부족한 재원을 보태줘 지금껏 올 수 있었다. 이런 마을 기관에서 상근하는 주민만 해도 150여 명이나 된다. 시간제로 일하는 사람까지 합하면 300명을 훨씬 웃돈다.

　자, 그럼 2025년 서울의 한 마을에서 살아가는 네 인물, 상철 엄마, 준수 총각, 명식 아빠, 연아의 마을살이 속으로 들어가보자.

"동네 사람이니까 마음이 편하고 안심이 된다"

김성희, 43세, 여, 상철(초등학교 4학년), 상희(초등학교 2학년) 엄마. 3년 전 퇴직하여 전업주부로 지내다가 최근 마을카페 매니저 제안을 받고 일할 예정이다. 동네에서 '왕언니'로 불린다.

내가 어제 마을축제 마무리 회의 뒤풀이로 늦게 들어온 걸 알고 있는 신랑은 알아서 아침을 챙겨 먹고 나가며 나를 깨운다. "갔다 올게." 오늘따라 유난히 깨워도 안 일어나는 큰놈, 결국 늦었다고 난리굿을 하며 밥도 먹는 둥 마는 둥 씩씩대며 현관문을 박차고 나간다. '나 땜에 늦었나? 지가 안 일어났지. 쩝.'

한바탕 전쟁을 치르고 한숨 돌리려는데, 이번엔 기다렸다는 듯 핸드폰 벨소리가 울려 퍼진다. "여보세요?" 한동안 연락이 뜸했던 친구다. 승진하고 정신없이 바쁘다더니, 아침 댓바람에 걸려온 전화다. "웬일이야?" 반갑긴 한데 말투는 그렇지 못하다.

"잘 지내지? 애들은? 참, 큰놈은 좀 어때? 틱은 다 없어지고?" "어, 이제 멀쩡해." "잘됐다, 얘. 근데 너 근질근질하지 않니? 있잖아, 우리 회사 요즘 해외 사업부가 터져서 난리야. 그래서 해외 마케팅 지원 부서에서 경력자를 뽑는데 네가 떠올라서 말야. 네 전공이잖아."

전화를 끊고 오전 내내 마음이 뒤숭숭하다. 설거지에도 손이 안 가고 똥 마려운 강아지마냥 온 집안을 서성대다가, 결국 혜수 엄마를 불러낸다. "아 참!" 집 앞 슈퍼를 지날 즈음 혜수 엄마가 부탁한 마을

상포계 가입 원서가 떠올라 다시 집으로 돌아갔다가 약속 장소인 마을카페로 뛰어간다. 매사 칼 같은 혜수 엄마는 약속 시간 늦는 걸 제일 싫어한다. 역시 먼저 와서 앉아 있다. 황급히 들어서는 나를 빤히 바라보는 혜수 엄마의 눈빛이 따갑다. 얼른 시선을 돌려 오늘따라 환한 얼굴로 웃고 있는 준수 총각에게 카라멜 마끼야또와 에스프레소 투 샷을 주문한다. 상담이 시작되었다.

"아니 그러니까, 2년 계약직에 연봉 3,000만 원이라는 거지?"

"응."

"출퇴근 교통비로 월 5만 원 잡고, 식대로 적어도 15만 원은 들지 않겠어? 옷도 1년에 한두 벌은 사 입어야 할 거고, 화장품도 기본은 찍어 발라야 하잖아? 소소한 잡비까지 해서 월 15만 원 잡고. 월급 250만 원에서 세금 떼고 나면 실수령액 220만 원이고, 교통비 5만 원, 식대 15만 원, 옷과 화장품, 잡비 합해서 15만 원 빼고 나면 185만 원 남네."

혜수 엄마는 미리 계산해보고 나온 사람처럼 앉은 자리에서 술술 읊어댄다.

"그런데 마을카페 매니저 월급이 160만 원이라며, 그럼 25만 원 더 받는 거네?"

"25만 원이야? 별 차이 안 나네."

"그런데 아침에 신랑 출근시키고 애들 학교 보내고 나서 자기 출근 준비하려면 매일 전쟁이고, 출퇴근 시간만 해도 왕복 3시간인데, 그거 버는 거잖아?"

"그러네. 카페야 10시 출근이고 집에서 5분 거리니까 애들하고 신랑 다 보내놓고 한숨 자고 나와도 되겠네. 여기 있으면 애들이 수시로 들락거릴 테니까 둘 다 챙길 수 있어 좋고."

"그래. 근데 진짜 중요한 거, 직장 스트레스 안 받잖아!"

혜수 엄마, 역시 핵심을 찌른다. 옛날 직장 다닐 때의 기억이 주마등처럼 스친다.

"맞아. 매일 부서장들 실적 타령에 주눅 들 테고……. 아마 그때 회사 그만두지 않았으면 나도 지금쯤 차장 정도는 되어 있을 거야. 지금 내 동기들 연봉이 계약직 연봉의 거의 두 배 가까이 될 거고, 그나마 2년짜리 계약직이니 언제 어떻게 될지 모르는 파리목숨이고, 쩝!"

언제나처럼 명쾌한 혜수 엄마의 칼상담에는 항상 결론이 나온다. 나는 홀가분해져서 카운터로 가 찻값을 계산한다.

"준수 총각, 다음 주에 우리 인수인계하자."

"그럼 상철 엄마가 맡아주시는 거예요? 감사합니다."

"근데 어디 좋은 데 취직이라도 하는 거야? 우리 상철이는 어쩌고?"

"아니요, 그냥 다른 할 일이 좀 생겨서요. 카페도 아주 그만두는 건 아니에요. 월, 수, 금 오전만 시간제로 근무할 거예요. 상철이도 계속 만날 거고요. 염려 마세요."

"그래 그래, 알았어. 준수 총각이 있어야 초보 매니저인 나도 안심이 되지."

찻값 계산을 하다 "아 참!" 하고, 마을상포계 가입 원서가 떠올라 혜수 엄마에게 건넨다. 요즘 하루에 너댓 번은 이런다.

"저축한다고 생각해. 우리 친정아버지 돌아가셨을 때 얼마나 고

마웠는지 몰라. 집안 어르신들도 장례회사가 어디냐고 다들 칭찬하
셨다니까."

"우리 부부가 다 집에서 막내잖아. 그래서 친정도 그렇고 시댁도
그렇고 어르신들이 다 연로하셔. 이젠 걱정이 돼서 말이야."

"그럼. 마음의 준비를 한다고 해도 막상 돌아가시면 다들 정신이
없어. 누가 옆에서 챙겨주지 않으면 초상 치르기 힘들어. 근데 우리
마을상포계는 평소 잘 아는 장례사가 다 알아서 해주니까, 그냥 믿고
맡길 수 있어 좋아. 상주들은 별 할 일이 없어. 문상 오신 분들 맞이하
는 일에만 집중하면 돼."

아흔 살을 훨씬 넘겨 백수를 코앞에 두도록 여전히 꼿꼿하고 간
간하기로 유명한 집안의 큰 어르신이 친정아버지 장례식에 오셔서
하신 말씀이 기억난다. 시골도 아니고 서울 한복판에서 동네 사람들
이 문상 오는 게 참 신기하다 하시며, 내가 사는 동네가 무슨 동네냐
물으시고, 장례회사도 장례 법도에 밝고, 장지 알아보고 장례물품 정
하는 것까지 알뜰하고 야무지다며 한참 동안 칭찬을 늘어놓으셨다.

"마을상포계가 있어요. 벌써 5년이 넘었어요. 서울시 지원을 받
아 만들었는데, 제가 상포계 이사예요. 동네 사람들은 거의 다 가입
했어요."

으쓱해서 자랑스럽게 대답했더니, "아 그래? 네가 이사야? 대견
하구나" 하며 칭찬해주셨다.

친정아버지가 7년 전에 돌아가시고, 엄마가 딸이 사는 동네에서
살고 싶다고 이사를 오신 지도 꼬박 6년이 넘었다. 혼자 쓸쓸하실 텐
데 엄마가 오신다 해서 잘됐다 싶었다. 오빠는 '기러기 아빠' 된 지 오

래라 그리 가시게 할 수는 없었다. 전셋집이지만 우리 집에 모실까도 했는데 엄마가 극구 반대하시고, 우리도 번거로운 애 둘에 그리 넓지 않은 집이고 해서 못 이기는 척 엄마 뜻에 따랐던 것이다. 지금 생각 하면 엄마가 옳으셨다. 따로 살지만 지척에 계시니 수시로 들여다볼 수도 있고, 엄마도 우리 집에 자주 놀러오시니 서로 부담도 없고 좋 았다. 작년 명절 때였다. 오빠 형편을 고려해 우리 집에서 차례를 모 셨는데, 그때 엄마가 자식들을 불러놓고 말씀하셨다.

"애들아, 올해 들어 나도 이제 여든이다. 건강도 예전 같지 않고, 무엇보다 거동이 불편해서 어려움이 많다. 큰애 형편도 그렇고, 작은 애도 애들 건사하느라 그렇고, 어디 가까운 데 괜찮은 양로원 시설을 알아봤으면 좋겠다."

엄마의 뜻밖의 선언에 모두 놀랐지만, 아무 말도 하지 못했다. 그런 얘기를 엄마가 담담하게 하시니 더욱 서글프고 죄스러웠지만 이렇다 할 대안이 없었던 것이다.

그런데 궁하면 통한다고 했던가. 내가 뭔가 아쉽고 필요한 게 있 어야 관련된 것들이 눈에 보이는가 보다. 작년 가을부터 집안 어르신 을 동네에서 모시자는 궁리가 있었던 모양이다. 당장 그 모임을 찾아 갔다. 나처럼 부모를 모셔야 하는 처지의 사람들이 예닐곱이고, 이미 경기도 어디 양로원에 부모님을 모시고 있는데 도대체 안 되겠다며 다른 대책을 찾고 있는 사람들까지 합하면 열 가구가 넘었다. 최종적 으로 마을요양 네트워크를 함께하는 회원이 열 가구로 확정되었다. 다른 요양원에 계시던 분과 다른 동네 사시던 분들은 동네로 이주해 서 각자의 집을 마련했다. 마침 신축 다가구주택 중 분양과 전세를 함께 내놓은 곳이 있어서, 건물을 통으로 잡아 여섯 가구가 각자 형편에 따라 분양을 받거나 임대해 함께 입주했다. 우리 친정엄마는 살던 집에 그대로 사시고, 어떤 집은 자식 집에 살기도 한다. 이렇게 열 가구에 열세 분의 노인이 모두 한 동네 안에서 5분 거리에 모여 사시게 되었다.

마을요양 네트워크의 어르신들을 위해 마을 의료생협에서는 매주 출장 검진을 나오고, 노인별로 맞춤운동 프로그램을 짠다. 요가에 스트레칭에 못하는 게 없는 여해 엄마가 전문강사로 나서서 매주 두 번씩 집이 제일 넓은 현아 할아버지네 모여 운동 프로그램을 진행한다. 동네 중학생 아이들이 어르신들의 집에서 일주일에 한 번씩 청소 아르바이트를 하는데, 방이며 거실이며 청소기를 돌리고 구석구석 걸레질에 화장실 청소까지 아주 깔끔하게 하고 간단다. 집에서는 손 하나 까딱 안 하는 아이들이 알바비 준다니 아주 열심이다. 가끔 어르신들이 기특하다면서 용돈도 조금씩 따로 주시는 눈치다.

할머니 회원이나 내외가 함께 사시는 집은 식사를 직접 준비하기도 하는데 장보는 게 만만찮아 마을 생협에서 장보기를 대행한다. 필요한 물품을 전화로 주문하면 당일 바로 배달을 해드린다. 가끔은 갑갑하다며 생협에 직접 들르시기도 하는데, 물건을 정하시면 그 자리에서 챙겨 배달해드린다. 물론 단체로 쇼핑 나들이를 가시기도 한다. 동네에서 살 수 없는 물건들은 날을 잡아 마을요양 네트워크 사무장이 직접 차로 모시고 다니며 바람도 쐬고 필요한 물건도 사시도록 돕는다. 할아버지 혼자 사시거나 요리가 어려운 분들은 하루 세 끼를 모두 동네부엌에서 해결하실 수 있다. 동네부엌 회원이 되면

한 달에 한두 번은 요리 당번을 해야 하는데, 어르신에게는 예외 규정을 두어 자유롭게 식사하실 수 있다. 우리 친정엄마는 우리 집에 오셔서 식사하시는 경우 말고는 항상 동네부엌에서 드신다. 밥도 맛있지만 그보다는 사람들과 만나 인사하고 얘기 나누는 게 좋으시단다. 평소 자식들한테도 자분자분 얘기를 많이 하시는 분이 아닌데, 참 신통하다.

한편 우리 시아버님은 뇌출혈로 거동은 물론 식사도 혼자 못하신다. 자식이 다섯이나 되지만 매번 시아버님을 뵈러 가는 일로 다툼이 끊이질 않는다. 명절에 형제들이 모이면 항상 시아버님 얘기다. 작은 시누이는 "괜히 요양원에 보냈다. 자식이 다섯인데 어떻게 시설에 아버지를 팽개칠 수가 있느냐"며 매번 울며불며 모셔오자고 하는데, 정작 본인이 모실 수는 없단다. 장남인 큰오빠가 모셔야 한대나 뭐라나. 큰아주버님은 침통한 얼굴로 묵묵부답이다. 우리도 그렇고 다른 형제들도 모두 대책이 없어 얼른 다른 화제로 옮겨지기만 기다린다. 형제들 모두 아버님을 시설에 맡겨두기가 죄스럽다. 그런데 식사도 혼자 못하시고, 응급상황이 닥치면 어쩌나 싶어 집에서 모실 엄두가 나질 않는다. 그래서 전문 시설에 모시기로 한 것인데, 형제들 모두 흔쾌할 리 없고 죄책감을 떨칠 수가 없다. 다들 사는 게 바빠 돌아가며 찾아뵙는 일조차 쉽지 않으니 매번 실랑이가 벌어진다.

나는 우리 동네에 사는 게 얼마나 다행이고 고마운지 모른다. 친정엄마도 편하다 하시고 우리도 불편함이나 죄책감이 들지 않아 좋다. 무엇보다 엄마는 마을요양 네트워크 회원이 되시면서 친구가 한꺼번에 열두 명이나 생겼다며 좋아하신다. 예전에는 노인분들과 만나는 걸 달가워하시지 않고, 노인회관 같은 곳에 가보라면 질색을 하셨는데, 요새는 친구 분들과 잘 어울리시고 나들이도 자주 가신다. 그렇다고 요양 시설에 드는 비용에 비해 돈이 많이 드는 것도 아니다. 아니 좀 더 들어도 괜찮다. 동네에서 돌보고 동네 사람들이 필요한 서비스를 하니 마음이 너무 편하다. 우리 큰아이는 중학생 되면 마을요양 네트워크에서 청소 아르바이트를 하겠다고 벌써부터 난리다.

무엇보다 요양 네크워크를 관리하는 사무장 진수 엄마가 믿음직하다. 이이는 원래 직업이 간호사였다. 몇 년 전 나처럼 큰애 때문에 고민하다가 병원을 그만두었는데, 동네에서 마을요양 네트워크를 준비하면서 진수 엄마가 적임이라고 아예 떠맡기듯 해서 사무장이 되었다. 사무장은 물론이고 의료생협 의사도 다 동네 사람이니까 부담 없이 물어보고 대답을 들을 수 있어서 마음 편하고 안심이 된다. 잘 알아서 해주겠지 하고 말이다.

"내게도 꿈이 생겼다"

> 강준수, 27세, 남, 11년 전 안산 세월호 침몰 사건에서 가까스로 생존했으나, 그 후 심한 심리장애로 고생하다가 군대에서 만난 마을 청년 상현의 제안으로 이 마을에 이사 와서 이제는 다큐 작가의 꿈을 꾸고 있다.

"상철 엄마, 걱정하실 거 하나도 없어요. 그날그날 근무자가 정리한 일일정산 잘 확인하시고요, 월말에 모아서 운영위원회에 보고하시면 되는데, 어려우면 경언 엄마한테 부탁하세요. 처음에는 다 해주실 거예요. 그렇게 몇 번 배우니까 금방 혼자 하겠더라고요. 저도 숫자에 약하고, 차변, 대변, 회계, 아무것도 몰랐거든요. 근데 막상 해보니까 생각보다 어렵지 않더라고요."

인수인계를 하느라 이번 주는 무척 분주했다. 그래도 상철 엄마가 일을 해본 분이라 이해가 빠른 편이다.

"저는 이제 갈게요. 참, 상철이 요새 좀 어때요?"

"응, 게임하는 시간이 줄지는 않았지만, 그래도 요즘은 게임하는 시간을 잘 지키는 것 같아. 그래서 내가 아주 맘이 편해. 매일 감시하지 않아도 되니까 말야."

"지난주가 피크였어요. 그동안 엄마한테 쌓인 게 다 폭발하더라고요."

"뭐? 아니, 내 참! 뭐가 그렇게 쌓였대?"

"하하, 별 건 아니고요. 아무튼 앞으로 잘하기로 했어요. 당분간은 게임 시간을 줄이기보다 시간을 잘 지키는 쪽으로 노력하기로 했어요. 일단 그냥 지켜봐주세요."

상철 엄마의 애타는 하소연과 간절한 부탁에 상철이를 만나기 시작한 게 벌써 두 달이다. 이놈이 처음에는 시큰둥하더니, 최신 게임 얘기를 툭 던졌더니 금방 눈빛이 달라지며 관심을 보였다. 게임으로 치면야 내가 선수고 한참 선배지. 나도 초딩 때 얼마나 게임에 빠져 살았던가. 학교도 안 가고 피시방 가서 죽치는 날도 많았다. 암튼 내가 게임계의 고수라는 걸 알아챈 이놈이 이제는 아예 착 달라붙어서 게임 얘기를 하자고 덤빈다. 가끔 듣도 보도 못한 게임 시디를 던져주면 아주 환장을 하며 나를 신 모시듯 한다. '후훗 짜식.' 이렇게 내 수준을 보여주고 정체를 확인시키고 나서는, 본격적으로 '게임에 빠진 놈 건져 올리기' 작전에 돌입했다.

1단계는 정해진 시간에 게임하기. 요게 일단 먹히면, 그다음은 쉽다. 한 달이면 작전 끝난다. 근데 그보다 상철이 덕에 상철이 엄마하고 친해져서 참 좋다. 시도 때도 없이 밥 먹으러 오라 하시고, 맛있는 반찬 만드는 날이면 꼭 전화하신다. 상철이하고 조금이라도 같이 있게 하고 싶으신 거 같기도 하고, 아무튼 동네 왕언니라고 소문이 난 분이라 타지에서 온 나 같은 싱글이 마을살이 하는 데 여간 도움이 되는 게 아니다.

작년 초인가 꽤 추울 때였다. 봄에 마을축제를 하는데 '찍사'가 필요하다고, 젊고 빠릿빠릿한 젊은이가 해야 한다며 상철 엄마가 불쑥 내게 권하셨다. 얼결에 "저 카메라도 없어요" 하고 몸을 사렸더니, "스마트폰 있잖아. 그걸로 영화도 찍더구만" 하신다. "영화? 영화!" 이때 뭔지 모르게 '영화'라는 두 글자가 내 몸에 쑤욱 들어와 박히는 느낌이 들었다.

축제 때는 정말로 신이 났다. 마치 종군기자라도 된 듯 축제가 벌어지는 일주일 내내 하루도 빠짐없이, 아침부터 저녁까지, 아니 밤늦은 뒤풀이까지 동네 구석구석을 뒤지고 다니며 영상으로 담았다. 뒤풀이 판에 어울려 스마트폰을 들이밀어도 아무도 뭐라 않는다. 오히려 인터뷰라도 하듯 먼저 들이대시는 분도 있고, 카메라가 있는 듯 없는 듯 무관심한 척하는 분들도 있었다. "카페 총각이구만" 하시며,

동네 사람들이 하나같이 알은체를 해주시고, 적절한 촬영 거리를 유지하고 있는 나를 판에 끌어들이지도 않고 내치지도 않고, 원래 그 자리가 내 자리인 양 받아주셔서 편안하고 신기하고 재미있었다.

그런데 편집이 문제였다. 촬영한 분량이 무려 40시간이 넘었고, 스틸 사진도 대략 500여 컷이나 됐다. 언제 이렇게나 많이 찍었나 싶다. 손 댈 엄두가 나지 않아 난감해 하고 있는데 역시 동네 왕언니 상철 엄마가 무슨 일인지 물어봐주신다. "왜? 무슨 일이야?" 나는 뒷머리를 긁적이며 기어들어가는 목소리로 "아 그게, 마을축제 촬영한 거 언제까지 마쳐야 하나요?" 하고 여쭈었더니, "천천히 해, 괜찮아. 근데 편집할 줄 알아? 편집 프로그램 있어?" "네? 없는데요." "상근이네 집에 가서 부탁해봐. 상근이 부모가 다 다큐 감독이야. 꽤 유명해. 우리 동네 다큐도 만들어서 개봉하기도 했어. 내가 연락해놓을게."

그날 이후 내 일생에서 진짜 영화 같은 나날들이 전개되었다. 상철 엄마의 소개로 만난 상근 엄마, 상근 아빠 아니, 부부 다큐멘터리 작가분들은 내게 무궁무진한 다큐멘터리의 세계를 알려주셨다. 그야말로 신세계였다. 나는 한마디로 꽂혀버렸다. 마을 미디어센터라는 곳도 소개해주셨다. 서울의 각 구마다 이런 지원센터가 있는데 편집은 물론 촬영, 대본, 연출 등 영화와 관련된 모든 교육 프로그램이 있고, 필요한 장비도 거의 다 보유하고 있어 예약만 하면 언제든 사용할 수 있단다. 무엇보다 좋았던 것은 다큐멘터리뿐 아니라 일반 극영화, 라디오, 신문 등 미디어의 다양한 영역에서 아마추어로 활동하는 마을 주민들을 만날 수 있다는 점이다. 다들 나 같은 평범한 일반인이라 대하기가 편했다. 그분들에게 얻은 귀동냥 덕분에 축제 영상편

집도 얼추 마무리할 수 있었다.

드디어 마을축제 영상 시사회를 했다. 성공적이었다. 축제 평가 모임에서 틀었는데, 다들 아주 재미있고 훌륭하다고 칭찬을 해서 우쭐해질 지경이었다. 그 칭찬에 힘입어 마을 미디어센터 교육과정에 정식으로 등록했다. 석 달짜리 초급 과정을 마치고 나니 다큐멘터리 제작에 구미가 당겼다. 그래서 다큐멘터리 심화 과정을 등록했는데, 마침 상근 엄마, 상근 아빠 모두 이 강좌의 전임강사였다. 그리고 짜잔, 드디어 제작에 참여하게 됐다. 다큐멘터리 감독 부부의 새 작품에 스태프로 초대 받았다. "야호!"

어쩌다 이 마을에 흘러들어온 이후, 지난 1년은 꿈 같은 시간이었다. 예정된 듯 모든 일이 일사천리로 진행되었다. 별 고민이나 망설임도 없이 말이다. 내게도 꿈이 생겼다. 어쩌면 11년간의 갑갑하고 어두웠던 긴 방황이 끝날지 모르겠다. 이제 11년 전의 고통과 혼돈에 대면하고 맞설 수 있을 것 같다. 그동안 하루도 벗어날 수 없었던 악몽을, 내 몸과 영혼까지 치렁치렁 옥죄고 있던 쇠사슬을 벗어던질 수 있을지도 모른다. 나는 11년 전 우리 동네 이야기를 다큐멘터리로 재현할 거다.

나의 일주일은 정말 바쁘다. '백수가 과로사한다'는 말이 나를 두고 하는 말인가 보다. 다큐멘터리 작업 스태프 일이 좀 불규칙한 편인데, 감독님이 가급적 내가 맡은 정기적인 마을 일과 겹치지 않도록 일정을 잡아보겠다고 하신다. 얼마나 고마운지 모른다.

월, 수, 금요일 오전 10시부터 오후 2시까지 마을카페 근무, 월요일 오후 3시에서 5시까지는 마을 청소년 아지트 '다락방'에서 동네 중·고등학생들과 함께하는 워크숍의 강사로 활동한다. 10년 전 내 모습을 보는 듯해 만만하다. 세상이 온통 말도 안 된다는 듯이 뻗대지만, 그 속은 안 봐도 비디오다. '나는 더했거든?' 그래도 애들이 이제 제법 나를 따라줘서 요즘 아주 좋다.

수요일은 게스트하우스 당번이다. 카페 일이 끝나자마자 달려간다. 청소 마치고 예약 상담 확인하고 나면 운영위원회 회의 시간이다. 재작년 서울시 지원으로 동네에서 마음 맞는 또래 청년들이 모여 협동조합을 결성하고, 마을 대동계에서 받은 저리 대출금과 사회투자기금 지원금을 활용해서 게스트하우스를 개업했다. 상근 매니저가 있고 운영위원회를 통해 여러 가지 사업계획을 궁리하고 역할 분담을 한다. 나는 다큐멘터리 작업 때문에 근무일을 주 1일로 줄였다. 그리고 올가을에 있을 국제 청년모임도 준비하고 있다. 서울시 마을지원센터가 일본과 타이완의 청년 마을활동가들을 초청해 국제 워크숍을 여는데, 우리 게스트하우스를 숙소로 지정했다. 더불어 아예 세션 하나를 맡아 진행해보라는 제안까지 받았다.

금요일 오후 4시에는 마을극장에서 중학생들을 위한 조명 워크숍을 진행한다. 어차피 나도 해야 하는 공부이고, 가르치려면 엄청난 예습이 필요하니 차라리 잘됐다 싶었다. 이 워크숍이 끝나면 저녁을 먹고 기다리고 기다리던 마을 연극 동아리 모임에 간다. 이건 순전히 나만을 위한 모임이다. 다큐멘터리 감독이 내 꿈이 되었기에 연극 공부도 큰 도움이 된다. 무엇보다 여기 오면 마음이 편하다. 동아리 회원의 연령층은 20대부터 60대 남녀들로 다양하지만, 여기서 나이는 숫자에 불과하다. 다들 그냥 동료 같고 친구 같다. 연습 끝나고 이어지는 '불금'의 뒤풀이, 일주일 동안 쌓인 고단함과 나쁜 감정들, 아쉽거나 상처받은 말과 사건들을 여기서 다 털어낸다. 참 신기하게도 이곳에서는 감정을 털어내는 게 가능하다.

이렇게 '월·수·금'을 빈틈없이 보내고 나면 알토란처럼 귀한 '화·목·토·일' 나흘이 고스란히 나만을 위해 남는다. 화목요일은 다큐멘터리 작업으로 비워둔다. 촬영을 하기도 하고 스태프 회의를 하거나 기록 등 진행에 필요한 작업을 하는데, 공정이 참으로 세세하고 많다. 토·일요일은 진짜 나만의 휴일이다.

한 달에 한 번, 토요일엔 동네부엌에서 당번을 한다. 동네부엌은 말 그대로 동네 사람들이 모두 이용하는 공동 부엌이다. 회원으로 가입하면 언제든 이곳에서 식사를 할 수 있다. 물론 이틀 전에 예약해야 한다. 마을에 사는 싱글들에게는 아주 소중한 곳이다. 사실 혼자 살면서 끼니를 매번 직접 해먹기는 어렵다. 처음에는 큰 마음먹고 요리를 시작하지만 남은 재료는 버리는 게 다반사고, 요리한 음식마저 상해서 버리기 일쑤다. 서툰 요리를 하는 데 드는 시간도 부담이다. 혼자 요리해서 혼자 먹는 일은 하루 이틀이지 보람도 없고 심란한 일이다. 그러다 보니 점점 조리하는 횟수가 줄어들게 되고, 결국 다시 바깥 음식을 찾게 된다. 그렇다고 매 끼니마다 사먹는 것도 만만찮다. 우선 비용이 큰 부담이다.

동네부엌의 회원이 되려면 한 달에 몇 번 조리 당번을 해야 한다. 나는 한 달에 한 번 토요일 세 끼를 몰아서 책임진다. 여러 사람 식사를 한꺼번에 준비하는 게 쉽지 않지만, 2인 1조로 하는 데다 몇 번 하다 보면 요령이 생겨 할 만하다. 한 끼 식사비는 식재료와 연료비 등을 따져 미리 써 붙여놓는다. 매번 조금씩 다르지만 대개 3,000원 안팎으로 저렴하다. 가끔 누군가가 귀한 식재료를 가져와서 별미를 만들어 나누어 먹기도 한다. 지난 주말에는 현수 아버지가 한턱 쏘신다며 와인을 여러 병 가져오셔서 와인 파티를 했다. 주말에는 요리 강습이 열리기도 한다.

일요일은 아침부터 늘어지면 하는 것 없이 하루가 금방 가버리고, 월요일 몸 상태가 더 찌뿌둥하다. 그래서 일요일 아침에는 동네 텃밭에 나간다. 마을 뒷산 들머리에 자그마한 텃밭이 있는데 10여 년 전 도시텃밭이 유행하기 시작할 때 생긴 거란다. 여기 가면 없는 게 없다. 그야말로 식료품 창고다. 고추, 오이, 상추, 파, 쑥갓, 방울토마토……. 한두 시간 밭을 매고 나면 어느새 밥때가 되었는지 동네 아저씨 몇몇이 부산하다. 집에서 챙겨준 음식들로 상차림을 하고 밭에서 바로 수확한 채소로 요리를 한다. 이 아저씨들 솜씨가 장난 아니다. 집에서도 하시는지 궁금한데 여쭤보진 않았다.

연세 지긋한 어르신들은 이것저것 잔소리를 하신다. 우리는 그냥 "예예" 하고 토 달지 않고 잘 듣는다. 상이 차려지면 그제야 어르신들은 밭에서 나와 상이 차려진 평상 한가운데 자리에 앉으신다. 이렇게 평상에 둘러앉아 동네 사람들과 식사하면 그야말로 별미다. 밥맛도 꿀맛이지만 이렇게 시끌벅적 밥 먹는 게 참 좋다. 이런 순간에는 항상 안산에 살 때가 떠오른다. 우리 식구들은 아무리 바빠도 저녁은 모두 모여 이렇게 시끌벅적대며 밥을 먹었다. 엄마 아빠 얼굴이 떠오른다. 가 뵌 지가 넉 달도 더 된 것 같다.

"이게 사는 거지, 이웃이 노후 준비일세"

박상수, 56세, 남, 명퇴 4년차, 명식(25세), 명호(22세) 아빠. 생태환경기술 분야 전문가인데, 목공 등 손재주가 많아 마을에서는 박가이버로 통한다. 마을의 고등학생 태민이의 멘토로 활약하는 등 명퇴 후 마을에서의 활약이 두드러진다.

명퇴한 지 벌써 3년째다. 명퇴신청서를 낼 때만 해도 그동안 회사 다니느라 못 해본 것 다 해보리라, 꿈도 컸다. 그런데 막상 회사를 나오고 보니 모든 것이 암담하고 불안했다. 이것저것 해보기는커녕 시간을 어떻게 보내야 할지 도무지 모르겠다. 하루가 왜 이렇게 긴지. 빈둥빈둥 동네 어슬렁거리기도 남부끄러워 집에만 있자니 감옥이 따로 없다. 무엇보다 마누라하고 다투는 일이 잦다. 삼 시 세 때 밥 챙겨주는 것도, 몇십 년 안 하던 일이라 그런지 귀찮아 하는 눈치다. 솔직히 섭섭하지만 도리가 없다. 하루 종일 같이 있으려니 사사건건 부딪힌다. 친하게 지내던 직장 동료들과 가끔 골프장에 가지만, 아직 회사를 다니는 친구들과 어울리려니 괜한 자격지심도 들고 기분이 전 같지 않아 금방 시들해진다. 고교 동창 친구들이 제일 마음 편하기는 한데, 내 맘이 편치 않으니 만나도 즐겁지가 않다.

그렇게 꾸물꾸물 애매하게 지내던 어느 날 마누라가 한마디 한다.

"여보, 숲속어린이집에 창틀이 부서져서 문을 닫아도 바람이 다 들어온대. 그거 좀 고쳐주고 오지? 당신 그런 거 잘하잖아?"

"숲속어린이집?"

"그래, 명식이 어릴 때 다니던 그 공동육아 어린이집."

딱히 할 일도 없고, 작은놈 다니던 어린이집이라니 못 이기는 척 가보기로 했다. 가서 보니 공사가 컸다. 공구도 이것저것 필요하고, 집에 있는 것만으론 부족해서 고민하고 있는데, 위층에서 교사가 뛰어 내려오며 반갑게 인사한다.

"어머, 명식이 아버님이시죠? 저 모르시겠어요?"

"네? 저…….."

"호호. 기억 안 나시는구나. 명식이 반 애들 들살이 갈 때 같이 가셨잖아요. 그때 가마솥에 밥하고 국 끓이고, 애들하고 집짓기 프로그램도 해주시고, 밤에 남은 나무로 캠프파이어도 해주셔서 애들이 얼마나 좋아했는지, 그 후로 한참 동안 그 들살이 얘기를 했어요. 들살이 또 가자며, 꼭 명식이 아빠 모시고 가야 된다고, 애들한테 얼마나 인기가 많았는지 모르시죠?"

언제 일인지도 가물가물한데, 졸지에 인기 만점 아빠가 되었다. 갑작스런 칭찬에 어리둥절해 하고 있는데, "아 참, 공구가 많이 필요하죠? 저기 마을카페 건너편 가게가 공구도서관인데요, 없는 게 없어요. 거기 가셔서 필요한 거 그냥 빌려오시면 돼요. 저희가 회원으로 가입되어 있어서 숲속어린이집에서 왔다고 말만 하시면 돼요."

'공구도서관이라고? 웬 공구도서관?' 뭔가 싶어 가보았더니 진짜 없는 게 없었다. 웬만한 공사는 너끈히 해치울 만한 공구가 골고루 구비되어 있었다. 창고 같은 작은 방의 3면을 가득 메운 공구 선반에는 드릴, 드라이버, 망치, 톱, 심지어 에어컴프레셔, 릴선 등의 별별 공구가 가득했다. 아이들이 가지고 놀 수 있는 장난감과 갖가지 가전

제품, 주방용품도 있었다. 아직 쓸 만해 보이는 자전거나 여행용 트렁크, 손님 접대용 교자상과 침구 청소기도 눈에 들어왔다. 한쪽 칸에는 목재도 크기별로 조금씩 비치되어 있었다. 한 바퀴 돌고 나니 창틀 고치는 데 필요한 공구는 충분해보였다. 누군가 다가와 더 필요한 것 없냐고 물어보시는데, 머리가 희끗하고 연세가 지긋한 분이시다. 어디서 뵌 것 같기도 한데 기억이 영 안 난다.

"명식이 아버지 아니오?"

"네? 네, 그렇습니다. 저희 큰아이를 아세요? 저는 잘…….."

"그럼, 아다마다. 그놈 고등학교 때 나하고 장기 많이 두었지."

"아이고! 어르신이시군요. 그때 저희 애가 사고를 쳐서 선생님 댁에 며칠 가 있었지요. 이런, 제가 몰라뵀습니다. 건강하시죠?"

"그럼, 근데 이 시간에 웬일이신가?"

"아, 네. 저기…… 제가 몇 달 전에 회사를 그만두었습니다."

"그렇구만. 우리집 큰애도 조만간 명퇴를 해야 한다던데, 요즘 회사가 다 그렇지? 한창 일할 때인데."

큰놈 고 1 때인가? 그러니까 벌써 10년이 다 되어간다. 그때 같은 반 친구와 싸움이 붙어서 본인도 다쳤지만 맞붙어 싸운 친구애가 많이 다쳐서 병원 신세를 질 정도였다. 학교에서는 퇴학이네 뭐네 심각한 지경이었다. 우리 부부는 놀라서 그저 어찌해야 하나 우왕좌왕하다가 교장으로 퇴직하신 어르신에게 상의를 하게 되었고, 어르신은 직접 큰애 학교에 찾아가서 "내가 타일러볼 테니 퇴학 처분은 하지 말고 기다려주게" 하고 손수 당부를 하셨다.

그 후 정말로 당신 집에 우리 아이를 데려가 한 달가량 데리고 계셨다. 그 덕에 퇴학을 면하고 2주일 정학으로 경감된 벌을 받았다. 낼모레 군대 제대를 앞둔 아들은 지금도 가끔 그때 얘기를 한다. 그런데 그 어른을 공구도서관에서 뵙다니. 어르신은 일흔을 훌쩍 넘기셨는데 공구도서관장을 맡고 계시단다. 아침부터 오후 4시까지만 근무하시고, 이후 시간은 마을 청년이 교대한단다.

이곳의 공구는 동네 사람들이 각자 가지고 있던 것을 기증해 마련했다고 한다. 뭐라도 두 개 이상만 기증하면 회원 자격이 주어지고, 도서관의 모든 공구를 빌릴 수 있다고 한다. 이른바 공유(共有, sharing) 운동의 일환이다. 그러고 보니 몇 년 전 유럽 출장을 가서 비슷한 걸 본 기억이 난다. 우리 동네에도 이런 곳이 있었구나 싶었다. 어쨌든 공구와 자재를 구하고 나니 일은 별 거 아니었다. 한두 시간 작업하고 나니 창틀은 깔끔하게 원상회복되었다.

"역시 명식 아빠네요. 진짜 맥가이버세요. 앞으로 박가이버라고 불러야겠어요. 정말 감사합니다."

어린이집 교사의 과분한 칭찬에 으쓱하여 집에 들어가니 마누라가 묻는다.

"어머, 벌써 다 고쳤어요?"

"그럼, 이 박가이버가 했는데 그까이꺼 두 시간이면 하고도 남지."

"박가이버? 그게 뭔 소리래?"

"그런 게 있어."

그날 이후로 나는 마을에서 박가이버로 통하게 되었다. 온 동네에 금방 소문이 나서 일주일에 한두 건은 일이 들어온다. 물론 공구와 자재 들은 공구도서관에서 다 해결한다. 심지어 마을축제에 쓸 가

설무대를 설치할 때는 내가 무대감독이 된다. '무엇이든 고쳐드립니다'라는 이름으로 가게라도 하나 낼까? 요새는 동네 아이들도 박가이버 하며 알아본다. 마을에서 나름 유명인사다. 회사 다닐 때도 실적 안 빠지고 제법 잘나갔는데, 이놈의 인기는 때와 장소를 가리지 않는구나.

올해 초, 동네 중·고등학생들이 자기들끼리 공간을 하나 마련한다며 인테리어를 의뢰했다. 공간을 마련하면 인테리어 시설비와 약간의 운영비를 서울시와 구청이 지원하는 모양이다. 며칠 걸려 얼추 쓸 만하게 꾸며주었다. 고 1, 2학년 열한 명이 주축이고, 서너 명의 중학생들이 들락거린다. 어쨌든 열한 명의 남녀 고등학생 회원들이 직접 이 공간을 운영한단다. 요즘은 애들 키우기 참 어렵다. 일단 중 2만 되면 그때부터는 럭비공이다. 특히 남자애들은 부모가 감당하기 어렵다. 기특하다가도 '어떻게 운영하지?' 궁금하고 걱정도 됐다. 그러던 차에 이 모임의 대표라는 키가 훤칠한 녀석이 나를 찾아왔다. 말하는 태도나 예를 갖추는 모양새가 여느 애들과 달라 나도 약간 정색하고 자리에 앉았다.

"저, 박가이버 아저씨. 인테리어를 이렇게 멋지게 해주셔서 정말 감사해요."

"응, 그래? 다행이네, 마음에 드니?"

"그럼요. 저…… 그런데 드릴 부탁이 또 있어요."

듣고 보니 별 부탁은 아니었는데, 선뜻 승낙하기도 쉽지 않았다. 아이들은 이 아지트의 목적과 연결된 제일 중요한 프로그램으로, 열한 명 회원의 이후 진로를 함께 고민하고 방향을 찾는 프로그램을 계획하고 있었다. 여러 관심 영역을 두루 살펴보고 경험하면서 각자에게 맞는 영역이나 분야가 나오면 더욱 구체적으로 탐색하는 프로그램이었다. 내게 그 프로그램의 후견인이자 자문역을 해달라는 거다. 자문역은 영역별로 여러 사람을 초대할 계획이란다. 내 전직이 생태환경기술 분야였던 걸 어떻게 알고, 회원 중에 생태에 관심을 가진 애가 있으니 꼭 자문이 되어달라는 것이다. '내가 할 수 있을까? 고2 애들이라, 서로 말이 잘 통할라나?'

"너 정말 생태환경기술 분야에 관심이 많니? 네가 관심 갖는 분야나 기술이 있으면 한번 얘기해볼래?"

"아니, 그 정도는 아니고요…… 그냥 생태적인 게 좋은 거고, 앞으로 전망도 좋다고 해서……." 내 질문이 너무 단도직입적이었는지, 좀 당황한 눈치다.

이렇게 시작한 대화는 한 시간 이상 흐르자, 생태환경기술에 대한 '강의'가 되어버렸다. 아차 싶어 안색을 살피는데, 중간에 말을 자를 수도, 자리를 뜰 수도 없었던 아이는 표정이 굳어가고 있었다. '에휴, 꼰대가 어디 가나.' 이렇게 나의 눈치 없음을 자책하며 뻘쭘하게 시작된 태민이와의 만남은 그 후로도 오래 지속되었다. 지금은 거의 친구처럼 지낸다.

친구가 된 계기는 태민이가 자기의 진짜 고민을 털어놓으면서부터다. 생태나 환경은 사실 부차적인 것이고, 부모 특히 아빠와의 갈등이 문제였다. 아빠는 일류 대학 출신에 대기업을 다닌다. 아빠가 평소 잔소리가 심한 건 아니란다. 하기야 매일 새벽에 나가 밤에 오고 해외 출장도 잦을 테니, 아들하고 밥 한 끼 먹기도 쉽지 않았을 거다. 그런데 가끔 일요일 저녁에 학원 갔다 돌아오면 "넌 왜 그 모양이니?" 하는 듯한 눈초리가 미치도록 싫단다. 그렇다고 엄마하고 얘기가 잘 되는 것도 아니다.

마을 주점이 왁자지껄하다. 오늘이 마을축제 마지막 날이라 출연진, 스태프, 주민 할 것 없이 테이블을 차지하고 뒤풀이가 한창이다. 한구석에 겨우 자리 잡고 가게를 돌아보며 축제의 여운을 느껴본다. 나도 무대감독으로 이번 축제의 주인공이지만 집안 어르신의 갑작스런 죽음으로 지방에 문상을 다녀오느라 이제 막 동네에 도착했다. 자리에 앉은 지 얼마 되지 않아 태민 아빠가 가게 분위기가 좀 익숙지 않다는 듯 뻘쭘하게 들어서서는 기웃기웃 나를 찾는다. 태민이 문제가 결국 아빠 문제라 판단하고 있던 터에 마침 태민 아빠가 그동안 태민이와 만나면서 어땠는지 궁금하다며 만나자고 해 약속을 잡았는데 오늘이었다.

"그동안 애 많이 쓰셨죠? 애가 말도 잘 안 하고 뚱해서 힘들지 않으셨어요?"

"아니에요. 태민이가 뚱하기는요. 얼마나 말을 잘하는데요."

"네? 태민이가 말을 잘……?"

"허허, 모르셨군요. 아니, 처음부터 그랬던 건 아니고요, 서너 번 만나니까 말을 곧잘 하더라고요."

태민 아빠 얼굴에서 약간 서운한 기색이 보이다 조금 누그러지며, "아 네. 선생님 덕분이지요, 뭐" 한다.

그간 사연을 구구절절 다 얘기할 순 없고, 그게 꼭 좋은 것도 아니고, 태민이도 아빠에 대한 감정을 아빠에게 다 드러내기를 부담스러워 해서 대략의 상황만 얘기해주었다.

"너무 서운해 마시고, 그냥 좀 지켜봐주세요. 대신 불안한 맘은 거두세요. 말로 안 해도 아이한테 전달되거든요. 그게 머리로 가는 게 아니라 가슴에 꽂히는 겁니다. 말로 하는 것보다 상처가 덜하지도 않아요. 태민이 잘 크고 있어요. 또래 애들 다 그래요. 남의 집 애들은 잘 크는데 우리 애만 부실해보이죠? 그게 부모 마음이에요. 세상 부모들이 다 그래요. 엄친아니 엄친딸이니 하면서 말이죠."

처음에는 내가 열 마디 할 때 한두 마디 거드는 정도더니 술이 몇 잔 오가니 이 양반 수다도 제법이다. 그동안 자식놈한테 느낀 서운함을 털어놓는데 생각보다 수위가 높다. 아빠가 태민이한테 속상하고 화날 만하다 싶다. 나도 말이 조금씩 풀린다.

"애들도 이제 어른 다 됐어. 자기들도 알 건 다 알아. 부모가 다그치고 떠밀지 않아도 다 안다니까. 부모가 왜 안달인지 말야. 세상이 만만찮다는 걸 자기들도 알거든. 겁도 나고 불안하지. 그렇다고 뭔가 구체적으로 알고 있는 건 아니야. 그래서 더 불안한 거야. 애들이 아무 생각 없이 멍 때리고 사는 것 같아도 속으로는 부모들보다 더 큰 불안감을 느끼고 사는지도 몰라."

"선배님도 명퇴하셨다면서요?"

"응, 한 3년 됐지. 왜? 잘나가는 회사 다니면서."

"웬걸요. 저도 파리 목숨입니다. 대학 졸업하고 바로 취직해서 20년 넘게 회사를 인생의 전부로 알고 청춘을 다 바쳐 살았는데…… 동기들, 하나 둘 떠밀려 명퇴하기 시작합니다. 조만간 제 차례가 오겠지요."

10년 전 내 처지와 너무 똑같다.

"술 한잔 받아!"

"직장생활 하면서 군대로 치면 별 다는 것 아닙니까? '이사' 직함은 달아봐야죠. 그래서 저도 기를 쓰고 아등바등해서 다른 동기들보다 일찍 이사 달았는데요. 이게 아주 바늘방석입니다. 선배님도 잘 아시겠지만, 말이 이사지 1년짜리 비정규직 아닙니까? 파리목숨요."

"태민 아빠. 평일은 바쁠 테고, 주말에 토요일도 좋고 일요일도 좋고, 마을학교에 한번 나와봐."

"마을학교요?"

"당신 전공이 IT 분야니까 더 잘됐군. 요즘 애들 그 분야에 관심이 많으니까. 근데 전문 분야가 뭐야?"

"'사물인터넷'입니다. IoT(Internet of Thing)라고 요즘 뜨고 있는 영역이죠."

"잘됐어, 마을학교에 와서 강좌 하나 맡아줘. 중·고등학생 애들이 다 같이 들어도 되겠네. 이런 고급인력이 숨어 있을 줄이야. 하하."

"아 근데, 저한테 강의라뇨. 그것도 애들한테…… 한 번도 해본 적이 없는데……."

"아, 이 사람이? 처음부터 해본 사람 있어? 나도 지난해부터 시작했어. 처음엔 좀 어설프고 긴장도 되고 애들도 말을 잘 안 들어서 수업 진행이 잘 안 됐는데 애들하고 친해지기 시작하니까 재미가 쏠쏠해. 무엇보다 애들하고 말이 통하니까 말야. 내가 젊어진 것 같기도 하고 말이지. 당신도 해봐. 그럼 태민이하고 친해지는 데 아주 많이 도움이 될걸? 원래 제 새끼는 힘들거든. 아이 키우는 일이야말로 스와핑 해야 한다니까? 하하핫."

"선배님은 뭐 하시는데요?"

"나야 목공이지. 내가 박가이버잖아? 아직 모르나? 마을살이 좀 해야겠군. 아, 이게 노후 준비야. 별 거 없어. 그래도 당신은 대기업 이사니 모아둔 돈이 좀 있긴 하겠지만 나야 개털이고, 동네에서 이렇게 내가 할 일이 있고 동네 사람들이 날 알아주고, 오늘처럼 이렇게 마을축제 벌이며 뒤풀이도 걸판지게 하고. 그래, 당신하고도 생면부지에 이렇게 만나 술도 한잔하며 인생 상담도 하고 말야. 이게 사는 거지. 이웃이 노후 준비일세."

"나는 하고 싶은 게 아주 많다. 동네에서 다 할 수 있어서 너무 좋다"

> 서연아, 17세. 여. 마을 청소년들의 아지트인 '다락방'의 회원이고, 게스트하우스 운영위원, 마을축제 청년대표 집행위원 등 마을에서 맡은 일이 무척 많다. 최근에는 동물에 관심을 갖게 되면서 장래희망도 동물—인간 상담사다.

나는 하고 싶은 게 아주 많다. 게다가 우리 동네에서 그걸 다 할 수 있어서 너무 좋다. 나는 마을축제 기획위원이다. 마을축제의 전체적인 기획과 진행에 대한 의사 결정을 위해 회의를 여는데 나는 마을 청소년을 대표해서 참석한다. 실무로 맡은 임무는 축제 기록과 홍보인데, 홍보 중 홈페이지 운영을 주로 담당한다.

그리고 또 나는 게스트하우스 운영위원이기도 하다. 20대 언니, 오빠 일곱 명이 주축인데, 나는 운이 좋아 합류했다. 솔직히 게스트하우스 리더인 상현 오빠한테 꼭 좀 끼워달라고 공을 많이 들였다. 동네에서 게스트하우스는 숙원 사업이었다고들 한다. 지방에서, 심지어 외국에서 온 방문객들 가운데 우리 마을에 오래 머물면서 작업도 하고 연구도 하고 싶어 하는 경우가 제법 있는데, 이 사람들을 재울 곳이 마땅치 않아 초대할 수가 없었단다. 그래서 아쉬운 대로 방 한두 칸짜리라도 게스트하우스가 있었으면 했다고 한다.

상현 오빠는 우리 동네에서 좀 유명한데, 우리 동네 대안학교를 졸업하고 일본의 어느 전환마을(transition town)에 2년간 갔다 왔다고 한다. 군대에 다녀온 오빠는 게스트하우스를 해보겠다고 나섰고, 친한 동네 친구들 몇 명과 마을 밖 독립청년예술가들과 NGO 활동을 하는 청년 몇 명과 함께 일을 벌이기 시작했다. 아 참, 마을카페 준수 오빠도 여기 회원인데, 상현 오빠와 같은 군부대에서 생활한 인연으로 우리 마을에 오게 됐다. 이렇게 총 일곱 명이 동네 어른들을 모아놓고 사업설명회를 했는데, 그게 대박이었다고 한다. 그날 설명회에 감탄해서 마을 대동계가 무이자로 출자하고, 그 설명회에 나온 어른들 대부분이 출자한다고 약정해서 필요한 자금의 절반을 모았다. 나머지 자금은 서울시 사회투자기금에서 저리의 기금을 투자받았고, 자신들도 조금씩 형편대로 출자하여 1년 만에 게스트하우스를 열었다.

게스트하우스는 개업한 지 6개월 만에 예약이 거의 찰 정도로 운영이 잘되었다. 상현 오빠의 오지랖이 한몫했다. 덕분에 전국 방방

곡곡에서 사람들이 찾아오고, 심지어 외국에서도 친구라면서 수시로 온다. 또 이 게스트하우스는 다른 지역에서 활동하는 청년들이 자주 이용한다. 서울 올 일이 잦은데 잠잘 곳이 마땅치 않아 어려움을 겪던 지역 청년 활동가들이 우리 게스트하우스 회원으로 가입해서 숙박비도 할인 받고 마음 편하게 이용한다. 한번 여길 이용해본 청년들이 또 오고 싶어 하는 이유를 알아보았다. 또래들이 운영하니 여러모로 편한 점이 많고, 동네부엌에서 세 끼를 모두 집밥으로 해결할 수 있어서 좋단다. 우리 게스트하우스는 동네부엌의 기관회원이라 숙박 손님은 누구나 이용할 수 있다.

지난 주에는 우리 게스트하우스에서 3개월간 머물던 일본인 청년 댄서 리에 언니가 고향으로 돌아가고, 마인츠라는 이름의 독일 사람이 장기 투숙을 시작했다. 40대의 도시학 교수인 마인츠 씨는 '도시 커뮤니티 형성' 연구를 위해 우리 마을에 왔단다. 무슨 재미있는 일이 벌어질지 궁금하다. 참, 리에 언니는 22살인데, 얼마 전 마을축제에서 스타가 되었다. 3개월 전 우리 마을에 오자마자 동네 엄마들과 초등학생 아이들을 모집하더니 두 달간 매주 한두 번씩 댄스 워크숍을 열었다. 이번 마을축제 퍼레이드에서는 수강생들과 거리 춤 공연을 선보여 큰 인기를 끌었다. 내년에 또 온다고 했다. 그래서 내년에는 고등학생 이상 청년들과 함께 워크숍을 하자고 제안했다.

우리 게스트하우스는 '마을 여행 플랫폼'에도 가입되어 있다. 우리 마을은 몇 년 전부터 서울시 마을공동체지원정책으로 성공한 시범마을로 알려져 마을을 찾는 외지인이 꽤 많아졌다. 그러다 보니 방문객을 위한 소개와 안내를 좀 더 체계적으로 하고, 마을을 실제로 체험하고 마을살이를 실감할 수 있는 프로그램이 필요했다. 그래서 마을여행사인 마을 여행 플랫폼을 설립했다. 그곳은 서울의 130여 개 마을이 연합으로 만든 일종의 네트워크 여행사다. 요즘은 해외 관광객도 일상을 살아가는 사람들의 소소하고 생생한 스토리에 관심이 많다고 한다. 그래서 마을 투어가 아주 인기다. 나는 그 마을 여행 플랫폼에 소속된 마을 안내팀 '길눈이'로 활동하고 있다. 그 중에서도 최근 우리 마을에 관심을 갖고 투어를 오는 청년 전담 길눈이다.

나는 동네에서 여러 활동을 한다. 너무 바쁜 거 아니냐고 걱정하시는 어른도 있다. 하지만 내가 진짜 하고 싶은 건 따로 있다. 나는 인간과 동물을 연결하는, 그래서 인간과 동물이 함께 행복한 세상을 만드는 상담가가 될 거다. 대학도 그런 분야로 진학하려 한다. 그래서 올해부터는 공부도 열심히 할 생각이다.

지난가을 일이었다. 내 열일곱 인생, 대반전의 계기가 바로 그 시기에 있었다.

"연아 누나아~!"

게스트하우스 운영위원회 회의를 마치고, 집 앞 골목을 막 돌아서는데 다급한 목소리가 들린다. 돌아보니 동네 조무래기 서넛이 전봇대 밑에 모여 바닥에 놓인 뭔가를 만지고 있다.

"너희들 여기서 뭐 하니?"

"누나, 얘 어떡해. 안 움직여."

강아지 한 마리가 바닥에 웅크린 채, 아이들이 만져도 꼼짝 안 하고 떨고만 있었다.

"얘들아, 안 되겠다. 얘가 너무 떨고 있잖아. 날씨도 쌀쌀하니까 일단 집으로 데려가자."

"응? 근데 누구 집에 데려가? 우리 엄마 얘 데려가면 난리나."

하기야 우리 집도 만만찮다. 우리 엄마 알러지가 장난 아니다. 그때 '번쩍!' 하고, 마을 신년회에서 만난 동물보호 단체 사람이 떠올랐다.

"얘들아, 카라(KARA) 응급실로 가자."

"카라?"

카라는 동물보호 단체인데, 거기서 동물보호교육센터와 동물병원을 운영한다고 했다. 버려진 동물들을 위해 무료로 응급처치를 해준다고도 했다. 길 건너 2층 병원인데 다행히 아직 불이 켜져 있었다. 30분쯤 후 진료실에서 의사가 웃으면서 걸어나왔다.

"살았어요?"

"얘들아, 너희들 아니었으면 큰일 날 뻔했다."

"네?"

"얘가 교통사고를 당한 것 같아. 뒤쪽 다리와 갈비뼈가 부러졌어. 그런데 다행히 장 파열 같은 치명상은 없어. 하지만 너희들이 발견하지 못했으면 밤새 아파하다 죽었을 거야."

우리는 무슨 대단한 일을 한 것 같았다. 대단한 일 맞다. 생명을 살린 거잖아? 그 강아지는 수술을 해서 회복되었다. 병문안을 가면 붕대를 감고 갓을 써서 거동이 편치 않은데도 킁킁대며 우리를 알아본다. 강아지를 구조한 우리 학교 초딩 악동 삼총사, 강아지가 괜찮은 걸 눈으로 보니 안심이 되는 모양이다.

"주인이 누굴까? 근데 왜 집을 나왔지?"

"다 낫고 나면, 쟤는 앞으로 어떡하지?"

"……."

다들 자기 집에 데려가 키우고 싶지만 불가능한 걸 안다. 부모님이 허락을 안 하신다.

"애는 다 나으면 우리 병원 입양센터에서 입양을 보내게 될 거야. 그때까지는 여기서 지낼 거고."

"입양요? 어디로요?"

"그거야 모르지. 누가 입양해갈지 모르니까."

다들 아쉽고 걱정되는가 보다.

"그럼, 우리 동네에서 입양하면 우리 동네에서 살 수 있는 거예요?"

"당연하지. 너희들이 이 아이를 입양해서 잘 키워줄 사람을 찾아봐."

"어? 그래도 돼요?"

우리는 전단지를 만들었다. 강아지 이름도 짓고 사진도 찍어서 붙였다.

이름은 아이들의 이름을 한 자씩 따서 '찬하규'로 정했고, 연락처는 내 핸드폰 번호를 넣었다. 악동 삼총사가 하루에도 수십 번씩 연락 왔냐고 물어보는 통에 귀찮아 죽겠다. 전단을 붙인 지 나흘째 되는 날 오후, 핸드폰에 낯선 번호가 떠서 받아보니 동사무소 복지사 아줌마인데 찬하규가 입양 갈 만한 데가 있다고 한다. "야호!"

"혼자 사시는 분이네요. 입양을 하려면 이 아이를 평생 잘 돌볼 수 있는 분이어야 해요. 안 그러면 몇 달 안 돼서 파양하는 경우가 많

프롤로그

아요. 그럼 아이도 너무 힘들고요."

"이 할머니는 전에도 강아지를 기르셨던 분이에요. 작년에 발발이를 15년 넘게 키우다가 나이가 들어 죽었는데, 그 후 또 이별하는 게 힘들어서 다시 강아지 기르는 걸 포기했대요. 그런데 함께 사는 손녀가 강아지를 너무 기르고 싶어 한대요. 이젠 손녀도 제법 커서 강아지를 함께 돌볼 수도 있고 해서……."

나는 입양센터 선생님과 복지사 아줌마가 나누는 이야기를 열심히 들었다.

찬하규는 이 할머니네 집에 입양을 가게 되었다. 우리는 찬하규를 보러 수시로 할머니네 놀러간다. 할머니 손녀가 2학년인데 악동 삼총사에게 "오빠, 오빠"하며 잘 따라서 삼총사도 기분 좋은 눈치다. 그러던 어느 날 입양센터 선생님이 나를 부르셨다.

"연아야, 우리 센터에서 독거노인이나 장애가 있어서 나들이가 불편하신 분들, 그러니까 몸이 불편하시거나 외로운 분들이 반려동물과 함께 잘 지내시도록 지원하는 프로그램을 하고 있어. 이번에 찬하규가 입양 가게 된 것도 그런 경우여서, 입양 이후에도 센터에서 여러 가지 지원을 하고 있단다."

"와, 정말 훌륭해요. 그냥 입양 보내는 걸로 끝나는 게 아니군요. 선생님, 저 그거 시켜주시면 안 돼요? 저 한번 해보고 싶어요. 잘할게요."

나와 악동 삼총사는 마을동물보호단을 만들기로 결정하고, 단원을 좀 더 모았다. 장래 희망이 헤어디자이너인 선희, 수의사가 꿈인 희수, 동물을 위한 변호사가 될 거라는 아영이, 그리고 매일 동네 길

고양이에게 밥을 주는 규원이까지 여덟 명이 모였다. 우리는 카라에 가서 두 달 동안 정식으로 교육도 받았다. 선희는 아이들 미용을 아주 잘한다. 선희가 한번 가위를 들면 몇 달 동안 거리를 헤맸는지 꾀죄죄하고 지저분한 애들도 멋쟁이가 된다. 그런데 신기한 건 덩치가 커서 좀 무서운 개들도 선희 앞에만 가면 얌전해진다는 사실. 그리고 거의 1시간 가까이 선희가 하라는 대로 가만히 있다. 정말 신기하다.

"야 너, 진짜 대단하다. 너 앞으로 이거 해라. 헤어디자이너 말고 이거 해."

"나도 애들 털을 다듬고 있으면 아무 생각도 안 들고 기분도 좋아. 나도 이상해. 있잖아, 성당 가서 미사 드릴 때랑 기분이 비슷하기도 하고, 막 그래."

"그러니까 진로를 바꿔. 동물 미용사, 아니 반려동물 스타일리스트, 이게 더 좋겠다. 폼 나잖아. 하하하."

"근데 엄마가 허락하실까? 이건 헤어디자이너보다 돈도 못 벌잖아."

"헤어디자이너 한다고 다 돈 버냐? 그거 엄청 힘들대. 돈 벌 때까지 가려면 조수 생활을 몇 년이나 해야 되는 거, 너도 알잖아?"

"맞아. 하지만 엄마가…….."

"야야, 됐어. 천천히 고민하자."

나는 이 마을동물보호단 단원을 더 모집해서 규모를 좀 더 키울 생각이다. 그리고 카라에 가서 교육도 더 받을 거다. 악동 삼총사를 보면 참 신기하다. 학교에서, 동네에서 악동 짓을 도맡아 하던 놈들이 찬하규를 구조하고부터는 아주 달라졌다. 마을동물보호단 활동도 그렇게 열심히 할 수가 없다. 찬하규가 입양 간 할머니네도 찬하규가 집에 온 후로 집안이 훨씬 밝고 활기차졌다고 복지사 아줌마가 아주 좋아하신다. 이렇게 함께 살아가면서 동물을 통해 인간들이 행복해지고 동물들도 더욱 안전하게 살게 되는 것 같다. 나는 이런 일을 하는 상담가가 될 거다. 대학에 가서 심리학이나 동물행동학을 공부해야지!

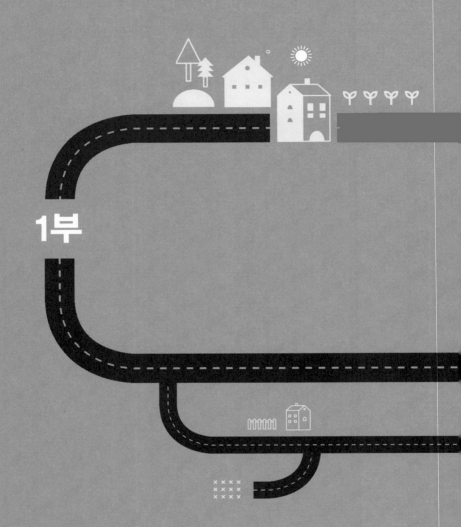

1부

마을살이의
원리,
마을 형성의
동력

1장

왜 마을인가?

요즘 마을이 등장하는 이유는 무엇일까? 농촌의 전원 마을에 대한 향수도 아니고, 그렇다고 강한 신념에 따른 공동체를 하자는 것은 더더욱 아니다. 살아가는 일이 갈수록 버겁고 불안하니 등 기대고 맘 나누며 그럭저럭 함께 살아가는 관계를 만들어보자는 거다. 그리 오래지 않은 과거에 우리가 함께 살아왔던 것처럼 그런 이웃 관계를 복원해보자는 거다.

살고 있는 장소에서 함께 하소연하고 궁리하면서 소외된 이웃을 초대하고, 외로운 이웃과 함께 어울리며 해결의 방도를 찾고, 십시일반과 품앗이로 재물과 재주를 합쳐서 해내는 것이다. 그러다 보면 국가에 요구할 것이 무엇인지 분명해지고, 정치인이 무엇을 해야 하는지, 아니 무엇을 못하고 있는지 드러나고, 그러면 정치인도 국민의 눈치를 보고 허투로 굴지 못할 거다.

하지만 어느새 '함께'보다는 '따로'가, 협동보다는 경쟁이 익숙해져버린 우리에겐 연습이 필요하다. 이웃과 함께하는 일의 즐거움과 효능을 조금씩 느껴가면서 협동과 호혜의 생활 방식을 다시 떠올리고 몸에 새기는 연습 말이다. 그렇게 마을은 만들어져간다.

마을, 그 매력과 두려움

공동체, 마을. 최근 많이 거론되는 화두다. 시대가 하도 험하고 삭막하니 그 대안으로 거론될 법하다. 결혼을 미루고 홀로 살아가는 독신과 결혼을 해도 키울 엄두가 나지 않아 애 낳기를 포기하는 부부가 늘어간다. 무연고 노인이 홀로 외롭게 돌아가시는 일도 잦다. 고령화 사회로 이미 진입했지만 노인들을 돌볼 사회적 준비는 턱없이 부족하다. 가족이 더 이상 제 구실을 못하고 있다. 취직에 대한 보장은 없지만 아무것도 안 할 수 없어서, 남들 다 하는데 가만히 있기 불안해서 청년들은 '스펙쌓기'에 몰려든다. 이제 그 허망한 다람쥐 쳇바퀴에서 뛰어내려야 하건만 착지할 곳이 보이지 않는다. 경제적 양극화가 갈수록 심해지면서 최소한의 생활 안전망에 구멍이 숭숭 난다. 형편이 되는 사람들도 나름의 수준을 유지하느라 허덕이고 외롭기는 매한가지인 모양이다.

공동체, 마을, 매력적인 단어다. 다양한 사람들이 동네에서 만나 살갑게 인사를 나누고, 또래 아이들을 같이 키우면서 가벼운 수다로 일상의 어려움과 즐거움을 나누는 이웃, 상상만 해도 흐뭇하고 살맛이 난다. 혼자 사는 독신들, 당장은 홀가분하고 폼 나 보이지만, 나이 먹고 병들면 누굴 의지해 살아가나? 코앞에 닥친 미래에 대한 불안으로 마음이 뒤숭숭할 때 한 번쯤 우리는 '마을'을 떠올려본다.

하지만 두렵다. 공동체라는 말 자체의 무거움을 떨쳐내기가 쉽지 않다. 감당하기 부담스러운 규율이 나를 강제하진 않을까? 아니, 눈에 보이는 규율보다 은근히 압박해오는 분위기가 더 답답하고 숨이 막힐 것 같다. 마을공동체의 일원으로 응당 해야 하는 의무방어전 같은 게 많지는 않을까? 시도 때도 없이 불러내 술 한 잔하자는 건 아니겠지? 마을 회의가 많다던데 내 일상이 노출되거나 지나치게 방해 받지는 않을까? 끝없이 이어지는 걱정과 두려움이 내 의지를 가로막는다.

마을 하면 무엇이 떠오르느냐는 질문에 답은 대체로 비슷하다. 정자, 느티나무와 그 아래 시원한 그늘, 가마솥, 송아지, 산과 들, 실개천, 우물, 물레방아, ……. 사람들은 공동체 하면 대체로 시골 마을을 떠올린다. 그 옛날 농촌에서는 내 새끼, 남의 새끼 구별하지 않고 똑같이 혼내며 '우리 새끼'로 함께 키웠다. 머리에 꽃 달고 다니는 큰 아이도 마을에서 함께 돌보았다. 기력은 쇠했지만 성깔 있는 할아버지, 동네에서 큰소리치며 어른 노릇 하며 살았다. 보릿고개 걱정은 할망정 세대가 함께 공존하면서 그냥저냥 서로 의지하면서 살았던 것이다.

마을, 호혜적 생활 관계망

하지만 지금, 농촌 공동체는 해체되었다. 요즘 농촌 청년회 총무의 평균 나이가 예순이란다. 웃지 못할 현실이다. 30~40대 청장년이 없다. 당연히 아이들도 없다. 젊은이들은 일자리를 찾아 도시로 떠나거나 아이들 교육을 이유로 고향을 떠났다. 급격한 도시화로 모두가 도시로 몰려들어 따개비마냥 떼 지어 닥지닥지 붙어 산다. 하지만 정작 아래윗집에 누가 사는지 모른다. 어쩌다 주차 시비로 다투기라도 해야 옆집 사는 이가 누군지 알게 되는 형편이다. 모두들 제 가족 외에는 관심 가질 필요를 못 느끼며 살아간다. 그나마 가족이 유일한 공동체다. 이웃이 어떤 어려움을 당해도 까맣게 모르고 있다가 뉴스를 통해서야 비로소 알게 되는 외롭고 무서운 도시에서 가족이 유일한 안식처인지도 모르겠다. 다행스럽게도 가족 공동체는 자연의 섭리로, 마침 제 눈에 맞는 콩깍지가 씌어 그저 바라만 봐도 좋은 시절을 보내고 나서, 지지고 볶는 구질구질한 일상 속에서 비로소 사랑하는 이의 진면목(?)을 받아들여 가족이라는 안식처로 자리 잡아 간다.

　하지만 그 가족은 무사한가? 우리나라가 IMF의 혹독한 시련에도 절단 나지 않고 견딜 수 있었던 것은 다름 아닌 가족 덕택이라고 한다. 당시 경제난의 여파를 가족이 가족 공동체답게 고스란히 떠안았기 때문이다. 하지만 IMF 사태를 겪어내며 수많은 가족이 절단 났고, 그 후 젊은이들은 결혼을 기피하고 있다. 결혼을 해도 아이 낳기를 두려워한다. 낳아 키우는 일이 감당이 안 되기 때문이다. 게다가 세 쌍이 결혼을 할 때 한 쌍이 이혼을 한다고 하니, 가족을 구성하기조차 힘든 시대다. 최소한 삶의 안전망이 되어주던 가족의 역할이 급속히 소멸되고 있다. 가족의 붕괴는 이미 새롭지 않은 사회 현상이 되었다. 이렇게 농촌 마을은 이미 붕괴되었고, 가족 역시 해체가 가속화되며, 1인 가구가 급증하고 있다. 아이와 노인이 가족에서 배제되고 방치되어 돌봄 없이 홀로 외롭게 살아간다.

태어나면서부터 속하게 되는 농촌 공동체도 아니고, 자연의 섭리로 맺어진 가족 공동체도 아니라면 도시에서 익명으로 제각각 살아가는 주민들이 어떻게 수용적 관계를 쌓고 이웃이 되어 마을을 이룰 수 있을까? 도시에서 마을을 이루려면 이웃들과 '마음을 내 접속하는 관계'를 선택해야 한다. 그리고 그 관계를 쌓아가기 위해 '지지고 볶는 과정'을 서로 참고 견뎌내야 한다. 조상으로부터 물려받은 관계도 아니고, 콩깍지가 씌어 맺어진 관계도 아니다. 스스로 선택하고 함께 견뎌내며 만들어가는 관계, 그것이 바로 도시 속 마을이다.

요즘 아파트가 평수와 시공사 브랜드로 서열을 매겨 차별하고, 이웃 간의 정이라곤 찾아보기 힘들며, 냉랭하고 살벌하기조차 한 주거공간이 되어간다며 걱정이 많다. 그리 멀지 않은 과거에는 아파트도 주민들의 살가운 마을살이 터전이었다. 예전에는 복도식 아파트가 많았다. 중앙 계단을 중심으로 좌우 10여 가구씩 늘어놓아 복도를 지나면서 창문으로 새어 나오는 아이들 웃음을 듣거나 사소한 부부싸움 광경도 볼 수 있었다. 여름이면 현관문을 열어젖히고 성긴 발을 가슴께까지 내려놓고, 아파트 복도에 고만고만한 또래 애들을 내놓고 함께 돌보며 살았다. 애매하고 귀찮은 점심 끼니, 서너 집이 함께 모여 김칫국에 국수 말아 뚝딱 해치우고, 앉은 자리에서 수다를 떨다 보면 두어 시간이 훌쩍 지나갔다. 심지어 동네 어르신 장례도 아파트에서 다 치러냈다. 그리 오래지 않은 시절, 도시 속 아파트 풍경이었다. 뉴타운 재개발이다, 재건축이다 쓰나미 같은 광풍이 몰아치기 전까지만 해도 그런 풍경을 접할 수 있었다.

돈이 많은 사람들은 언제라도 원하는 생활자원을 얻을 수 있다. 이 사회는 돈 있는 사람에게만 편리하게 돌아가니 말이다. 권력이 있는 사람도 마찬가지다. 그들에겐 조직이 있어서 필요한 생활자원을 원하는 만큼 얻을 수 있다. 하지만 이도 저도 없는 서민들은 어떤가. 부모한테 물려받은 게 없고 제 몸 하나 건사하며 평생 일해야 살아갈 수 있으니, 그야말로 제 몸뚱이가 생활자원의 전부다. 그러니 없는 사람들은 각자가 가진 재주를 서로 나누어야 살아갈 수 있다. 사는 데 이것저것 아쉽고 변변찮아 심란하지만 가진 재물 십시일반하고 형편대로 품을 나누며 살아야 살아진다. 이게 '마을'이다. '호혜적 생활 관계망'이다.

"아파트에서도 마을이 될까요?"

아파트에서도 마을을 이룰 가능성이 있는지 자주 질문을 받는다. 아파트가 도시 개인주의 주거문화의 표상처럼 회자되고 있으니, 그곳에서 아파트 현관문 열어놓고 서로 살가운 이웃 관계를 맺는 일이 어려울 것 같아 던지는 질문이다. 그도 그럴 것이 최근 층간소음 문제로 아래윗집이 칼부림을 벌이다 상해를 입고 심지어 사망까지 하는 끔찍한 사건이 심심찮게 보도되고 있다. 요즘 뜸한 것 같기는 한데, 분양 아파트와 임대 아파트가 함께 있는 단지에서 분양 아파트 주민들이 단지 안을 통과하는 임대 아파트 자녀들의 등하굣길을 막아 아이들이 단지 외곽의 둘레길로 멀리 돌아 학교를 다닌다는 실태가 보도되기도 했다. 이건 너무 심한 것 아닌가 싶은 현상이 아파트 단지에서 자주 벌어지고 있다.

사실 그동안 마을살이가 제법 번성한 사례를 보면, 성미산마을을 비롯해서 삼각산재미난마을, 장수마을, 성대골마을 등 대체로 단독주택 중심 지역이다. 그리고 보면 마을만들기는 아파트보다는 골목이 있는 주택가에서 활발했다. 그러니 골목을 오가며 눈 마주치고 인사라도 나눌 수 있는 단독주택 지대에서나 가능한 게 아닌가 진단할 법도 하다.

하지만 나는 아파트가 오히려 마을살이에 더 유리하다고 본다. 아파트는 입주민들의 사회적·경제적 배경이 대체로 유사하고, 부모나 자녀들의 연령이 비슷해서 사는 형편이 서로 고만고만하다. 게다가 몇 백 몇 천이나 되는 대규모 가구들이 밀집해서 살고 있고, 단지마다 제법 쓸 만한 공용 공간도 있어서 마을살이의 거점으로 제격이다 싶은 곳들이 많다. 얼마 전만 해도 아파트 건설회사의 마케팅 콘셉트가 '환경·생태'였지만, 최근엔 '공동체'를 내세우는 경우가 많아졌다. 자본이 귀신같이 시대의 흐름을 좇아 마케팅에 이용했지만 아파트가 그만큼 마을공동체 형성에 유리한 인프라를 갖추고 있다는 방증이기도 하다.

아파트에서 마을만들기가 어려운 데에는 다른 이유가 있다. 아파트라는 주거 형태의 문제가 아니다. 아파트가 들어선 이후 적지 않은 세월 동안 함께 일구어온 마을 관계망이 파괴되고 지속되지 못한 점이 더 크다. 대규모 아파트 개발 방식이었던 재개발·재건축의 경우 원주민 정착률이 10%에도 못 미친다는 점이 이를 증명한다. 재개발·재건축은 살던 집을 모조리 철거하고 전체를 새로 다시 짓는 '철거·신축' 방식이다. 몇 십 년 동안 함께 살아온 이웃 간의 인연들도 함께 '철거'되고, 제각각 뿔뿔이 흩어진다. 물론 원주민 중에 신축아파트 정착에 성공한 사례도 있지만, 대부분 입주 청산금을 감당하지 못해 포기하고 만다. 어떻게 은행 대출을 받아 입주를 한다 해도 마을에서 오랜 시간 정으로 쌓아온 생업은 아파트와 함께 들어선 그럴싸한 대형슈퍼, 베이커리에 맞서 버텨낼 재간이 없다. 오랜 시간 다져온 살가운 이웃 단골들은 다 없어지고, 새로 이사 온 신세대 부부들에게는 후줄근한 동네 가게가 눈에 찰 리 없다. 결국 장사가 안 되고, 이자 내기 어려워 분양 받은 아파트 팔아치우고 손 털고 나오는 게 다반사다. 이렇게 오랜 세월 다져온 이웃 관계는 한순간에 사라지고 생면부지 낯선 사람들이 한꺼번에 몰려들어 사니 마을살이가 제대로 될 리 없다. 맨 땅에 헤딩하듯 처음부터 시작할 수밖에 없다.

그런데 최근 맨 땅에, 그것도 아스팔트로 숨 쉴 틈조차 없어 보이던 아파트 단지 안에서 민들레 홀씨가 뿌리를 내리고 꽃을 피운다는 소식이 자주 들려온다. 같은 단지에 사는 엄마 너댓 명이 모여 아파트 옥상에 텃밭을 가꾸기 시작하니, 어느새 부지런한 할아버지와 할머니들이 수시로 오가며 살뜰히 가꾸신다. 역시 선수들이시다. 선선한 저녁에 단지 사람들이 모여 기른 상추를 바로 뜯어서 삼겹살 옥상파티도 연다. 가끔 오가며 낯익은 어르신이 자기

집 애와 같은 반 친구 할아버지인 걸 안다. "민석아, 인사해. 네 친구 영철이 할아버지셔." 자연스레 안면 트고, 그 집 식구들이 누군지 알게 되고, 단지 안을 오가며 인사하는 사람들도 늘어간다. 봄 가을이 되면 아파트 단지 공터에서 마을축제를 열고, 재주 많은 주민들이 나와서 섹소폰도 불고, 조무래기들이 입 모아 합창도 하며, 어르신들은 모처럼 동네 젊은 엄마들이 부쳐주는 부침개와 막걸리를 드시며 "대체 이게 웬일이여?" 놀라신다.

서울의 어떤 아파트 단지의 재밌는 사례가 있다. 입시생을 둔 엄마들은 학원 끝나고 독서실에서 늦게까지 있다가 밤길 걸어오는 딸아이들이 걱정되어, 밤 11시 30분이면 단지 정문을 나서 단지로 이어지는 껌껌하고 꺼림칙한 길목까지 마중 나간다. 그런데 이 엄마들이 단지 안에 제법 괜찮은 공용 공간을 발견하고 휴일에 아빠들을 불러내 뚝딱뚝딱 그럴 듯한 작은 독서실을 꾸몄단다. 이제 아이들은 저녁이면 이곳에서 공부하고 가끔 엄마들이 돌아가며 간식도 준비한다. 이제 밤길에 아이들 마중 안 가도 되니 그 시간에 엄마들이 간식 만들며 이런저런 수다도 떤다. 이렇게 소소한 일상의 아쉬운 '거리'들을 함께 해결하면서 주변에 훈훈하고 정겨운 기운을 퍼뜨린다.

층간소음도 평소 조금이라도 아는 애들이 내는 소리는 그래도 좀 작게 들린다고 하지 않나. 위에서 쿵쿵 뛰는 소리가 나도 "에고 고놈이 또 뛰는구나." 엊그제 엘리베이터에서 만나 "아줌마~아" 하며 애교 떨던 모습이 떠오르면 울화도 좀 덜 치민단다. 또한 층간소음이 끔찍한 사고로 이어지는 경우, 그 원인은 소음 그 자체라기보다 그 문제를 푸는 사람들 간의 불화가 문제인 경우가 대부분이다. 소음의 피해자는 대체로 소음이 나도 여러 번 참는다. 오랫동안 기다리고, 벼르고 벼르다 큰 결심을 하고 위층에 올라간다. 그러니 첫마디가 순순할 리 없다. "아니, 도대체 이 집은 애들 가정교육을 어떻게 시키기에……." 다음 상황은 뻔하다. "그동안 괜찮아지겠지 하며 오랫동안 참았는데, 소음이 심해서 밑에서 살 수가 없어요." 이렇게 조심스레 말문을 여는데도, "다 같이 애들 기르면서 뭘 그래요. 그 집은 애들 안 길러요?" 이런 뻔뻔한 반응이 돌아오면 그간 꾹꾹 참으며 눌러온 감정이 폭발해서 싸움이 된다. 평소 오가며 인사라도 하는 사이였다면 이렇게 험한 대화가 오가지 않았을 텐데. 결국 평소 유지해온 관계가 관건이다. 그러니 아파트에서도 꼭 마을이 필요하다.

'마을' 만든다고 세상이 바뀌나?

마을공동체 하면 한가한 얘기로 치부하는 이들이 있다. 동네 골목에서 마을만들기를 한다고 해서 세상이 바뀌나? 바뀐다 해도 언제, 어느 세월에 바뀌겠어? 이런 염려가 앞선다. 때론 일부 몇몇 사람들, 여유 있고 형편 되는 사람들끼리의 호사 정도로 폄하하기도 한다. 마을에서 동네 어르신 몇 분 함께 돌본다고 해서 한국 사회 독거노인 문제가 해결되는 건 아니다. 동네에서 마음 맞는 엄마들이 자기 애들 품앗이로 함께 돌본다고 가족이 못 챙기는 아이들의 방과후 문제가 해결되지 않는다.

마을공동체가 활성화되지 못하는 근본적인 장애가 있다. 주거와 노동의 문제가 해결되지 않는 한 마을공동체는 불가능한 시도일지도 모른다. 2년마다 이사 갈 걱정을 하며 마을살이 하기는 어렵다. 당장 내년 봄에 전세 계약 만기가 돌아오고, 눌러앉아 살려면 보증금 몇 백 혹은 몇 천을 올려줘야 할 텐데 난감하다. 언제 이사하게 될지 모르는 판에 아래층 이웃과 친해지는 것 자체가 번거롭고 심란한 일이다. 마을은 오래 함께 이웃하며 살아야 오가다 마주치면서 안면도 익히고, 아이들 얘기나 신랑 뒷담화를 하면서 친밀감이 생기고, 그러다 궁리 끝에 뭐라도 함께 저지르듯 시도하며 만들어지는 관계가 아니던가.

또 하나의 큰 장애가 노동 시간이다. 마을 사람들의 일과가 새벽에 일터로 나가 밤늦게야 집에 들어와, 쓰러지듯 잠시 지친 몸을 뉘었다가 새벽이면 다시 일터로 향하는 생활의 반복이라면 무슨 이웃이 있고 마을이 있을까? 그야말로 한가한 소리, 낭만적인 얘기다. 어떤 나라의 사람들은 네다섯 시면 퇴근을 하고, 술집도 늦도록 문을 여는 곳이 없고, 지역사회에 다양한 클럽이 있어서 각자 원하는 자원봉사나 취미활동을 한다고 한다. 새벽부터 밤늦도록 죽어라 일하지 않아도 아이 키우며 먹고살 만하고, 동네에서 어슬렁대다가 마주치는 이웃과 맥주 한잔하거나 아이들과 공 차고 가족끼리 놀러도 가고……. 얼마 전 어느 정치인이 선거 슬로건으로 내걸어 반향을 일으킨 '저녁이 있는 삶'은 죽어라 일만 하는 우리네 생활에서는 불가능한 삶일지 모른다. 그럴 수만 있다면 일자리를 나누는 효과가 생겨 실업률도 낮출 수 있고, 그야말로 일거양득일 텐데 말이다.

마을이 우리 사회의 모든 문제를 해결할 수는 없다. 하지만 지금 우리가 하려는 마을공동체, 마을만들기는 '아, 저렇게 해도 되는구나', '저렇게 살아도 좋겠구나' 하는 사회적 공감을 가능하게 하는 일이다. 다른 상상, 다른 시도가 그럴 듯해 보이고, 나도 해볼 수 있을 것 같은 마음이 들게 하는 것, 이것이 바로 혁신이 아닐까? 그렇게 공감하는 사람들이 늘면 제도적인 시도가 설득력과 추진력을 갖게 된다. 이것은 몇몇 전문가들의 머릿속에서 나오는 아이디어나 정치인들의 구호가 아니라 오늘을 사는 시민이 실제로 그렇게 살아낼 때 힘이 생긴다. 그래서 마을만들기가 아니라 마을살이다. 전문가들의 마스터플랜이 아니라 시민들의 생활 그 자체로서 마을살이인 것이다. 생활공간에서 시민이 직접 대안적인 삶을 살아가고, 스스로 행복과 만족을 느낄 때 정치도 달라지고, 제도도 바뀐다. 정치인에게 위임하지 말고, 시민단체가 홀로 버겁게 대변(代辯, advocacy)하도록 내버려두지 말고, '목마른 사람이 우물 판다'는 옛말처럼 아쉽고 절실한 사람이 직접 나서서 해결하자는 것이다. 그래야 시민단체의 대변도 먹히고, 정치인도 위임 받은 권력을 허투루 쓰지 못한다.

아이와 여성이
안심하는 마을살이

갈수록 아이들과 여성들이 불안하다. 입에 담기조차 무서운 범죄의 대상이 되고 있다. 그 끔찍한 범죄의 장소가 바로 동네 골목이고 심지어 제 집 안이기도 하다는 점에서 심각한 지경이다. 내가 어린 시절을 보낸 서울 미아리에서는 골목 여기저기 뛰어다니는 아이들로 활기가 넘쳤고, 동네 아줌마들이 골목에 모여 선 채로 수다 떨고, 낯선 사람이 동네 골목에 들어서기라도 하면 대번에 소문이 나곤 했다. 세탁소와 구멍가게, 미장원, 쌀집이 마주보고 있는 네거리 주변, 가게 주인들인 아줌마와 아저씨의 시선이 모이는 그 '공간'이 아이들에겐 가장 '안전'한 최고의 놀이터였다.

언젠가 강남 지역의 모 구청에서 여성이나 아동 등 약자를 대상으로 하는 범죄를 막기 위해 CCTV를 구석구석 조밀하게 설치하겠다고 발표한 적이 있다. 과연 CCTV를 설치하면 범죄가 줄어들까? 아무래도 감시의 눈이 많아지면 범죄가 조금이나마 줄어들성싶다. 그런데 범죄 전문가의 연구 조사에 의하면 꼭 그렇지는 않은 모양이다. 범죄는 대체로 우발적으로 저질러지는 경우가 많아 CCTV가 범죄 억제에는 별 효과가 없다는 것이다. 우리가 불안을 느끼는 대부분의 민생범죄가 그렇단다. 물론 범행 이후 범인을 체포하는 데는 큰 도움이 될 것이다. 그런데 내 가족이 이미 봉변을 당하고, 내 아이에게 이미 사고가 난 이후 범인을 잡은들 무슨 소용이 있으랴. 결국 마을 사람들의 살가운 시선이 무엇보다 성능 좋은 CCTV인 셈이다. 돌아서면 제 부모와 아는 어른들이 모여 있고, 가족과 이웃처럼 이미 친밀하게 알고 지내는 사람들의 시선이 닿는 곳이 아이들에게는 가장 안전한 장소다.

노출과 개입의 관계망

가정에서 은밀하게 행해지는 폭력의 문제는 결코 사적인 영역으로 방치될 수 없는 문제다. 그동안 여성운동계의 끈질기고 적극적인 노력과 사회적 인식의 성장에도 불구하고 가정폭력 문제는 여전히 '집안 일'로 취급되고 있다. 가해자는 물론 피해 당사자조차 그렇게 여기는 경향이 있고, 사회적으로도 여전히 부부 간의 문제로 보고 개입을 꺼린다. 피해 당사자에게는 돌이킬 수 없는 파괴적 결과를 초래하는 '범죄'에 대해 형사처벌이 현실화되어야 하는 것은 당연하다. 하지만 노출되지 않고 은밀하게 그리고 반복적으로 자행되는 습관적 폭력이 더 문제다. 그래서 '예방과 지원'이 더욱 중요한 과제다.

은평 지역에서 활동 중인 '여성의 전화'는 가정폭력 문제의 해법으로 '지역사회 차원의 지원 네크워크'를 제안했다. 학교와 지구대, 구청과 동(洞)주민센터, 지역사회 복지관과 가정폭력 및 성폭력 전문상담기관 등의 유관 기관과 전문가들로 구성된 '피해자 중심적인 종합적·협업적 지원 시스템'을 구축하자는 것이다. 피해자가 위험의 순간으로부터 안전하게 피신하는 것은 물론 이후 안정을 되찾고 문제를 해결하기까지 적절한 개입과 지원을 한다는 것이 주요 계획이다. 가정폭력은 가족이라는 사적 공간에서 일어나므로 그 결과는 더욱 파괴적이다. 그러므로 대면 관계가 가능한 지역사회 차원의 지원 네크워크를 통해 문제를 해결해보자는 시도는 바람직하다.

하지만 이러한 지원 시스템이 실효적으로 작동하고 피해자에게 실질적인 지원이 되려면 무엇보다 피해자가 지역사회의 친밀한 관계망에 연결되어 있어야 한다. 즉 피해자가 일상적으로 교류하고 소통하며 살아가는 '이웃 관계' 안에 놓여 있어야 한다. 그래야 폭력 사실을 쉬쉬하지 않고 터놓고 얘기할 수 있다. 그러다 보면 일상에서 이웃들이 은근하게, 때로는 대놓고 개입할 수 있는 여지가 자연스럽게 생긴다. 마치 친정 식구처럼 피해 여성이 정서적으로 믿고 의지할 수 있으며, 가해 남성 역시 눈치를 볼 수밖에 없는 '관계'가 필요하다. 이러한 '노출과 개입'의 관계망이 없다면 지역사회 지원기관들 간의 네트워크가 아무리 잘되어 있어도 적절히 작동하기 어렵다.

또 하나, 가정폭력 문제를 가정폭력 그 자체에만 초점을 맞추면 오히려 해결점을 찾기 어렵다. 물론 즉각적이고 직접적인 처방이 필요한 위험 상황에는 적절한 지원책을 강구해야 한다. 하지만 대증 요법보다는 체질 개선이 더욱 중요한 것처럼, 가정폭력의 궁극적 해결책으로서 지원 네트워크를 만들려 한다면 일상의 관계망을 중심에 두고 접근하는 것이 바람직하다. 예를 들면 자녀들의 육아와 교육 문제 해결을 위한 공동육아나 품앗이 육아, 안전한 먹거리를 위한 생협, 유기농 반찬 가게, 마을식당, 문화·예술적 욕구를 충족하기 위한 마을카페, 도서관, 예술 동아리 등이 그것들이다. 누구에게나 해당되는 보편적인 도시생활의 필요를 공감하고 공동으로 해결해갈 때, 그 과정에서 형성되는 일상의 안정되고 친밀한 관계망(친밀권, 親密圈, intimate sphere)이 생기면 가정폭력 문제를 '사적 공간'으로부터 '공공의 공간'으로 드러내기 쉽다. 또 지역사회의 지원 네트워크가 개입하기도 훨씬 용이하다.

살가운 이웃이 내 가족을 지킨다

마을살이란 동네에서 이웃들이 수시로 모여 수다 떨고, 서로 사는 얘기 나누고, 그러다 누구 집에 숟가락이 몇 개인지 알고 살게 되는 그런 '이웃 관계'를 회복해보자는 것이다. 또 함께 살아가는 이웃으로서 서로 살아가는 얘기를 나누자는 것이다. 아이들이 함께 다니는 학교 얘기도 같이 나누고, 동네 골목길 가로등이 어둡다고 불평하며 형편이 어렵게 된 사연도 들어주고, 잘될 거란 빤한 덕담도 주고받는, 그야말로 함께 살아가는 관계를 만들자는 것이다. 그런데 이런 이웃 관계는 아주 친밀한 교감을 통해 만들어진다. 친밀감은 수시로 만나고 수다 떠는 일상의 관계를 바탕으로 형성되며, 그게 바로 마을이다. 그래서 마을은 동네에서 알고 지내는 몇몇 사람들과의 수다로 시작되고, 또 다른 수다 관계망과 연결되어 넓어지면서 형성된다. 범죄 발생 지역에 CCTV를 설치하는 것도 중요하고, 지역사회의 상시적 지원 네크워크도 절실하다. 여기에 이웃들의 살가운 시선이 아이들을 돌보고, 어른들이 소소하게 얼굴 마주하고 마음 나누는 일상의 관계가 살아나면 좋겠다. 도시의 안전, 마을살이가 그 해답이다.

1부 마을살이의 원리, 마을 형성의 동력

복지 패러다임의 전환, '마을지향 복지'

최근 여야를 불문하고 서로 경쟁하듯 '보편적 복지'를 주장한다. 어쨌든 이구동성 복지 패러다임을 전환해야 한다며 목소리를 높이는데, 뭐가 문제일까? 기존의 복지 패러다임은 '시장 중심적인 전달 체계'와 공공이라는 '공급자 중심적인 전달 체계'로 요약된다.

복지 전달 체계의 문제

시장 중심적인 전달 체계에서는 갈수록 열악해지는 돌봄과 보살핌의 위기를 개별적인 욕구나 필요로 치부해버리고, 각자 알아서 시장 상품을 합리적으로 구매하여 대비하라고 다그친다. 이를테면 급속도로 치닫는 고령화에 따른 심각한 위기를 요양 시설, 노후 준비, 자산 관리, 연금 저축, 재무 설계 등의 상품으로 해결하라는 식이다. 이른바 복지의 과제를 보험이나 금융상품 등을 활용해 각자 해결하라 하면 복지는 오로지 개인의 일이며, 각자 알아서 가진 만큼의 돈으로 시장에서 해결하라고 내치는 셈이다. 물론 있는 사람에게야 구질구질하지 않고 깔끔한 방도다.

한편 공급자 중심적인 전달 체계는 공공(公共)이 복지기관을 통해 복지 전문가를 투입하여 고객에게 개별화된 최적의 서비스를 제공하는 시스템이다. 이는 공공의 복지 자원을 개별화된 개인에게 일방적으로 전달하는 방식이며, 복지기관은 그 전달을 대행한다. 공공이 내놓는 자원은 전달 효율 최적화를 목표로 만들어진 매뉴얼에 따라 프로그램 방식으로 전달된다. 그러다 보니 전문가와 전달의 효율만이 중요시된다. 가까운 예로, 수급 기준의 형평성을 지켜야 한다는 전달의 효율성 논리로 인해 자식의 소득 때문에 지원금을 받지 못하는 노인의 딱한 처지를 양산한다. 정작 그 전달체계가 목표로 삼는 고객(?)은 없다. 고객은 오로지 수동적인 수혜자로 남는다. 전달의 효율에 몰입하는 소위 '전문가'와 스스로 삶의 주체로서의 활기를 잃은 '수혜자'라는 일방적이고 기능적인 관계만 남는다.

돌봄 서비스는 오래전부터 가정과 지역사회에서 이루어져왔다. 돌봄은 친밀한 관계에서 이루어지며 사적이고 감정적인 성격이 강하다. 그래서 누가 돌보느냐가 돌봄 서비스의 질을 좌우한다. 자격증보다는 서로 신뢰하고 살가운 관계, 서로 책임성을 공유하는 관계에서 이루어지는 돌봄이 서비스 만족도가 높은 것은 당연한 이치다. 모두 돈 벌러 나가고 가정과 동네에는 돌볼 사람은 없고 돌봐야 할 사람만 남는다. 결국 나가서 번 돈으로 시장에서 돌봄을 해결해야 하는 악순환이 반복된다. 마을지향 복지란 일상의 대면 관계를 바탕으로 한 마을살이의 관계 속에서 보살핌이 필요한 주민을 돌보고, 필요한 물자와 도움을 줄 수 있는 사람을 주민 속에서 찾고 연결하는 것이다. 물론 마을지향 복지가 국가가 응당 져야할 책임을 마을 주민들에게 떠넘기는 것이 되어서는 안 된다.

국가의 복지 자원은 더욱 증대하되, 그 전달 방식을 마을 차원의 생활 관계망을 토대로 재구성해야 한다는 것이다.

복지 수혜자에서 생활의 주체로

복지 전달에서 중요한 쟁점은 '복지의 필요를 누가 결정하느냐'다. 누가 복지의 필요와 욕구를 정의하고, 그 필요를 충족시키기 위한 복지 서비스의 내용과 양을 결정하느냐가 가장 근본적인 문제다. 일방적인 복지 전달 체계는 주민을 수동적인 수혜자로 내면화하고 고착화함으로써 지역사회에서 엄연한 주민의 일원으로서 주체적으로 참여할 기회를 박탈한다. 자립적 생활의 주체로서 스스로 자신의 문제를 해결해나갈 힘을 '키워주기(empowerment)'는커녕 오히려 무기력하게 한다는 점에서 근본적인 의문을 갖게 한다. 일상의 문제를 일상과 동떨어진 공공의 기능적 공간에서 과도하게 담아내려 함으로써 생활정치의 활력을 애초 고갈시킨다는 지적도 제기된다.

따라서 주민을 개별적인 복지 수요자 또는 복지 서비스의 대상자로 볼 것이 아니라 생활의 주체로서 생활공간에서 자신의 발언과 행위를 하는, 이른바 주민으로서 주권을 행사할 수 있는 생활정치의 주체로 봐야 한다. 즉 복지 전달 체계를 확대하여 사각지대가 방치되지 않도록 하거나, 복지 수혜자 입장에서 복지 전달의 민감도를 강화하는 과제 못지않게, 복지 대상 주민의 주체화 역시 주요한 과제이다. 오늘날은 경제적 빈곤뿐만 아니라 사회적 배제(social exclusion)와 단절이 더욱 근본적이고 심각한 문제가 되어가고 있기 때문이다.

마을지향 복지란 주민이 복지 자원을 일방적으로 전달받는 수혜자로서가 아니라, 생활의 주체로서 마을 속에서 자존감을 갖고 살아가도록 하는 것이다. 이는 일상에서 이웃들과 일상적으로 맺는 관계에서 형성된다. 또한 그 속에서 개인의 사연과 형편을 이웃이 공감하고, 공감하는 '그만큼'을 바탕으로 문제 해결의 방법이 나온다. 그래야 자신이 필요한 것을 스스로 결정하고 충족하기 위해 요구하는 살아 있는 주체, 생활의 주체이자 삶의 주인이 되는 것이다. 이런 과정이 마을살이다. 이런 과정에서 맺어지는 주민들의 관계가 곧 마을이다.

2장

주민이 열이면
마을도 열

맘 맞는 몇몇 동네 이웃들끼리 수다로 소통하고 작당하듯 일을 벌이는 정도까지는 무슨 일을 해도 순조롭고 즐겁다. 하지만 이 범위를 살짝 넘어서면 바로 만만치 않다. 듣도 보도 못한 이가 설치는 광경이 낯설고, 평소 까칠해서 데면데면하던 이웃도 살갑게 챙겨야 하고, 모임의 대표로 나가 입장도 밝혀야 한다. 그런데 이게 도통 맘 같지 않다. "무슨 영광을 보자고 이러고 있나" 하는 마음이 들 때가 잦아진다. 바로 요 때가 '고비'다.

마을살이, 애초에는 나의 필요가 절실해서 시작되었고, 평소 친하게 지내던 이웃이 함께여서 나섰지만, 어느새 '동네일'이 되어 있고, 동네의 여러 사람이 연결되어 일이 돌아가다 보니 처음 같지 않은 거다. 그런데 요 고비를 넘어서면 마을 전체가 보이고, 나름 여유도 생긴다. 일이 잘못되면 어쩌나 하는 조바심도 줄어든다. '아님 말고' 하는 배짱도 생기고, '잘 되겠지' 하는 낙관도 커진다. 그러니 예전처럼 노심초사 아등바등 그렇게 나대지 않아도 일은 더 잘 돌아간다. 미운 사람들이 줄어들고 동네에서 나를 바라보고 믿어주는 분위기도 생긴다.

마을이 돌아가는 '판'이 보이기 시작한다. 사람들의 마음이 모이고 협동의 기운이 움직이는, 어떤 흐름이 손에 잡힌다. 서둔다고 될 일이 아니고, 마을살이의 '맥'을 잡아야 한다. 폭풍처럼 다그칠 때를 알고, 비 오는 날 방에서 뒹굴듯 노닥거리는 여유를 누릴 줄도 알아야 한다. 그리고 무엇보다 나에게 너그러워져야 한다. 그래야 다른 이에게도 너그러운 마음이 생긴다. 그래야 사람이 모이고, 기운이 모인다.

마을살이,
하고 싶은 사람이 한다

"사람이 없어 일을 못 하겠다"란 푸념을 가끔 듣는다. 그럴 때마다 나는 "직접 하면 될 일을 남 시키려니 없지!"라고 말한다. 그렇다, 하고 싶은 사람이 그냥 하면 될 일이다. "그렇다고 혼자 할 수는 없잖아?" 반론이 바로 되돌아온다. 진짜 하고 싶은 한 사람이 있으면, 주위에 절반 정도 하고 싶은 사람 한둘은 생긴다. 책임을 지지는 못하지만 옆에서 돕겠다는 이들이다. 이어서 30% 정도만 하고 싶은 사람이 두셋은 모인다. 별 관심은 없지만 네가 한다니 필요한 일거리 한두 가지는 감당해주겠다는 이들이다. 벌써 합이 대여섯이다. 세상에 대여섯이 모여 못 해낼 일은 없다. 모두가 책임질 필요도 없다. 오히려 모두가 매달리면 그 일은 산으로 가버린다. 그래서 진짜 하고 싶은 '한 사람'이 소중하다. 하고 싶은 일, 하는 것 자체로 즐거워 집중하는 한 사람이 중요하다.

하고 싶은 사람이 하기

무슨 일이든 처음 일을 도모하는 단계에서는 신이 난다. 새로운 일을 꾸민다는 건 꿈을 꾸는 과정이기에 그렇다. 그것도 마음 맞는 여럿이 모여 꿈꾸듯 낙관적인 기운으로 이것저것 아이디어를 내놓으니, 시작만 하면 금방이라도 결실을 맺을 것 같다. 어느 덧 구체적인 계획이 나오고, 역할도 정해진다. 모두가 함께 의논하던 체계는 담당자와 운영위원회로 나뉘고, 그림으로만 그려보던 상황은 현실이 되어 나타난다. 하지만 그야말로 실전에 돌입하면 사정은 달라진다. 잘될 것만 같은 일이 더디고 좀처럼 성과가 나오지 않는다. 게다가 생각지 않은 일이 벌어지고, 세상을 다 이룰 듯 의기투합하던 사람들도 조금씩 차이를 드러내고, 하찮은 일로 틈이 벌어진다.

첫 출발이 성공적으로 잘되어도 자리 잡고 안정되려면 오랜 시간이 흘러야 한다. 내가 사는 성미산마을에서 길게는 10여 년, 짧게는 3, 4년 된 마을기업들의 목표가 모두 '본전'인 걸 보면 뭔 일을 벌여 안착시킨다는 게 쉽지 않다. 그 '자리 잡기'까지가 문제다. 처음에 모두 모여 으샤으샤 일을 벌일 때에야 에너지가 차오르지만, 일이 본격적으로 진행되면 상승하던 에너지는 꺾여 수평이 된다. 안간힘을 다해 발버둥치지만 한번 꺾인 수평선은 도무지 고개를 들지 못하고 지루하게 정체된다. 이때 책임을 맡은 담당자는 착시에 빠진다. 계속 상승하던 곡선이 수평으로 누우니 마치 하강이라도 하는 듯 착각하는 거다. 문제는 책임을 떠맡는 사람들이 대체로 착하고 거절 못하는 이들이라 열에 아홉은 그 하강이 모두 '제 탓'이라 여긴다는 점이다. 이때부터 대하 드라마 한 편 정도는 찍을 만한 우여곡절을 겪게 된다. 이 기간을 누가 견뎌낼까? 하고 싶어 하는 사람이 견뎌낸다. 해야만 한다는 의무와 책임감보다는 꼭 하고 싶은 일이라 하고 있는 것 자체만으로도 에너지를 받을 수 있는 사람이 상처도 덜 받고 결국은 견뎌낸다.

　기업의 마케팅 전략은 '푸싱(pushing)'과 '풀링(pulling)'으로 나눌 수 있다. 푸싱 전략은 말 그대로 '밀어붙이는' 것이다. 얼마 전 분유업계의 오래된 관행이라며 언론에서 떠들썩했던 대리점 물량 밀어내기가 그 예다. 엄청난 돈을 들여 유명 연예인을 TV다 라디오다 내세워 선전하는 대기업의 전략이 다 푸싱이다. 그래서 푸싱은 자원이 많은 사람이나 조직이 쓸 수 있는 전략이다. 반대로 자원이 없는 시민사회단체나 사회적기업, 마을기업 들은 풀링 전략을 사용한다. 이른바 '당기는' 전략이다. 뭔가의 '매력'에 이끌려 고객 스스로 '다가오게' 하는 것이다. 핵심은 매력(attraction)에 있다. 매력적인 향이 나야 한다. 그런데 향은 즐거운 기운이 넘쳐흐르는 곳에서 나는 법이다. 결국은 하고 싶어서 해야 그 일이 즐겁고, 즐겁게 하는 일에서 향이 난다. 이 요란하고 심란한 세상에 뭘 그렇게 재미있어 하나? 사람들의 흥미를 끌어야 관심도 갖게 되고 참여도 한다.

　마을살이는 조직처럼 목표와 일정을 미리 정해 돌파하지 않는다. 그래서 처음 나서는 이의 욕구와 열의가 중요하다. 또 필요와 욕구는 있되 자원이 없으니 풀링이 적합한 전략이다. 하고 싶은 사람이 나서서 신 나게 하다 보면 어느덧 여럿이 함께 어우러져 재미를 느끼는 곳, 이곳이 마을이다.

알면 못했죠 vs. 초이성적 바보

나는 마을에서 무슨 일을 벌일 때마다 매번 '이걸 왜 시작했지?' 하고 후회한다. '이렇게 어려울 줄 알았으면 시작도 안 하는 건데' 매번 한탄하지만 이미 엎질러진 물, 도로 주워 담을 수 없는 지경에 와 있다. 다시 물릴 수도 없으니 어떻게든 밀고 간다. 결국 주변 이웃들을 성가시게 하고 나서야 일이 가까스로 수습된다. '다시는 일 안 벌인다'고 다짐한다. 하지만 오래 못 간다. 또 재미난 일이 머릿속에 떠오르면 언제 다짐을 했느냐며 짚을 이고 불길로 달려든다.

하지만 거꾸로 생각해보면 무슨 일이든 미리 그 일의 전개와 다가올 난관이 예측된다면 바보가 아니고서야 그 일을 시작할까? 마을살이 하면서 지켜내야 할 뭐 대단한 대의가 있는 것도 아니고, 엄청난 광영이 기다리고 있는 것도 아닌데 왜 위험을 무릅쓰고 새로운 일에 뛰어들까? 모르니까(?) 하는 거다.

하고 싶은 욕망이 앞서고, 어찌 됐든 저지르면 수습된다는 마을의 '신화'를 믿어서만은 아니다. 처음 가보는 길을 갈 때는 불가피한 거라 애써 믿어본다. 그런데 나만 그런 건 아니다. 우리 동네 남자들이 대체로 사고 치듯 일 벌이기 좋아한다. 언젠가 마을 엄마들이 마을 남자들의 '효능'(?)에 대해 이렇게 얘기했다. 첫째, 아저씨들이 뭔 일을 하면 내용은 부실해도 뭔가 그럴싸하게 벌여놓는다. 둘째, 아저씨들이 벌인 일들을 실속 있는 아줌마들이 얼추 수습해놓으면 아저씨들이 다시 나가 사고 친다. 셋째, 아저씨들이 마을 일을 하니 아줌마들도 밤에 나가 일하고 동아리 활동을 하는 데 더 당당해진다.

언젠가 문화인류학자인 조한혜정 교수가 인터뷰에서 이런 말

1부 마을살이의 원리, 마을 형성의 동력

을 했다. "《감정 자본주의》를 쓴 에바 일루즈라는 사회학자가 요즘 세대를 가리켜 초이성적 바보(hyperrational fool)라 표현했다. 앉아서 들은 것은 많기 때문에 계속 머리로만 계산을 해보는 게 특징이고, 무엇이든 새로운 일을 한다는 것은 눈앞에 손해볼 가능성, 그리고 위험성을 감수하겠다는 건데, 계산만 하고 직접 해보진 않는다. '이걸 해봐라'라고 새로운 도전과제를 제시해주어도 우선 그걸 하지 않을 이유부터 수백 가지를 먼저 생각해낸다. 결국 이렇게 생각만 하다 보니 정작 뭘 해야 되는지 전혀 모른다." 한마디로 '헛똑똑이' 아닌가? 나나 우리 마을 남자들은 최소한 헛똑똑이들은 아닌 것 같다.

누적적 플래닝과 경과적 실천

'알면 못 했다'지만 그렇다고 마을 남자들이 계획이라곤 아예 없이 사고만 치는 무모한 사람들은 아니다. 나름 계획이 있다. 단지 그 계획을 만들고 적용하는 방법이 다를 뿐이다. 이른바 '누적적 플래닝'과 '경과적 실천'이다. 이는 '마스터 플래닝'과 '단계적 실행'과 대립하는 '계획·실천'의 방법론이다.

경과적 실천의 핵심은 '아님 말고' 정신이다. 벤처 정신이 살아 있는 기업에서는 위험 감수가 초과수익의 원천이 된다고 하니 '아님 말고' 정신이 어느 정도는 인정될 것이다. 하지만 예측 가능하지 않으면 한 발짝도 못 떼는 공무원의 입장에서 보면 이건 아주 큰일 날 일이다. 세입과 세출이 사전 계획대로 맞아야 하고, 심지어 그 세부 사용 용도까지 원칙적으로 딱딱 맞아야 하니 말이다.

'아님 말고' 정신은 경을 칠 소리다. 그래서 그들은 사전에 시작과 결말이 일관되게 드러나는 마스터플랜을 세우고, 그 플랜이 시간 대별로 지시하는 단계별 과제를 순서대로 실행하는 방법에 익숙하다. 이것이 마스터 플래닝과 단계적 실행 방법이다.

하지만 세상일이 어디 계획대로 되던가? 시작부터 끝까지 수미일관하게 계획을 짜는 일이 그리 쉬운가? '인과관계의 불투명성(causual opacity)'이란 말이 있는데, 원인에서부터 결과에 이르는 명확한 상황을 관찰하기 어렵다는 뜻이다. 물론 공학적이고 기계적인 구조와 프로젝트에서는 비교적 예측 가능한 마스터플랜을 짜는 것이 용이할지 모르겠다. 하지만 인간사, 더욱이 마을살이에서는 사정이 달라도 아주 많이 다르다.

'아님 말고'의 일 방식은 이렇다. 일단 출발선에서 시작해볼 수 있는 일을 한다. 그러다 보면 처음과 다른 상황이 나타나고 조건의 변화가 생긴다. 그때 달라진 조건에서 가능한 새로운 시도를 한다. 일단 마음먹은 소수의 사람들이 실행을 하고, 그걸 보며 다른 사람들이 "아, 그런 거였어? 진작 얘기하지" 하고 수긍하게 된다. 말로 다 설명하고 게다가 설득까지 하기란 쉽지 않다. 하지만 벌어진 일을 실물로 확인하면 이해하기 쉽고 공감하게 되면서 함께해볼 마음도 나게 된다. 어느덧 참여자도 늘어나고 이들의 지혜와 의견, 자원이 모이면서 또 다른 경과적 실천이 가능해진다.

마치 계획 없이 그저 흘러가는 것처럼 보이겠지만, 다수의 주민들이 다양한 조건과 형편에서 '함께' 참여하는 경우에는 이런 방식이 자연스럽다. 이런 경과적 실천이 '출발'을 한결 가볍고 쉽게

1부 마을살이의 원리, 마을 형성의 동력

해주기 때문이다. 경과적 실천이 새로운 경과적 실천을 만들어내고, 일련의 경과적 실천이 누적되면서 집단이 함께 형성해온 계획이 마침내 그 윤곽을 드러낸다. 집단지성이 작동하는 모습이 이런 것 아닐까? 바로 경과적 실천과 누적적 플래닝이다.

약한 연결망의
위력

마을 후배가 힘이 쭉 빠져서는 나를 찾아왔다. 표정이 심상찮아 다그치자 한참 뜸을 들이다 사정을 털어놓는데 심각했다. 오랫동안 함께 활동하던 동료가 도저히 이해할 수 없는 태도를 보여줘서 실망을 넘어 분노하고 있었다. 그런데 더 괴로운 것은 이 문제를 풀 방법이 없었다. 나름 풀어보려 하면 할수록 서로에게 화가 나고 상황은 더 꼬여버렸다. NGO 단체나 '강한 연결망'의 마을살이를 하다 보면 흔히 있는 일이다.

강한 연결망의 피로

강한 연결망이란 정해진 미션(mission)이 있고, 이 미션에 동의할 뿐만 아니라 미션 실현에 동참하겠다는 의지를 지닌 사람들의 모임(association)을 말한다. 하지만 막상 실행 단계에 들어서면 처음에 동의하고 합의한 것과는 달리 각자의 생각과 입장, 활동 방식의 차이 때문에 크고 작은 '갈등'을 겪게 된다. 사소한 갈등이야 잘 넘기겠지만, 풀리지 않고 쌓이거나 커다란 쟁점이 생기면 쉽게 해결되지 않는다. 더욱이 거듭되는 회의와 지난한 언쟁 과정을 거치면서 점점 더 지치게 된다. 이른바 조직에 '피로'가 생긴다. 급기야 더 이상 문제를 방치할 수 없다는 이유로 명시적이든 묵시적이든 일정한 '배제'가 일어나기도 한다. 이런 현상은 수행할 미션이 있고, 이를 다 같이 수행하려 애쓰는 한 불가피하게 일어나는 부작용이다. 문제는 이러한 부작용이 강한 연결망 내부에서는 잘 해결되지 않는다는 점이다.

후배는 세 시간을 훌쩍 넘기도록 그간의 갈등 과정을 토로했다. 마치 한 편의 모노 드라마를 보는 듯했다. 그러더니 "짱가, 고마워! 좀 풀렸어. 이제 어떻게 해야 할지 알 것 같아" 하고 자리를 털고 일어섰다. 사실 난 별로 한 게 없었다. 그저 가끔 "아니, 정말?" "뭐? 어떻게 그럴 수가 있어?" 하며 몇 마디 거들었을 뿐이다. 그도 그럴 것이 나는 그 갈등의 내막을 잘 알지 못했고, 그 세세한 맥락은 짐작조차 할 수 없다. 하지만 후배는 후련해하며 돌아섰다. 만일 내가 그 갈등 상황에 직접 연결되어 있거나 지난 사정을 훤히 알고 있었다면 후배가 나를 찾아와 그렇게 속속들이 얘기하진 않았을지 모른다. 나는 후배가 속한 강한 연결망 언저리에 '약하게' 걸친 느슨한 관계망에 있었기에 그런 대화가 가능했을 것이다.

갈등 관계의 한복판에 당사자로서 있다 보면 심리적으로 다급해진다. 내 진심이 전달되지 않고 왜곡되어 나쁘게 평가되고 있는 듯한 피해의식에 사로잡히기도 한다. 상대를 상대 입장에서 이해하고, 상황을 냉정하게 객관적으로 볼 여유마저 없어진다. 하지만 약한 연결망의 관계에 있는 사람과는 부담이 없어 자신의 입장을 위로 받을 수 있고, 그러다 보면 상대를 이해하려는 여유도 찾게 된다. 어떤 때는 우연치 않게 갈등 상대가 처한 뜻밖의 사정을 듣게 되어 오해를 푸는 결정적 단서를 얻기도 한다. 이렇듯 약한 연결망은 부담 없이 자연스레, 우연히 생각지 않게 강한 연결망에서 쌓이는 부작용을 해독하는 역할을 하곤 한다.

약한 연결망의 또 다른 중요한 역할이 있다. 재생산 '풀(pool)'이다. 요즘 사회단체 대부분은 활동을 이어나갈 후배들이 없다며 '요즘 젊은이'의 근성과 투지 부족을 아쉬워한다. 젊은 피의 원활한 진입은 조직의 생명 연장과 활력을 위해 필수적이다. 자연에서 모든 생명체에게 부여된 가장 중요한 생의 과업이 바로 제 유전자를 가진 후손을 세상에 남기는 것 아닌가. 젊은 피는 보통 약한 연결망에 연결된 사람들에서 발굴된다. 특별한 목적의식이나 책임감 없이 강한 연결망 언저리에 있다가 우연한 계기로 강한 연결망에 합류하는 경우가 많다. 부담이 없어야 접속이 수월하고, 자연스레 활동을 접하고 재미를 느끼면서 본격적으로 합류하기도 한다.

강한 연결망은 미션 수행과 결사체 유지를 위해 의식적인 노력을 기울인다. 수시로 조직의 미션을 환기하고, 모든 활동 과정에서 미션에 잘 부합하는지 여부를 확인하며, 전체 성원들 사이에서 동질성을 유지하기 위해 끊임없이 노력한다. 이른바 '정체성의 정치'가 작동한다. 그런데 정체성은 불가피하게 조직의 폐쇄성을 유발한다. 조직의 유연성과 다양성을 저해하며, 결국에는 조직의 생명력을 저하시키기도 한다. 어떤 조직이든 지속 가능한 생존과 성장을 위해서는 끊임없이 외부의 다양성과 새로운 에너지를 조직 안으로 끌어들여야 한다. 이른바 이종교배를 해내지 못하면 새로운 환경에 적응하지 못하고 도태되고 만다. 약한 연결망, 느슨한 네트워크는 바로 이러한 '외부성의 정치'가 이루어지는 환경이다. 정체성과 외부성이 균형을 이룰 때 조직은 생존도, 성장도 가능하다.

이렇듯 생태계에는 강한 연결망과 약한 연결망이 공존하며, 이것이 서로 연결되어 순환한다. 마을 역시 강한 연결망과 약한 연결망이 서로 연결되어 공존하는 사람들의 관계망이다. 마을살이에서 카페가 인기인 이유가 바로 여기에 있다. 카페를 직접 설립하고 운영하는 사람들이 강한 연결망에 해당한다면, 카페에서 이루어지는 크고 작은 모임과 행사를 통해 형성되는 주민들의 느슨한 관계망은 약한 연결망이기 때문이다.

모인 사람 즐겁게, 안 온 사람 샘나게

요즘 무슨 행사를 해도 사람 모으기 쉽지 않다. 동네에서 몇몇이 작당하여 뭐라도 해보려 해도 사람들 불러모으기 어려워 고민하게 된다. 다들 살기 바쁘고, 활동 방식이 제각각이니 함께 모이는 시간대 맞추기도 어렵다. 한 예닐곱은 오리라 기대하고 와보니 달랑 둘, 그것도 나까지 포함해서다. 한 30분 지나니 또 한 명 헐레벌떡 들어와서 둘을 보더니 "괜히 뛰었네" 하는데, 미안한 기색도 없다. 셋이 앉아서 안 온 사람들에게 카톡에, 문자에, 결국 전화까지 해보지만 다들 못 오는 이유가 나름 절박하다. 그러다 보면 어느새 한 시간이 훌쩍 지나간다. 할 얘기는 미뤄지고 다음 약속 잡느라 30분을 더 보낸다. 다음 날 길에서 만난 정수 엄마, 멀찍이서 미안한 표정을 짓는다. "어떻게 됐어? 얘긴 잘됐어?" "아니, 셋밖에 안 와서 얘긴 못하고 다음 약속만 잡았어." "응, 그렇구나 미안." 겉으로는 미안해 하지만 속으론 '안 가길 잘했네, 중요한 일 제치고 갔더라면 허탕을 칠 뻔했네' 안도하고 있을지 모른다. 이런 속내라면 정수 엄마는 다음 약속 때도 안 올 가능성이 높다.

안 오는 사람을 기다리고 연락하다가 시간 보낼 필요가 없다. 둘이든 셋이든 굴하거나 실망하지 말고 "걍(그냥)! 해라!" 모인 사람들끼리 재미나면 된다. 하려던 이야기도 살뜰하게 나누고, 필요한 결정도 모인 이들끼리 내려야 한다. 그래야 안 온 사람들이 "그랬구나, 아, 내가 있어야 했는데" 하고 아쉬워한다. 아쉬워야 미안해진다. 안 온 사람들이 온 사람을 부러워해야 다음에 나오고, 모임도 굴러간다.

맘 맞는 사람 vs. 뜻 맞는 사람

언젠가 마을활동가 모임에서 강의를 하던 중 질문을 던졌다. "당신에게 마음이 맞는 사람과 뜻이 맞는 사람 중 딱 한 사람만 택해 일할 기회가 주어졌다면 누구를 선택할 것인가?" 쉽지 않은 질문이었는지 다들 망설였는데, 선택은 대체로 반반이었다.

나는 이런 경우 주저 없이 마음 맞는 사람을 택한다. 뜻이나 생각은 수시로 변하기 때문이다. 남 탓할 것까지도 없다. 내가 그렇다. 심지어 아침저녁으로 생각이나 의미가 달라진다. 그러니 뜻 맞는 사람을 선택한들 그 뜻이 계속 맞는다는 보장이 있을까? 오히려 뜻이 맞는 줄 알았는데 그렇지 않아 실망할 가능성이 더 크다. 차라리 동지로 만나지 말고 가끔 도움을 주고받는 편이 나았다며 후회할지도 모른다.

뜻이 맞는다는 게 뭘까? 보통은 하려는 일이나 그 일의 목표에 동의할 때 뜻이 맞는다고 간주할 것이다. 주로 말(언어)을 통해 서로의 생각이 유사하거나 일치한다 여겨지면 뜻이 맞다고 여긴다. 하지만 그렇게 긴 시간 동안 논의하여 합의한 일들이 실제 실행하는 과정에서는 합의된 게 아니란 걸 깨닫는 경우가 비일비재하지 않던가? 그도 그럴 것이 실제 일을 실행하다 보면 생각한 대로 전개되지 않고, 예상치 않았던 변수가 튀어나온다. 이렇게 달라진 환경과 조건은 처음에 일치했다고 믿었던 뜻을 변하게 한다. 또 환경과 조건의 변화에 대한 감수성도 다르고, 그에 대한 해결책역시 작거나 크게 차이가 난다. 심지어 실행하기도 전에 합의 내용을 제각기 다르게 알고 있는 경우도 종종 경험하지 않았나?

그렇다면 뜻이 맞는다는 건 부질없는 생각인지 모른다. 오히려 뜻은 매번 달라지고, 수시로 달라지는 게 당연한지도 모른다. 그러니 같은 줄 알았던 뜻이 알고 보니 다르더라도 갈라서지 않고, 당초 믿었던 합의가 틀어져도 일을 도중에 포기하지 않는 '관계'가 더 중요하다. 마음 맞는 사람들은 서로 뜻이 달라져도 절망하거나 포기하지 않는다. 오히려 틀어진 뜻을 다시 일치시키려 애쓰는 마음이 동시에 올라온다.

뜻이 맞는 사람은 단번에 만날 수도 있지만 마음이 맞는 사람은 함께한 과정 없이는 잘 만나지지 않는다. 마음 맞는 관계는 뜻이 맞거나 틀어지기를 여러 번 반복하는 과정이 더께처럼 쌓여 생긴다. 오락가락 달라지는 '뜻'을 요리조리 다독이며 모으다 보면 차곡차곡 쌓이는 게 바로 '맘'이다.

마을,
진화된 민주주의

마을에서는 대의와 명분, 당위와 의무로 일이 돌아가지 않는다. 하고 싶은 사람이 하고 싶은 만큼 한다. 동네 카페를 마을기업으로 창업할 때 주민들은 각자 형편대로 출자한다. 경제적 여유가 있으면 많이 하고 형편이 여의치 않으면 조금만 출자한다. 출자 안 해도 된다. 형편은 되는데 그 일이 마뜩찮거나 관심 없으면 안 해도 된다. 그러다 마음이 생기면 그때 하면 된다. 개인의 형편과 의사를 존중하는 방식이다.

마음만큼 형편대로

마을을 위해, 모임을 위해…… 이런 식으로 조직이나 공동체의 당위를 앞세우면 그 명분에 눌려 마지못해 동참하는 경우가 더러 생기게 된다. 마지못해 하니 그 마음이 흔쾌할 리 없고, 함께 동참한들 신이 날 리 없다. 더 심해지면 개인에게는 오히려 억압이 되기도 한다. 과도한 공동체주의가 전체주의적 부작용을 낳는다는 점을 염려하는 이치와 그리 다르지 않다. 마을은 개인의 자유와 의사를 최대한 존중하는 문화가 기본이 되어야 한다.

한편 시장적 개인주의 역시 그런 억압이 없고 자유롭다. 그야말로 '쏘 쿨(So Cool)'이다. 그런데 이 쿨한 자유는 돈이 없으면 누리기 어렵다. 돈에 제약된 자유다. 돈이 있으면 언제 어디서나 하고 싶은 걸 할 수 있는 최대한의 자유가 보장되지만, 돈이 없으면 자유는커녕 한시도 살기 어렵다. 반면 마을에서는 경제적 수준이 저마다 다르므로 형편대로 참여한다. 십시일반으로 하고 싶을 때 한다. 은근한 압력이 전혀 없을 수는 없지만 그리 억압적이지 않다. 심지어 때론 '무임승차'도 허용된다. 물론 함께 협동하는 공동체 문화가 생명인 마을에서 권장할 일은 아니다. 하지만 형편이 안 되면 어쩔 수 없는 일 아닌가? 다른 이들이 있으니 당장은 순번대로 참여하지 않아도 그런대로 넘어갈 만한 여유가 생긴다. 때가 되면 참여하겠지, 여력이 생기면 보태겠지 하고 지켜보고 기다려주는 이들의 마음이 함께하기 때문이다.

마을은 개인의 자유와 의사가 존중되고, 그러면서 개인의 경제적 형편에 덜 제약되는 삶의 터전이 되어야 한다. 그렇다면 마을에서 누리는 자유는 시장에서 보장되는 자유보다 따뜻하고 세심한 자유 아닐까? 이것이 바로 진화된 민주주의이자 오래된 미래다.

주민이 열이면 마을도 열

언젠가 마을에서 열심히 활동하는 한 엄마가 마을 밖 모임에 다녀와서는 심각한 얼굴로 물었다.

"우리 마을이 뭐예요?"

"엥? 뭐라니?"

"성미산마을의 경계는 어디고, 성미산마을의 주민은 누구고,

몇 명이죠?"

농촌의 시골 마을이야 지리적인 경계가 뻔하고, 마을회관에 드나드는 사람이나 농번기에 함께 품앗이하는 사람이나 거기서 거기이니 어디서 어디까지가 마을이고, 누가 마을 사람인지 뻔하지만 도시 속 마을이야 어찌 그럴까.

"성미산마을 주민이 몇 명인가요?"

참 자주 받는 질문이지만 답하기 어렵다. 답을 하는 이마다 주민의 수가 제각각이다. 그도 그럴 것이 마을 주민이라고 여기는 기준이 제각각이니 도리가 없다. 성미산마을에 주민등록 신고를 하는 것도 아니니 마을 주민 명부가 있을 리 없다. 어쩌면 대답하는 사람마다 마을 주민 수가 제각각인 것이 오히려 당연한지 모른다. '주민이 열이면 마을도 열'이기 때문이다. 나처럼 20여 년을, 그것도 설쳐대며 살아온 주민과 이제 막 이사 와서 동네 사람 안면 익히기 바쁜 주민이 마을을 보고 느끼는 정도가 같을 리 없다. 나는 마을 얘기를 3박 4일간 해도 모자랄 만큼 사연이 많지만, 새내기 주민은 이제 막 가입한 생협에서 신입조합원 교육을 받으며 들은 얘기가 다일 것 아닌가. 그러고 보면 주민 각자가 맺은 인연만큼이 자기 마을인 셈. 각자 알고 지내는 사람들이 그의 마을 주민이고, 각자 연결되어 만든 사연이 각자의 마을 얘기고, 그만큼이 자기 마을이다.

그런데 우리 마을을 '그 어떤 하나의 마을'로 정하려 한다거나 심지어 '우리 마을은 이래야 한다' 주장한다면 도리어 문제가 생길 것이다. 마을을 당위와 단일한 이미지 또는 하나의 기준으로 호명하려 할 때 권력이 작동하는 법이다. 당연히 오래 산 주민의 마을이 대표 마을로 추대될 것이다. 동네에서는 그래도 '짬밥'이 통하기 때문이다. "그때 자네는 없어서 모르겠지만, 예전에 우리가 마을 일을 할 때는 말이지." 당연히 짬밥에 말발까지 좋은 주민이 생각하는 마을이 우리 마을의 본모습이 되어버릴 것이다.

물론 짬밥이 무시될 이유는 없다. 지금의 마을을 이루고 바탕이 되었으니 역사로서 인정하고 연륜을 존중해야 한다. 현재를 살아가는 풍부한 마을살이의 한 구성원으로서 다 같이 인정하고 존중해야 한다. 그런데 주민마다 각자 생각하는 마을이 다르니 서로 소통하기 위해 노력하는 것 아닐까?

"어제 이사회에서 회의했는데 이번에는 참여하지 않기로 했어."

"왜? 잘 얘기하지 그랬어."

"아무래도 이번 이사회에 신입 조합원들이 많다 보니 사정을 이해시키기가 좀 어려웠어."

"할 수 없지 뭐. 다음에 같이 술이나 한잔하자."

같은 마을이라 해도 마을 사람 제각기 형편과 조건이 다르고 취향과 욕구가 다르다. 이 '다름' 때문에 작은 일 하나도 같이하자면 품이 참 많이 든다. 번거로울 때도 많다. 이래서 마을에서 뭔 일 하나 제대로 해보겠나 싶다. 하지만 20여 년 동안 이렇게 번거롭고 어수선한 듯해도 이만큼 일궈왔다. 서로의 다름을 당연하다 여기고, 때로는 서로의 다름을 알고 이해하고, 이해 안 되도 인정하고, 그러다 이해되면 좋고, 생각이 바뀌어 같아지면 더 좋고…… 이렇게 소통하며 사는 거다. 열이면 열, 백이면 백, 다 다를 수밖에 없는 각자의 마을, 그래서 우리는 매일 그 다름이 궁금하고, 그 다름이 안타까워 소통한다. 그게 마을이다.

수용적 관계와
마을 창의론

요사이 협동이 대세다. 협동조합 설립 붐이 이는 것 같다. 서울시의 마을공동체정책도 동네 주민들이 모여 아이도 같이 기르고, 먹거리도 해결하고, 노인들도 함께 돌보자는 것이고 보면 협동이 관건이다. 하지만 협동이 쉽나? 살면서 가장 번거로운 일이 협동 아닌가? 백짓장도 맞들면 낫다는데 정말일까? 바로 찢어지고 말 텐데! 혼자 했으면 진작 끝내고도 남았을 일을 공연히 '협동한다'고 나서서 일은 일대로 지지부진하고 서로 의만 상해버린 경험은 누구나 한 번쯤 해봤을 거다.

어째서일까? 소통의 결핍 때문이다. 협동이 되려면 당사자들 간에 소통이 원활해야 하는데 말처럼 쉽지 않다. 평소 친하고 수시로 만나 수다도 떠는 친밀한 관계는 상대가 뭔 소리를 해도 곱게 들린다. 평소답지 않게 허튼소리를 해도 "쟤가 왜 저래? 어제 또 신랑이랑 한판 했나?" 하고 만다. 그러다 며칠 지나 우연히 마주칠 때 "요즘 어때?" 슬쩍 안부 물으면 그만이다. 반대로 평소 사이가 안 좋고 까칠한 관계는 사정이 어떤가? 미운 놈이 바른 소리 할 때 제일 재수 없는 법, 찌질해도 인지상정이다. 진실이 진실로 전달되기란 여간해서 쉽지 않다. 사랑하는 연인들조차 그럴진대 이웃 간에, 그것도 별 살가운 인연도 없는 사이에서 진실이 통하려면 연결 고리가 필요하다. 이른바 '수용적 관계'가 둘 사이에 놓여 있어야 비로소 진실이 전달된다. 수용적 관계는 한마디로 '개떡같이 얘기해도 찰떡같이 알아듣는 관계'를 말한다. 상대의 말이 맞아서 동의한다기보다 내가 믿는 친근한 사람의 이야기라 곱게 듣는 거다.

수용적 관계는 어떻게 만들어질까? 서로 소통하려 대화를 시도했지만 소통은커녕 더 엉키고 말고, 어디서 어떻게 틀어졌는지조차 혼미했던 경험을 누구나 해봤을 것이다. 말을 하면 할수록 싸우게 되는 시대다. 과거에는 소통의 코드가 당위와 명분 그리고 명령이었다. 이른바 공적 대의와 목표를 위해 '까라면 깐다!' 정신이었다. 그 대의의 목표가 국가와 민족이든, 회사와 조직이든, 하다못해 문중과 가족이든 말이다. 그런데 당시엔 그게 먹혔다. 요즘은 어떤가? 대의와 명분에 누구도 동원되려 하지 않는다. 개인의 의사와 욕구가 중요하며, 무엇보다 '내가 말하고 싶다.' 자기주장과 자기표현 욕구가 강하고, 그걸 드러내는 방식도 개성적이다. '내 말'은 하고 싶은데 '남 말'은 듣고 싶지 않으니 말을 하면 할수록 다툴 수밖에 없는 노릇이다.

사실 소통한다지만 상대방을 설득시키고 있는 경우가 대부분이다. 소통의 방식이 대체로 말로 설득해서 이해시키는 거다. 듣지는 않고 설득조로 자기 말만 하니 소통은커녕 다툼만 오간다. 회의를 해도 마찬가지다. 오랜 시간 열띤 토론 끝에 명쾌한 결론을 냈는데, 돌아서면 그 해석하는 결이 사뭇 다르다. 심지어 회의에 참여한 사람마다 합의한 결론을 달리 이해하기도 한다. 각자가 자기 생각대로 결론이 난 줄 알고 있는 경우도 비일비재하다. 이제 언어적 소통의 성능을 예전만큼 믿기 어렵다. 요즘은 '설득과 이해'보다 '놀이와 공감'이 한결 소통 효과가 높음을 실감한다. 말로 깔끔하게 정리되지 않으면 마무리가 안 된 것 같아 불안해 하지만 놀이를 통한 공감이 형성되면 무슨 얘기를 해도 받아들이게 된다. 이처럼 지속되는 관계에서는 공감이 훨씬 소통의 성능이 뛰어나다.

그럼 뭐 하고 놀까? 술 먹고 노는 게 최고다. 술이 한두 순배 돌아가면 서먹하던 분위기도 적당히 누그러지고, 이어 두어 순배 더 돌아가면 몸도 마음도 얼큰하게 흐트러지고, 평소 꽉 잡고 있던 몸가짐이며 표정이며 말투까지 화롯가 엿가락마냥 호락호락해진다. 평소 까칠해서 말 걸기는커녕 오가다 눈 마주치기조차 여의치 않던 희선 엄마, 막걸리 두 잔 들어가니 세상에, 푼수도 그런 푼수가 없다. 마치 오래전부터 친했던 사람처럼 만만하게 다가온다. 회의 내내 꿀 먹은 벙어리처럼 '여기 왜 왔나' 싶던 민철 아빠, 맥주 한 잔 들이켜고 가슴까지 벌개가지고는 폭풍 수다를 늘어놓는다. 그 엄청난 수다본능을 어찌 감추고 사나 싶다.

그런데 요새는 술보다 예술이 대세다. 사실 '술'이나 '예술'이나 한 끗 차이 아닌가? 오히려 평소와 다른 면모를 보기는 무대가 더 충격적(?)이다. 조신하고 말소리도 자분자분 크지 않던 선혜 엄마, 헐렁하고 새까만 민소매 셔츠에 꽉 끼는 청바지, 거기다 맨발로 무대 위를 휘젓는데 천상 록커다. 너무도 느닷없는 이 록커 포스에 다들 입이 벌어진다!

개떡같이 얘기해도 찰떡같이 알아듣는 수용적 관계는 친밀감을 바닥에 깔아야 쌓인다. 부부야 콩깍지가 씌어 연애 시작하고, 애 놓고 키우면서 고운정에 미운정까지 속속 배어들고, 험난한 인생 우여곡절 함께 넘기며 동지애 전우애 다 생길 때쯤 개떡이 찰떡으로 들리지 않던가. 동네 이웃들과의 관계도 부부 사이와 별반 다를 게 없다. 함께 수다 떨고 마실 오가면서 친해지다 보면 자연스레 수용적 관계가 형성된다. 마을은 누가 솜씨 좋게 계획 세워 집 짓듯이 짜임 있게 만드는 구조물이 아니다. 함께 살아가면서 형성되는 친밀하고 믿음직한 관계 그 자체다. 그래서 마을만들기가 아니고 마을살이다.

진상총량불변의 법칙

동네 후배가 씩씩거리며 다짜고짜 불평을 늘어놓는다. "아 글쎄, 그 양반 왜 그래?" 도저히 납득할 수 없는 행동을 서슴지 않는 것도 모자라 너무 태연하고, 당연하다는 듯 확신에 찬 태도에 질린 모양이다. 술이 좀 들어가니 진심이 나온다. "그 양반만 없으면 일이 두루두루 잘될 텐데……." 그 양반 진상질이 한두 번이 아니었던 모양이다. 마을살이를 하다 보면 이런 진상 꼭 있다. 여러분도 벌써 한두 사람 떠오르지 않나? 그런데 그런 진상이 사라지면 일이 술술 잘 풀릴까?

살다 보면 진상에 대한 추억 하나쯤은 갖게 된다. 그 사람만 없었다면 만사가 형통했을 것 같은 상황, 사사건건 끼어들어 꼭 걸림돌이 되는 사람, 모임이나 조직에 잘 어울리지 못하거나 처신이 합리적이지 못한 사람을 두고 하는 말이다. 그런데 진상총량불변의 법칙이라는 것이 있다. '질량' 불변이 아니고 '진상총량'의 불변인데, 진상의 총량이 불변하다는 게 뭔 말인가? 게다가 법칙이라고?

사실 진상총량불변의 법칙은 '지랄총량불변의 법칙'에서 파생된(?) 것이다. 어느 집이나 아이들이 좀 커서 사춘기에 접어들면, 부모들이 다 몸살을 앓는다. 말 안 듣는 거야 기본이고 아예 말도 섞으려 들지 않을뿐더러, 어쩌다 몇 마디 오가는 경우에는 열이면 열 모두 '싸움'이 된다. 하루이틀도 아니고 부모들 열통이 수백 번 터지지만 별 수 없다. 이런 난감한 처지에 놓인 부모들이 모여 스스로의 딱한 처지를 하소연하다가 발견한(?) 법칙이 바로 '지랄총량불변의 법칙'이란다. 즉 '아이들은 이생에 태어나서 저생으로 돌아갈 때까지 일정량의 지랄을 한다. 그러니 지금 지랄을 안 한다 해도 언젠가는 그 지랄의 총량을 사용하게 될 터이고, 더 나이 먹어 지랄을 하여 민폐를 키우느니 그래도 제 부모가 챙겨줄 때 지랄을 하는 것이 낫다는 것'이다. 백 번 지당한 말이다. 나중에 결혼해서 배우자에게 지랄을 떤다든지 직장이나 사회에서 지랄을 떤다고 생각하니, 사춘기에 그 지랄을 모조리 다 떨어주는 게 차라리 고맙다는 것이다.

어느 조직이나 모임에서도 거의 예외 없이 진상 한둘은 있기 마련이다. 그 진상만 없어지면 일이 술술 잘 풀릴 것 같아 "누가 저 진상 안 잡아가나?" 하지만 막상 그 진상이 사라지고 나면, 그동안 멀쩡했던 사람이 나서서 진상질을 대신한다. 기가 찰 일이다. 그러고 보니 그동안 그 진상 때문에 일이 안 된 것이 아니라 오히려 그 진상 때문에 일이 된 건지도 모르겠다. 그 진상이 그나마 진상질을 하고 있어서 다른 이들이 멀쩡할 수 있었던 것이니 말이다. 그렇다. 진상이 사라지기를 바라기보다는 진상과 함께 공존할 궁리를 하는 것이 훨씬 이롭고 여러모로 낫다.

'바구니 토론'과 집단지성

중간 지원 조직들이 다양해지고, 일반 주민들의 참여는 물론 성격이 다른 다양한 주체들이 함께 참여하는 융합적인 과정의 프로젝트가 일반화되면서 능력 있는 기획자에 대한 요구가 많아졌다. 능력 있는 기획자는 누굴까? 반대로 초보 기획자는 어떤 사람일까? 초보 기획자는 자신이 짜낸 기획 구상을 여러 이해 관계자에게 설득하려고 든다. 하지만 유능한 기획자는 자기 구상을 노골적으로 드러내지 않으면서도 결국 자기 구상 대로 결론을 이끌어낸다. 물론 기획자는 미리 일머리를 파악하고, 일이 순리대로 잘 풀리도록 합리적으로 계획을 짤 수 있어야 하며, 이를 문서로도 요령 있게 표현할 줄 알아야 한다. 하지만 이보다 더 중요한 능력이 있는데, 함께 참여하는 사람들의 자발적인 협력을 이끌어낼 줄 아는 것이다. 기획자가 자기 구상을 너무 드러내고 설득하려 들면 함께하는 이들이 위축되고, 마지못해 따라가는 경우가 많다. 그래서야 일이 잘될 리 없다. 또 일이라는 게 실제 실행 과정에 들어가면 예기치 못한 시행착오와 갈등이 생기게 마련이다. 그때 갈등을 조정하고 협업을 잘 유지하려면 함께하는 사람들이 자발적으로 참여해야 한다.

내가 사는 성미산마을에서는 '바구니 토론'이란 것을 한다. 2003년 2월 성미산 지키기 운동이 절정에 달했을 때, 마을에서는 동시에 대안학교 만들기에 열중이었다. 대안학교에 아이를 보내기 위해 다른 동네로 이사를 가겠다는 다섯 가구의 이웃들을 지키기 위해 대안학교 만들기 프로젝트가 시작되었다. 3개월간의 워크숍과 토론회, 강연회를 거쳐 드디어 초등 대안학교를 설립하기로 뜻을 모으는 자리가 열렸다. 이제 그 다섯 가구가 이사 가지 않아도 된다며 모두들 기뻐하는 분위기였지만, 반대하는 주민이 있었다. "우리 아이는 지금 초등 5학년이니 곧 중학생이 된다. 중학생이 되면 입시경쟁이 심해지니 대안학교를 만들 거라면 중학교를 만들어야 한다." 이어서 또 다른 주민이 반대했다. "우리 아이는 이미 중학생이다. 초등학교를 설립한다기에 가만히 있었지만 중학교를 만든다면 사정이 달라진다. 거기에 숟가락 하나 더 얹으면 고등학교 되는 것 아닌가?" 대안학교 설립을 준비하던 팀은 그 자리에서 12년제 초·중·고 대안학교를 만들기로 결정했다. 대한민국 최초 12년제 대안학교는 이렇게 해서 탄생했다. 처음부터 12년제 대안학교의 구상을 가지고 시작한 것이 아니라 동네 사람들의 욕구를 받아들여 결정한 것이다. 그래서 우리는 이런 의사 결정 방식을 '바구니 토론'이라 부른다.

마을축제를 할 때도 마찬가지다. "올해 축제에서 하고 싶은 게 있으며 다 말해보세요" 하면 다들 한두 가지씩 내놓는다. 더 이상 의견이 없으면 모인 제안을 엎어놓고 배열을 한다. 막상 배열을 하다 보면 처음에 누구도 생각지 못한 참신한 아이디어가 쏟아져

나온다(창발, emergence). 기획자가 이끄는 프로젝트는 아무리 훌륭해도 기획자의 구상 범위를 크게 넘어서지 못하지만, 마을에서는 이른바 주민들의 집단지성이 발휘된다. 그런데 이런 바구니 토론을 어쩌다 시작하게 됐을까? 이유는 간단하다. 이웃 간에 의 상할까 봐서다. 동네 이웃들이 내놓은 의견은 하나하나 모두 중요하고, 그 요구 역시 경중을 판단하기 어렵다. 설령 된다 해도 나름 이유가 있어 내놓은 제안들이니 동네에서는 웬만하면 다 수용하려 노력한다.

바구니 토론의 진가는 '참여'에서 발휘된다. 몇몇 기획자나 전문가의 머리에서 나와 '마스터플랜'처럼 주어지는 게 아니다. 관심과 욕구가 있는 사람은 누구나 의견을 내고, 그걸 한꺼번에 엎어놓고 분류하는 과정에서 결론을 내니 모두의 의견이 담기게 된다. 내가 제안하고, 그 제안에 나의 필요와 욕구가 들어가 있으니 '내 일'이 되는 거다. 그래서 모두가 내 일이라 생각하고 열심히 준비할 수 있다. 필요와 조건이 다양하고, 가치가 다른 사람들이 함께 살아가고 있는데 누군가 미리 정해둔 기준으로 판단하는 건 솔직히 별로 아닌가?

마을 창의론

창의, 이 역시 요즘 대세다. 암기식·주입식 교육은 무한경쟁의 글로벌 시장에서 더 이상 경쟁력이 없단다. 기업은 앞다투어 창의력이 풍부한 새로운 인재상을 거론한다. 박근혜 정부도 저성장 시대에 새로운 성장 동력으로 창조경제를 앞세웠다.

1부 마을살이의 원리, 마을 형성의 동력

그런데 창의란 무엇일까? 도대체 언제, 어떻게 발휘되는 재능일까? 난 교육이나 경제는 모르니 마을에서 경험한 창의를 얘기해보련다. 창의란 '평소 안 하던 짓을 하는 것' 아닐까? 평소 안 하던 짓은 헛소리를 해도 무안하지 않는 분위기에서나 할 수 있다. 그만큼 친밀한 관계 속에서나 안 하던 짓을 스스럼없이 할 수 있다는 얘기다. 물론 그 정도까지는 친밀하지 않더라도 술이 좀 들어가면 가능해진다. 술이 몇 잔 돌면 뻣뻣하게 긴장된 몸이 풀리고, 이내 마음도 따라 헐렁해진다. 그러면 조심스러워 마음으로만 되뇌던 말이 터지듯 곧잘 튀어나온다. "와, 그거 좋다. 그렇게 해보자." 갑작스런 반응에 좀 놀랍지만, 그다음은 별 생각한 것도 없었는데도 미리 생각한 것처럼 아이디어가 술술 풀린다. "아니, 아까 회의 때는 꿀 먹은 벙어리마냥 앉아만 있더니 언제 이런 계획을 생각한 거야?"

술 못지않게 예술도 그렇다. 예술은 안 하던 짓을 대놓고 하게 한다. 원래 무대란 평소 안 하던 짓을 하는 곳 아닌가? 보통 사람들도 무대에만 올라서면 다른 사람이 된다. 그 무대에 조명발 입히고 음향 채우면, '안 하던 짓'도 폼이 난다. 그게 무대다. "아니 쟤가, 얌전하기만 한 줄 알았더니 무대에서 떨지도 않네, 노래도 엄청 잘 하는데?", "연수 애비 트럼본 실력이 장난 아니네?", "연수 할아버지가 미8군에서 연주하셨대", "피는 못 속이는구면. 그동안 저 끼를 어찌 숨기고 살았노?"

그런데 왜 창의가 헛소리고, 안 하던 짓에서 나온다고 할까? 창의란 뭘까? 지금까지 당연히 여기지 않던 생각 아닌가? 그동안 불가능하거나 불합리하다고 여겨왔거나 어색하다고 생각한 것들 아닌가? 창의는 그동안 인정되지 않았던 새로운 생각, 색다른 사고방식에서 나온다. 이는 기존 고정관념을 내려놓고 기존에 당연하게 여겼던 용도를 무시해야 가능하다. '기존의 것'을 흔들어야 새로운 것이 나온다. 기존의 배치를 흔들고, 기존의 짜인 관계를 다시 보고, 기존의 익숙한 고정관념을 깨고, 당연하다 여기던 선입견을 흔들어야 한다. 그래야 그 흔들림의 '혼란' 속에서 새로운 이야기(story)가 빼꼼히 고개를 내밀고, 새로운 관계가 형성되며, 새로운 생각(아이디어)이 떠오른다. 그래서 창의의 산실은 '흔들기'다. 흔들어야 새로운 배치가 나온다. 그런데 흔들기가 쉽지 않다. 관성이 버틴다. '뻘쭘함'이 주저하게 한다.

흔들기란, 통째로 쥐고 들었다 놨다 하듯 흔들어야 하는 것은 아니다. 담벼락에 붙어서 잘 봐야 보이는 작은 틈처럼, 골목 보도블럭의 그 좁은 틈 사이로 삐져나온 제비꽃처럼 그렇게 빼꼼히 들이미는 거다. 회의를 하다 보면 오랜 시간 논의를 해도 뾰족한 해결책은 안 나오고, 분위기만 진지하다 못해 심각한 지경에 이르게 되는 경우가 있다. 나중에는 회의를 작파하지도 이어가지도 못하는 진퇴양난에 빠져 짓눌린 경험을 다 해봤을 거다. 이렇게 되면 더 이야기를 하기가 어렵다. 뭔가 결정적인 해결책을 내놔야 할 것 같은 부담에 짓눌려 말문을 떼기조차 어렵다. 이때 평소 말 없던 아무개 아빠가 실없이 툭 던진 얘기로 어두운 분위기가 확 걷히고 무겁던 공기가 가벼워지는 경우가 생긴다. 그때부터 그 아빠의 사소한 발언을 실마리 삼아 이야기가 살아난다. 그 아빠가 뾰족한 수를 낸 것이 아니라 단지 분위기만 바꿨을 뿐이다. 이렇게 방귀소리 하나가, 한마디 헛소리가, 가벼운 한마디가 파문을 일으키고 분위기(배치)를 바꾸고, 그 다음 창의적 에너지가 분출하는 것이다.

창의는 고도로 집적된 전문 지식이 일거에 분출하여 응결해서 생기는 것이라기보다, 헛소리가 뻘쭘하지 않은 친밀하고 가벼운 분위기에서 삐져나온 엉뚱하고 낯선 발상이 발전한 것이다. 최소한 마을에서는 그렇다. 결국 창의의 산실은 친밀하고 수용적인 이웃들의 관계다. 마을이다.

3장

예술로
마을하자

마을살이가 좀 되면 나타나는 가장 큰 문제는 소통 장애 현상이다. 마을에서는 터울이 3년만 나도 세대 차이가 난다고 한다. 그만큼 사회가 다원화되고 변화의 속도가 빠르다. 처음 마을을 시작한 세대와 그 후에 결합한 세대가 또 다르다. 필요해서 만들며 맺어진 관계와 이미 만들어진 것에 동의하여 합류한 관계가 다른 것이다. 문제라기보다는 마을 관계망이 넓어지고 다양해지면서 나타나는 현상이며 마을 성장의 증거인 셈이다. 일종의 성장통이랄까?

대체로 아이들을 돌보거나 안전한 먹거리를 나누는 등 절실한 생활의 필요를 함께 해결하는 과정에서 마을살이가 시작된다. 이는 여전히 마을 관계망의 중요한 이유지만 시간이 흐르면 '다른 필요'가 생겨난다. 좀 덜 아등바등하고, 좀 더 널널하게 놀고 싶은 거다. 함께 살며 친해진 이웃들과 '예술'로 다시 만나는 거다. 예술적 취향에 따라 만나기에 나이는 불문이다. 친소 관계도 넘어선다. 새로운 관계의 지형도가 생긴다. 소통의 문화, 소통의 수준도 달라진다. 이렇듯 마을에서 하는 예술활동은 일상의 친밀한 대면 관계가 토대가 되고, 그 위에 예술적 협동 작업이 얹혀지는 것이다.

공연을 통하여 마을 전체와 소통을 한다. 잘 알고 지내던 이웃의 새로운 면모를 보게 되고, 새로운 사람과 연결되면서 마을 관계망은 더 없이 풍부하고 다양하게 재구성된다. 그래서 마을예술은 그동안 형성된 익숙했던 이웃 관계를 새롭게 바꾸고 찰지게 재구성한다.

우린 마을에서
예술로 논다

언젠가 거리예술을 주제로 이야기를 나누는 토론회에 갔다. 그런데 거리예술을 뭐라 정의해야 할까? 거리를 꼭 길거리로 한정하지 않고 범위를 넓혀 일상의 공간으로 본다면 어떨까? 애초 공연장으로 고안된 장소가 아니라 일상에서 하는 예술, 일상이 어우러지는 공간을 예술로 채워내는 행위라 정의할 수 있지 않을까?

일상의 연장이자 일상의 전복

거리가 주는 매력은 뭘까? 공연장으로 고안된 공간이 아님에도 공연장으로 변신하는 일탈이 주는 신선함 아닐까? 자동차와 사람 들이 어딘가를 향해 바삐 달려가는 공간이 그럴 듯한 공연장이 되고, 지나던 사람들이 발길을 멈춘 채 춤추고 노래하고, 차들로 꽉 차던 길이 사람들로 북적일 때 낯설면서도 익숙한 느낌, 신선함과 놀라움이 교차하는 기분! 그래서 일상과 달리 약간은 들뜬 기분과 몸가짐으로 자신을 드러낼 마음이 드는 활기가 아닐까? 즉 일상의 연장이자 일탈이 가져다주는 익숙함과 새로움.

거리가 주는 이런 매력적인 경험을 나는 마을에서 자주 한다. 2007년에는 도로를 막고 거리 축제를 벌였고, 이듬해 2008년에는 동네 골목에 판을 깔아 골목 축제를 했다. 요사이는 길을 통째로 막지는 못해도 차로 하나를 확보해 축제의 하이라이트인 퍼레이드를 벌였다. 그런데 거리보다 더 일상적인 생활공간에서도 이런 경험을 한다. 아이들이 자라는 어린이집 터전의 마루와 마당에서는 어른들의 술자리와 아이들이 좋아하는 파티가 별 준비 없이 수시로 벌어진다. 동네 어귀에 자리 잡은 마을카페 '작은나무'에서는 매주 음악회가 열리고, 동네 아이들과 가족들이 악기를 연주하고 노래하며 시를 낭송한다. 동네 한복판에 마련된 마을극장에서는 매일 마을 행사가 벌어지고 다양한 공연이 수시로 열린다. 따라서 이곳들은 일상의 '연장'이면서 어느 순간 일상의 '일탈' 공간이 되며, '익숙함과 새로움'이라는 상반된 느낌이 교차한다.

마을이란 뭘까? 생활의 어려움을 함께 하소연하고, 필요를 함께 궁리하며, 그 해결을 함께 도모하는 이웃들의 관계망이라 정의해본다. 친밀한 관계를 바탕으로 하소연하고, 궁리하고, 도모한다. 동네 골목길을 지나다 우연히 마주친 이웃과 수다를 떨고, 아이들 학교 보내놓고 카페에 들러 차 마시며 동네 소문 챙겨 듣고, 퇴근길에 이웃과 소주 한잔 걸치는 등의 그런 사소하고 친밀한 일상의 관계를 토대로 마을이 돌아간다. 그러다가 어린이집 운영위원회에 참석하면 보육료 차등제, 교사 육아휴직제 같은 중요한 정책을 토론하고, 때론 격론을 벌이는 공론장의 토론자들로 다시 만난다.

성미산이 헐릴 위기에 처하면 모두들 산에 올라가 산을 지켰다. 10여 년 전 성미산 1차 위기 때는 2년 넘게 산을 지켰다. 당시 매일 열리던 마을회의는 40~50명의 주민들이 함께 벌이는 공론장이었다. 단체와 기관을 대표하는 사람들이 아니라 주민이라면 누구나 참여해 하고 싶은 말을 했다. 모두에게 열려 있는 자기 주장의 공간이었다. 누구든 자기 생각을 남에게 전달하고, 또 주장하는 그를 '응시하고 경청하는' 사람들이 모여 있는 곳, 그래서 자신의 존재감이 엄연히 있는 곳이 마을 공론장이었다.

타자와의 의사소통이 이루어지고 서로를 초대하고 응대하고 환대하며 생활을 엮어가는 일상의 공간은 '친밀한 관계의 영역 (intimate sphere, 親密圈)'과 '공론장의 영역(public sphere, 公共圈)'으로 나뉜다. 마을에서는 생활의 공간과 예술의 공간이 한 곳 차다. 두 공간의 용도가 수시로 교차한다. 생활의 공간이 어느새 예술의 공간이 되는가 싶더니, 예술의 공간이 다시 생활의 공간으로 돌아온다. 그 공간은 어린이집 마루에서 마당으로, 다시 성미산 꼭대기로 이어지고, 마을카페의 작은 홀에서 마을극장으로 확장되며, 마을을 가로지르는 4차선 도로에서 좁다란 골목으로 연결된다.

한편 예술의 공간은 친밀한 관계의 분위기이면서도 공론장의 특성을 갖는 장소다. 어린이집 운영위원회의 긴 회의를 끝내고 자연스레 이어진 뒤풀이, 막걸리 몇 순배 돌아가자 소소한 생활 얘기로 꽃을 피운다. 그러다 누군가의 구성진 노래가 흘러나오면 제각기 추억에 빠져든다. 마을카페에서 오카리나를 함께 연주하는 부녀(父女)를 보며, 언젠가 냉랭한 부녀지간을 걱정하던 그 엄마의 모습을 떠올리며 흐뭇한 미소를 짓는다. 거리축제의 길거리 배우로 나선 아무개 엄마를 보며 평소 까칠했던 모습과 도저히 연결되지 않아 당황한다. 마을극장에서 마을극단 '무말랭이'의 공연을 보고 소싯적 배우의 꿈을 품었던 추억이 올라오고, 잊고 지내온 젊은 시절의 꿈과 그 꿈을 눌러온 삶의 무게를 새삼 실감한다. 결국 '나도 하고 싶다'는 열정에 나도 모르게 "브라보!"를 외친다.

이웃들의 공연을 지켜보며 일상의 스토리를 떠올리고, 내 일상의 스토리에 포갠다. 우리는 예술하고 놀면서 서로의 스토리를 '관계'로 엮어낸다. 이렇게 관계가 엮이는 곳이 바로 '거리' 아닌가? 그 거리는 언어적 표현을 넘어 표정과 느낌과 감정이 서로 겹쳐져 소통되는 비언어적 신체언어가 풍부한 곳이다. 그래서 "우린 마을에서 예술하며 논다."

마을동아리, "나도 하고 싶다"

2009년 성미산마을극장 개관 페스티벌 마지막 행사로 마을극단 '무말랭이'가 3일간 공연을 했다. 무말랭이의 창단 공연이었다. 동네가 온통 술렁거렸다. 공연장에 속속 도착한 주민들, 성미산마을극장의 전무후무한 유료관객 최다 기록을 세운 127명의 마을 주민들은 걱정이 앞선다. "잘 할까? 대사를 까먹지는 않을까?" 이러한 염려는 조바심이 되고, 연극이 시작되고도 한참이 지나도록 차마 배우의 눈을 응시하지 못하고, 아슬아슬 긴장된 마음으로 공연을 본다. 그렇게 10분, 20분이 지나도록 별 탈 없이 공연이 이어지자 긴장과 염려는 사라지고 공연에 빠져들기 시작한다.

사실 배우들 상황은 이와 반대로 전개된다. 무대에 오르기 직전까지 초조하고 떨리지만 막상 무대에 오르면 신기하게도 마음이 편해진다. 이제 더 이상 도망갈 곳이 없기도 하지만 얼핏 객석

1부 마을살이의 원리, 마을 형성의 동력

을 쳐다보면 죄다 아는 사람들이다. 가족은 물론이고 동네 이웃들이 죽 앉아 있다. 애들도 '우윳빛깔 짱가~' 플래카드를 펼쳐들고 응원한다. 이러니 오히려 마음이 놓이고 편안해질 수밖에. 이렇게 마을극장에서 배우는 마음이 편한데 오히려 관객이 불안해 하는 이상한 형국이 벌어진다. 무사히 공연이 끝나고 막이 내려가면 감동이 밀려온다. "짝!짝!짝!짝! 브라보! 와~ 너무 잘한다."

그런데 주민 배우들의 공연이 주는 감동은 '참 잘한다'에서 그치지 않고 '나도 하고 싶다'로 나아간다. 최소한 '아무개'보다는 잘할 것 같다. '하루 3시간 연습하고 5시간 뒤풀이한다더니 저 정도인가?' 싶기도 하고, 반신반의할 정도로 잘하는 모습을 보면 '나도 저 정도는 할 수 있다는 거네?' 자신감이 생긴다. 이 점이 바로 전문 예술인들의 공연과 주민 예술인들 공연의 차이다. 프로 예술가는 잘하면 잘할수록 '그렇지 아무나 하는 게 아니지' 하고 나와 먼 얘기가 된다. 하지만 동네 이웃, 가족, 친구들이 하는 공연에 대한 감동은 바로 '나도 하고 싶다'는 욕구로 연결된다.

실제로 극장이 개관된 이후 어르신 연극반이 만들어지고 16명의 청소년들이 연극 워크숍에 참여했다. 아이들 합창단이 결성됐으며, 음반까지 냈다. 디지털 카메라 동아리인 '동네사진관'의 강좌가 대박이 나서 반을 나누어 진행했다. 록밴드인 '아마밴드'와 '7013-B', 마을의 크고 작은 행사에는 항상 바람잡이로 나서는 '성미산풍물패', '세노채', 마을 오페라팀, '춤의문' 댄스팀, 드로잉 동아리 등 이미 마을에서 활동 중인 동아리들 역시 정기공연과 전시에 대비해 연주 연습과 습작 활동에 열심이다. 극장은 주민들의 강렬한 예술적 욕구를 자극하고, 결국 실행에 옮길 수 있는 용기와 가능성을 준다.

공연을 목표로 할 때에는 예술교육이 단순한 기예의 전달과 숙련에 머물지 않는다. 공연의 콘셉트를 고민하고, 관객의 반응을 예상하며 관객과의 소통을 전제로 한다. 발표를 무사히 마치고 나면, 이들에게는 과정을 함께한 '전우애'까지 생긴다. 끈끈하고 친밀한 관계를 확인하며 워크숍 모임이 지속적인 동아리로 한 단계 성장하는 것이다. 이 과정에서 극장은 전문 예술인들의 결합을 지원하는 역할을 맡게 된다. 전문 예술인들 역시 단순한 기예의 전달이라는 소외된 '레슨 노동'에서 벗어나 지역사회의 주민들과 예술을 매개로 살아가는 이야기를 나누는 '공감과 소통의 관계'에 접속한다. 예술인들의 커뮤니티 접속은 지속적이고 건강한 예술활동을 가능케 하는 새롭고 대안적인 예술 터전을 만들어가는 일이다. 마을극장은 이러한 커뮤니티 베이스의 새로운 문화예술 터전을 만들어가는 매개, 허브 역할을 자임해야 한다.

마을극장 vs. 마을회관

성미산마을, 벌써 20년 가까이 함께 살아오면서 아쉽고 필요한 것들을 사고 치듯 하나씩 만들어오다 보니 마을에 이것저것 참 많이도 생겼다. 그리고 크고 작은 '마을 일'들이 어디에선가 여전히 생겨나고 있다. 이제는 마을의 규모도 제법 커졌고, 서로 모르는 사람들도 많아졌다. 그러다 보니 확장된 마을의 형편에 맞는 새로운 소통과 공감의 문화가 절실해졌다. 회의와 뒤풀이 술자리, 수다만으로는 채워지지 않는 소통의 갈증이 생기고, 빈 곳을 메울 무언가가 필요했다. 이전엔 당장 필요하고 아쉬운 생활재를 함께 마련하고 나누는 일을 그럭저럭 도모해왔다면, 이제는 좀 다른 필요와 욕구가 생겨나 그에 걸맞은 다른 방식의 소통이 필요하다. 다름 아닌 '놀기'다. '함께 놀기', 함께 놀며 소통하고 공감하기다. 2009년에 설립된 성미산마을극장은 마을 사람들이 함께 놀며 꿈을 노래하고, 자신들의 실험을 공유하며 그 성과를 축하하는 곳이 될 거란 기대를 갖게 했다.

성미산마을극장은 마을 주민들이 운영한다. 음향, 조명은 물론 티켓팅 등 하우스 업무까지 주민들로 이루어진 스태프들이 맡아 운영한다. 처음에는 각 분야에 경험과 전문성이 있는 주민이 먼저 나서서 길을 내고, 지금은 경험과 전문성은 없지만 참여를 원하는 주민들이 앞선 이들에게 배워 운영하고 있다. 또 마을의 큰 아이들이 인턴십 프로그램에 참여해 길찾기를 한다. 이렇게 마을극장은 주민들이 쉽게 관람하는 극장인 동시에 주민이 직접 무대에 서고, 운영까지 하는 곳이다.

주택들이 밀집해 있는 동네 한복판에 극장이 있다는 것만으로도 극장은 새로운 것, 새로운 상상을 가능케 한다. 예전에는 연극을 보려면 대학로까지 몇 날을 벼르고 몇 시간을 준비해서 다녀와야 했다. 그러나 요즘은 설거지를 하다가도 "참, 오늘 풍물패 정기공연 하는 날이지?" 하곤 서둘러 하던 일을 마무리하고 애들 손 잡고 나서면 바로 극장 문 앞이다. 집에서 10분 안팎이면 극장에 당도할 수 있으니 극장 가는 일이 가뿐하다. 마을을 지나다 벽에 붙은 극장 공연 홍보물을 보고 극장에 갈 마음을 낸다. 무엇보다 동네 아이들이 극장을 만만히 여기게 됐다. 동네나 집에서 놀다가 엄마 아빠 손에 이끌려 극장에 온다. 극장이 마치 놀이터인 양 조심하는 기색도 없다. 극장은 분명 일상과는 구별되는 '다른' 공간이지만, 그 일상의 '연장'에 놓여 있는 공간이 되었다.

성미산마을극장은 마을 주민들의 다양한 문화예술적 욕구를 담아내고 싶어 만들어진 공간이다. 따라서 극장의 콘텐츠는 어느 한 장르에 한정되지 않고 영화, 연극, 음악회, 전시회 등 다양한 예술 장르를 포괄한다. 문화예술교육에 대한 주민들의 욕구도 강해 각종 워크숍이 극장에서 기획되고 진행된다. 2009년 개관 기념 페스티벌 이래 주민 관객들은 이러한 장르의 다양성을 편리하고 풍성하다고 인식했다. 한편 전문 예술단체가 극장에 상주하는 프로그램을 통해 제대로 된 공연과 워크숍을 기획할 수 있어 마을극장의 수준을 높일 수 있었다. 이 외에도 극장 독자의 기획으로 영화관 프로젝트가 1년 이상 진행되었으며, 대관을 통해 다양한 공연을 유치하고 있다.

그래도 극장이 가장 들썩거릴 때는 동네에서 내로라하는 동아리들이 공연을 할 때다. 마을동아리들은 1년에 한두 번은 정기공연이나 발표회를 연다. 바쁜 와중에 틈틈이 연습을 해서 공연을 올린다니 대견하기도 하고 부럽기도 하다. 잘할지 걱정도 된다. 그동안 실력이 얼마나 늘었는지도 궁금하다. 역시 잘한다. 내 가족이, 이웃이, 친구가 무대에 서서 평소와 전혀 다른 모습을 보일 때는 그야말로 감동 그 자체다.

그런데 사람들의 욕구는 공연을 관람하고 무대에 직접 서는 것으로도 성에 안 찬다. 마을 사람들에게는 가깝고 문턱이 없는 극장, 내가 직접 설 수 있는 무대에 대한 욕구뿐만 아니라 '기획자'로 서의 욕구도 있다. 문화예술 영역의 기획, 그것도 극장이라는 전문적인 공간에서 행해지는 기획이라면 아무리 마을극장이라지만 전문성이 요구된다. 하지만 성미산마을극장의 무대가 이미 전문 예술인들만의 전유물이 아니듯 그 기획 역시 주민들이라고 못하겠나. 오히려 주민들은 일상에서 끊임없이 '기획'하며 살아가고 있다. 아이들의 즐거운 생일 파티를 위해 궁리하고, 자신들의 결혼기념일을 의미 있게 기억하려 애쓴다. 매년 어린이집 송년잔치를 함께 의논하고, 마을축제를 기획해오지 않았던가. 오히려 주민들의 '생활 속' 기획력은 관객과의 공감도를 더욱 높인다. 무대를 구경하거나 무대 서기에서 나아가 무대 그 자체를 기획하고 싶은 욕구를 극장은 담아낸다.

마을에 극장이 생기자 주민들은 다양한 예술 장르에 관심이 많은 관객으로, 연예인 안 부러운 퍼포머로, 탁월한 기획자로 그 본성을 서슴없이 드러냈다. 한편 극장에서는 문화예술 공연이나 예술교육 워크숍 말고도 마을의 중요한 행사나 회의가 수시로 열린다. 마을 여러 협동조합의 총회가 열리고, 마을에 사무소를 둔 시민단체의 컨퍼런스가 개최된다. 인근 출판사의 출판기념행사로 저자와의 대화 행사도 진행된다. 동네 큰 아이들의 부모, 가족과 동네 어른들을 모시고 감동적인 성년식이 올려지기도 한다. 사실 극장인지 회관인지 헷갈린다. 극장이 담아야 할, 아니 담을 수 있는 영역이 어디까지인가를 두고 극장 스태프들은 매번 토론을 벌인다. 어쩌면 성미산마을극장은 '마을극장'과 '마을회관'의 경계에 서 있는지도 모르겠다.

경계와 소통,
놀이와 공감

마을은 관계다. 일상의 생활 관계망이다. 마을살이는 이미 알고 지내는 이웃들과 관계를 계속 이어가고, 이제 알게 된 이웃들과는 새로 관계를 맺으며 일상을 살아가는 '생활'이다. 이러한 일상 속 관계는 '공감'을 통해 맺어지고 지속된다. 공감은 친밀한 관계에서 일상적인 사회적 활동을 통해 만들어진다. 또한 공감은 관계를 친밀하게 해주고, 사람들이 사회적 활동을 하는 토대가 되어준다.

공감은 어떻게 생기고, 친밀한 사회적 관계는 어떻게 만들어질까? '놀이'를 통해서다. 아이들은 놀이를 통해 '관계'를 실감하고 학습한다. 나와 너를 인식하고 나아가 타자에 대한 공감의 능력을 놀이를 통해 몸에 익히고 확장한다. 어른들도 다를 게 없다. 어른들에게 공감을 일으키는 놀이는 뭘까? 친밀한 사이에서는 수다와 술이 제격이다. 특별한 계획이나 임무가 없어도 수시로 우연히, 마음 내킬 때 부담 없이 공감할 수 있는 소통 양식이 바로 이 술과 수다다.

술에서 수다로, 다시 예술로
그러나 낯선 사이, 평소 일상적인 관계의 끈이 없거나 알게 모르게 경계가 있어 편하지 않고, 문턱이 있어 넘어서기 부담스러울 경우에는 어떨까? 심지어 경계와 문턱이 고착되어 '단절' 상태에 이른 관계에서는 어떻게 하나? 이런 경우는 물론 술과 수다로 친밀해지기 어렵다. 경계를 없애고 문턱을 헐어낼 방도는 뭘까? 아니, 최소한 경계를 흐리고 문턱을 낮추기라도 하려면 어떻게 해야 하나? 사실 공동체가 경계와 문턱이 없다면 이미 공동체가 아니다. 친구 사이, 심지어 가족 안에서도 크고 작은 경계와 문턱은 있기 마련이다. 이런 경우, 일상의 '연결 고리'가 없거나 낯선 관계에서 공감을 만드는 데 예술만큼 적절한 방편이 없다.

우리 동네에서는 매년 마을축제를 하는데 대체로 축제 마지막 날에는 동네 사람 모두 나와서 함께 노는 행사를 한다. 운동장에 모여 줄다리기를 하거나 길거리에 스크린을 걸고 바닥에 주저앉아 영화를 본다. 다 같이 동네 한 바퀴 도는 퍼레이드도 한다. 이때 사회자는 행사를 시작하기 앞서 옆 사람, 앞뒤 사람과 서로 인사를 하라고 한다. 못 이기는 척 슬쩍 옆을 돌아보니 엊그제 밤 주차 때문에 다툰 아랫집 아줌마 아닌가? 원수는 외나무다리에서 만난다더니 좀전까지만 해도 애들하고 낯선 할머니가 앉아 있었던 것 같은데, 이거 참 낭패다. 하지만 어쩌겠나. 옹졸하게 외면할 수도 없는 일, 멋쩍게 인사하고 만다. 하지만 영화 보는 내내 엊그제 다툰 일이 떠올라 좌불안석이다. 마침 아이스크림 사라며 소리치는 자원봉사단 애들을 불러세워 아이스크림을 몇 개 산다. 그리고 그 아줌마네 애들에게 건넨다. "몇 학년이니?" "3학년이요." "어, 그럼 성서 다니니?" "네." 별 할 말도 없지만 이왕 건넨 말이니 건성으로 던져본다. "그럼, 호연이도 아니?" 시큰둥하던 이 녀석 목소리가 갑자기 커진다. "호연이요? 우리반이에요. 저랑 친해요. 호연이 아빠세요?" 그 애 엄마도 덩달아 눈이 커지며 놀란 듯 돌아본다. 결국 그날 밤에 두 가족이 동네 호프집에 모여 진하게 한잔하고 이웃이 됐다.

일상 속에 알게 모르게 놓여 있는 수많은 경계와 문턱들을 허무는 데 예술만 한 놀이가 없다. 서로 챙기고 도모해야 할 공동의 이해관계가 없어도 스스럼없이 만날 수 있다. 그저 좋고 즐겁다. 생활 속의 여러 경계와 문턱은 부인하거나 외면하지 말되, 이 경계가 너무 뚜렷하거나 문턱이 너무 높아 넘나들기 부담스럽지 않아야 한다. 경계를 가벼이 여기고, 문턱을 심각하지 보지 않고, 즐겁게 장난치듯 소풍가듯 넘나들면 된다. 바로 예술로 넘나들자.

평소 익숙한 관계에 자극을 주고 새로운 공감 거리를 제공해주는 것 또한 예술이다. 전혀 그럴 것 같지 않던 이웃이 무대에서 보여준 광란의 끼가 온 동네에 한참 동안 화제가 된다. 창작극을 만든다고 지난겨울 내내 소문 내며 요란을 떨던 연극 동아리의 공연에서 가슴 깊은 공감을 느낀다. 그날 이후 연극 동아리 단원들 한 사람 한 사람이 달리 보인다.

예술은 색다른 소통의 양식이다. 일상에서 절실하고 갈급한 애 키우고 먹고사는 문제로 아등바등 협력하며 맺어진 이웃 관계 위에 다른 결의 관계가 가로지르게 되는 것이다. 각박한 현실의 긴장에서 벗어나 마음 내려놓고 즐기는 기분으로 소통하는 관계가 생겨날 수 있다. 이는 마치 씨줄 위에 날줄을 먹이듯 촘촘하고 찰진 관계를 가능케 해준다. 이렇듯 예술적 소통의 관계는 이미 맺어온 관계의 범위와 공감의 폭을 확장시킨다.

마을의 예술적 소통 관계는 이미 맺어온 생활 관계를 토대로 만들어진다. 그리고 바로 이 점이 마을예술 동아리가 여타의 동아리, 특히 직장인 동호회와 구별되는 중요한 이유다. 요즘 젊은 직장인들 사이에서 활성화되고 있는 다양한 예술 동아리 활동은 그야말로 예술적 지향과 공감을 중심으로 형성되지만, 마을에서는 일상의 필요를 함께 해결하며 맺어온 생활 관계망을 발판으로 해서 만들어진다. 그래서 마을예술(community based performance)에는 마을살이의 크고 작은 생활 이야기가 예술적 소재로 녹아들고 예술적 재현의 대상이 된다. 또한 마을살이의 생활 관계망이 예술적 소통망으로 작동하며, 동시에 예술적 소통에 의해 기존 생활 관계망은 재구성되거나 새로워진다. 마을예술 및 마을의 예술적 소통 관계가 기존의 생활 관계망을 더욱 풍부하고 밀도 있게 강화시키는 역할을 한다.

커뮤니티 아트 유감

예술에서도 마을이 화두다. 예술가들이 지역의 일상이나 좁은 골목길, 아이들과 주민들의 소소한 살림살이를 그림으로, 영상으로, 글로 담아낸다. 어떤 경우에는 졸지에 황폐화되어 영원히 사라질 위기에 처한 안타까운 재개발 현장을 담아내려는 살가운 시선의 작업들을 보게 된다. 이들은 대체로 '커뮤니티 아트(community art)'라는 장르로 분류되는 것 같다. 마을 어귀 담벼락에 벽화가 그려지고, 동네 한 모퉁이에 괴상한(?) 모양의 의자를 툭 던지듯 놓아두기도 하는, 이른바 공공미술 작업들에 비해 사람들 이야기가 드러나 좀 더 마음이 가긴 한다. 하지만 그 작품 속 주민들은 작품 속에만 존재한다. 정작 그 작품 속 생활의 현장에 '사람들'은 보이지 않고 작가의 포트폴리오만 남는 것은 아닌지 의문이 들기도 한다.

덥수룩하고 어수룩한 인상의 30대 후반 즈음 되어보이는 작가가 너댓 명의 심사위원들에게 둘러싸여 열심히 설명을 한다.

"할머니들이 오랫동안 살아온 작은 산동네 골목인데, 이젠 철거될 위기에 처해 주민들이 이사를 가버리고, 남은 분들의 일상을……."

"근데 결국 선생님 작품 하려는 것 아닌가요?"

"그렇지요, 그렇지만 그 동네 할머니들과 함께……."

심사위원의 요지는 결국 '작품의 대상이 되는 산동네 주민의 입장에서 이 작업이 무슨 의미를 갖느냐'다. 그런데 작가는 작품의 대상으로 삼은 주민 입장에 꼭 서야 할까? 그 주민의 지속적인 삶에 어떤 구체적인 기여를 해야 하나? 작가는 재개발 현장이든, 산동네 골목이든, 아파트 놀이터든 작가로서 던지고 싶은 질문과 메시지가 있을 테고, 그 메시지를 가장 효과적으로 드러내기 위해 어떤 대상을 예술적으로 재구성할 것이다. 작가의 노력은 그 대상의 주민을 포함해 사회 전체의 공감에 따라 평가받을 것이다. 그러면 되는 것 아닌가? 왜 작가가 작업의 대상으로 삼았다는 이유로 그 대상이 된 주민(마을)의 지속적인 삶에 책임을 져야 하나? 작가는 그의 예술적 재현 행위로 사회와 소통하고 주장하고 싶은 어떤 '가치'를 가지고 질문을 던진 것으로 사회적 역할을 다한 건 아닐까?

커뮤니티에 대한 예술적 재현을 통해 사회와 '공동체적 가치'에 대해 질문하며 공감하고 싶어 하는 작업과 마을에서 동네 사람들과 이러저러한 생활 속 얘기를 가지고 예술적 성취를 이루려는 작업을 구별하면 좋겠다. 전자를 '커뮤니티 아트(community art)'라 부르고, 후자를 '커뮤니티에 기반한 퍼포먼스(community based performance)'라 부르면 어떨까. 그동안 사용하던 커뮤니티 아트의 범위를 쪼개서 사용하자는 거다. 그동안 커뮤니티 아트가 너무 넓은 영역을 감당하려다 보니 버거워진 듯하다. 앞서 심사위원들을 설득하느라 애쓰던 작가는 커뮤니티 아트 영역으로 인정하면 어떨까? 그리고 심사위원들이 염두에 둔 주민들의 지속적인 삶과 생활 관계망, 마을 주민들을 중요하게 다루는 활동은 커뮤니티에 기반한 퍼포먼스로 인정한다면 좋겠다.

이 둘은 서로 상보적이다. 전자는 마을공동체의 관계망 형성과 강화에 직접적인 도움은 못 되지만, 마을공동체가 왜 필요한지, 어떻게 파괴되고 있는지, 그래서 왜 마을공동체를 지켜야 하는지에 대한 사회적 공감을 넓히는 역할을 할 것이다. 그동안 이 둘을 애매하게 모아놓고 전자에 후자의 기준을 들이대고, 후자에 전자의 기준을 적용해 혼돈을 초래한 것은 아닐까? 작가에게 마을 관계망의 과제를 요구하고, 마을 사람들의 소소한 예술활동에 전문적인 예술성의 잣대를 들이민다든지 하는 난센스는 이제 그만둬야 한다.

그런데 나는 성미산마을에서 이 둘 간의 화해 기미를 보았다. 마을에 사는 보통의 주민들에게 마을에 대한 무슨 특별한 상이 있을까? 더욱이 마을에 사는 예술가들이야 더더욱 무슨 상이 필요할까? '마을은 어때야 될까? '무엇이 있어야 할까?' 외려 이런 진지한 물음이 마을의 '감'을 흐트러뜨린다. 마을을 생각으로 미리 형식화하고 구조화하는 순간 마을에 대한 구체적인 감은 달아나고 만다. 그냥 사는 거다. 살다 보면 하다못해 쓰레기 버리다 다투는 이웃이라도 생길 거다. 거기서 시작하는 거다.

이처럼 마을은 만드는 게 아니라 사는 것이라는 점을 이해하고 나면 비로소 마을이 관찰과 재현의 대상에서 함께 살아가는 사람들의 삶터, 살 궁리를 함께하는 생활의 관계망으로 다가온다. 초대된 손님, 특별한 목적으로 들른 사람이 아니라 주민으로 살아가는 '마을살이의 주체'로 존재할 때 마을 속 예술이 자연스레 생성되지 않을까? 성미산마을의 예술 동아리, 축제, 극장 등에서도 '진짜' 예술가들이 함께하지만 이 진짜 예술가들도 다 같이 '주민'이라는 인식에 우리는 서로 공감하고 있다. 그래서 편하다. 편하니 말도 쉽고 작업도 신 난다. 사는 이야기가 술술 풀린다. 이곳에서는 커뮤니티 아트와 커뮤니티에 기반한 퍼포먼스의 경계가 조금씩 허물어지는 듯하다.

마을축제와 '두 달 작전'

"뭐? 벌써 2주 뒤야?" "큰일났네, 어쩌냐? 망신살이 뻗쳤어!" 이번 마을축제 때 공연한다고 신청했는데, 별로 준비한 것도 없이 공연일이 코앞에 닥친 것이다. 뒤늦게 불붙은 엄마들, 그야말로 난리법석이다.

몇 년 전이다. 마을축제 준비하면서 뭐 새로운 것 없나 하다가 이런 말이 나왔다.

"축제라지만 매번 애들 챙긴다고 어른들은 겉돌기만 하고, 애들 무대 세워놓고 대견해 하고 말잖아. 이번 축제 때는 그러지 말자."

어른들도 축제에서 즐기자는 데 의견이 모아졌다.

"그럼 어른들을 무대에 세워야 돼."

성미산마을축제의 유명한 '두 달 작전'이 이렇게 개시되었다.

"우리 연극 한번 해볼까?" "연극? 아이고, 내 팔자에 무슨 연극?" 엄두가 나질 않는다. 연극을 아무나 하느냐며 대부분 지레 접는다. 소싯적 교회에서 성극을 했다 하면 항상 마리아 역을 독차지했던 영희 엄마, 해보고 싶긴 하지만 공연 준비 과정을 대충은 아는 터라 맞벌이 형편에 감당할 엄두가 안 난다.

"우리, 이번 축제 때만 하고 말자. 딱 두 달이야. 두 달 연습해서 공연하고 딱 접는 거야." 두 달 해서 되겠나 싶으면서도 '두 달만 하고 치운다고?' 슬쩍 마음이 동한다. 1년 내내 연극할 엄두는 안 나지만 두 달 동안이야 좀 무리할 만하지 않나 싶다. 꿈에 그리던 연극 무대에 선다는데. 이렇게 '두 달'에 넘어간 마을 주민들이 무려 6팀이나 공연 신청을 했다. 그래서 '두 달 작전'이다.

이렇게 시작은 되었는데, 첫모임에 나온 사람은 서넛 남짓이다. 같이 하기로 의기투합한 사람들이 여덟이나 되는데 절반도 안 나온다. 안 나온 사람 왜 안 오냐 연락하며 수다 떨다 보니 시간이다 간다. 다음 주 약속 잡고 헤어진다. 그 다음 주도 매한가지. 이렇게 얼추 한 달을 다 보낼 즈음, 모임에 일찌감치 도착한 민주 엄마가 말한다.

"야 큰일 났다. 축제가 한 달도 안 남았어."

"뭐 벌써?"

"그래, 벌써 작은나무 담벼락에 마을축제 포스터가 붙었더라니까?"

"아, 글쎄! 거기에 우리 팀도 턱 하니 이름이 올라가 있더라고."

"야, 이제 어쩐다냐?"

그제야 불이 붙는다. 일주일에 세 번씩 모이더니, 막판에는 매일 모여 밤을 샌다. 그러면서 이들은 공연 전날까지도 공연을 할지 말지 토론한다. 막상 이들이 길거리 가설무대에 오르자 동네가 떠들썩 그야말로 난리다. 4차선 도로를 막고 그곳에 대형 무대를 세웠으니, 동네 주민들은 물론이고 오가던 사람들조차 뭔 일인가 싶어 무대 주위를 떠나지 않는다. 그날 공연은 한마디로 '대박'이었다. 두 달만 하고 만다던 이 사람들은 제대로 '필' 받았다. "웬 두달? 계속해야지. 내년 축제 때는 더 잘할 거야." 무대 맛을 본 거다.

이렇게 축제는 마을동아리의 집단적 탄생의 산실이 되었다. 지금도 여전히 축제를 하고 나면 동아리가 한두 개씩 생기고 신입단원이 모집된다. 축제는 공연의 총화다. 다양한 문화예술 동아리가 집결해 다양하고 풍성한 예술적 소통을 이루어낸다. 특히 축제는 공동체성을 총체적이고 감각적으로 드러내기 때문에 일반 주민들에게는 마을공공성(마을공동체성)을 선(先)체험하는 효과가 있다. 모두가 따로 사는 게 익숙한 우리의 생활문화 속에서 몸 안 깊숙이 처박혀 있던 공동체적 감수성을 끄집어내는 데 마을축제만 한 게 없다.

거창한 기획과 장비가 동원되는 축제가 아니라 차량이 뜸한 주말 한나절 길을 막고 바닥에 금 긋고 망까기, 고무줄 놀이판 벌이고, 어른들은 골목에서 세발자전거 경주하시고, 어르신들 양지바른 평상에 앉아 젊은 애들 노는 것 보며 흐뭇한 막걸리 한 사발 기울이는 것, 이런 것이 마을축제고 동네 축제다. 이런 작은 골목 축제가 동네 사람들을 불러모으고 서로 얼굴을 익히게 한다.

그러므로 축제는 마을 관계망을 확장하는 촉진제 역할을 한다. 축제라고 동네 이곳저곳에 활동 상황을 공개하며 홍보하니, 축제를 통해 비로소 마을살이 '한 해'의 시간성을 공유한다. 마을의 여러 단체들이 그래도 1년 동안 건재했구나 안심하고, 마을 일이면 어디서나 열심이던 주민이 안 보여 안부를 물으니 요즘 좀 아프다 하고, 새로 이사 왔다는 청년의 이름을 기억하려 마음 쓰고, 올해도 역시 무대의 새로운 '스타'를 발견한다. 마을은 이렇게 축제에서 살아온 1년을 내놓고 알리고 공유하며 서로 섞인다. 새로 섞이면서 관계는 다시 새삼스럽게 된다. 마을의 관계망이 새로워진다. 그렇게 마을이 튼실해진다.

스페이스 vs. 플레이스

스페이스(space)는 공간으로, 플레이스(place)는 장소로 번역된다. 스페이스가 추상적인 공간이라면, 플레이스는 구체적인 맥락(context)이 있는 공간이라 할 수 있다. '장소'는 사람들이 오가거나 들락거리며, 이러저러한 이유로 생겨난 이야기(story)를 공유하고, 함께 기억을 떠올릴 수 있는 그런 공간일 것이다. 이야기는 어떤 장소나 공간을 통해 만들어지고, 그렇게 만들어진 이야기는 바로 그 장소를 통해 다시 떠올라 사람들에게 기억된다. 이러한 장소들의 합(合)이 바로 마을 아닐까? 그래서 마을의 구성 요소는 '사람-이야기-장소(people-story-place)'라 해도 좋을 듯하다. 사람과 사람이 관계를 맺고, 그 관계에서 다양한 일상의 이야기가 만들어진다. 사람들의 일상이 교차하고 쌓이며 더께를 만들어가는 곳, 소소한 사연이 만들어지고 그 기억을 떠올리며 공유하는 곳이 바로 '마을공간'이다. 그래서 이야기는 관계의 내용이 되고, 이런 관계와 이야기는 '장소'를 기반으로 형성된다. 이 점이 마을공동체가 온라인 커뮤니티와 다른 점일 것이다. 그래서 장소는 마을을 구성하는 전제 요소다. 이 점은 마을예술에도 해당한다.

동아리, 축제, 그리고 공간

동아리들은 공연(퍼포먼스)을 목표로 연습한다. 공연을 통해 지역 이웃들과 예술적 소통을 하게 되고, 그 과정에서 동아리의 원동력을 얻기 때문이다. 따라서 공연 활동이 없는 예술교육은 지속성을 갖지 못한다. 그래서 동아리들에게 공연을 위한 공간은 필수다. 음향, 조명 등의 전문장비가 구비된 공연장이라면 좋겠지만 카페나 거리, 다목적 공간이 훌륭한 공연장이 되기도 한다. 아울러 일상적인 연습장이 필요하다. 연습장은 안정적으로 연습을 할 수 있다는 점은 물론이고, 성원들 간의 대화나 관계 맺기가 이루어지는 곳이다. 그래서 동아리와 축제에 이어 공간이 마을문화 생태계의 3요소라 할 수 있다.

그런데 마을살이에서 필수적인 이런 공간을 도시에서 장만하기란 여간 어려운 일이 아니다. 부동산 비용이 엄청나기 때문이다. 초기에 보증금 목돈 만드는 것도 장벽이고, 무리해서 보증금을 마련했다 쳐도 매달 따박따박 어김없이 들어가는 임대료와 관리비가 장난 아니다. 공공의 지원이 제일 아쉬운 대목이다. 하지만 이런 공간을 정부 지원으로 해결하려 할 때 정부가 나서서 오히려 일을 그르치는 경우도 많다.

공간 조성의 대표적인 실패 사례는 대부분 정부가 나서서 서둘러 공간을 조성한 경우다. 이때 정부는 공간의 층고, 넓이 등 일정한 규격을 정하고, 그 규격을 충족하는 공간을 물색한다. 대부분 정부가 관리하고 있는 유휴공간이나 용도 변경이 용이한 공간이 선정된다. 그 공간을 실제 사용하고, 그 공간을 통해 관계 맺을 주민 당사자들의 접근성·친화성보다는 물리적·행정적 기준이 앞선다. 그 다음엔 전문가를 불러 그 공간에 채울 프로그램을 기획하도록 한다. 그러고 나서야 주민들을 초대한다. 공공이 하는 공간지원 사업의 일반적인 과정이다. 결국 주민은 수동적으로 초대(동원)되어 전문가들이 설계한 프로그램을 소비하는 역할에 그친다. 이후 공간 관리와 프로그램 진행 업무(?)는 여전히 담당 공무원과 전문가의 몫이고, 당연히 정부 예산에 전적으로 의존하게 된다. 정부가 조성한 대부분의 공간이 애물단지가 되는 경로다.

구성되는 공간

한편 축제를 통해 동아리가 몇 개라도 만들어지면, 이들 동아리들은 일상적인 공연 공간과 안정적인 연습 공간을 요구한다. 매주 일정한 곳에서 만나 진득하게 시간에 구애받지 않고 연습할 수 있는 곳이 절실하다. 하물며 공연장이야 말할 것도 없다. 프로들이 하는 그런 전문 공연장은 아니더라도 기본적인 음향과 조명이 가능하며 동네 사람 40~50명이 관람할 수 있는 공간이 필요하다. 동아리들은 어떻게 해서라도 공간을 마련하기 위해 나서게 된다. 혼자 역부족이면 다른 동아리와 힘을 합쳐서라도 공간 마련에 뜻과 자원을 모은다. 빗물 새는 지하 공간을 겨우 얻어 일주일 내내 달라붙어 공사를 하고 나름 '전용 연습실'을 장만했을 때의 그 뿌듯함이란!

아쉬운 놈이 우물 파야 그 우물을 지키듯이 당사자들이 나서고, 그 이후 부족한 자원(재정과 행정)을 정부가 보충적으로 지원해야 한다. 그래야 마을예술의 주체(동아리)들이 그 공간의 주인이 되고, 주인들이 공간을 알아서 유지·관리한다. 이렇듯 공간은 그 공간에 인연을 맺고 애착을 갖는 사람들이 사연을 만들어가면서 쌓이듯 형성되어야 한다. 즉 스페이스가 플레이스로 점차 '구성'되어가는 것이다. 따라서 구성되는 '과정'이 빠지면 공간은 그저 공간일 뿐이고, 시방서에 따라 건축될 뿐인 건물 그 자체에 지나지 않는다. 오히려 애물단지가 되고 만다.

1부 마을살이의 원리, 마을 형성의 동력

마을 미디어와
아카이브

"미디어는 인권입니다." 얼마 전 있었던 마을 미디어 관련 서울시
청책(聽策) 행사에서 방청석 발언 시간에 전국미디어센터협의회
허경 사무국장이 한 말이다. 느닷없이 던져진 첫마디에 선뜻 수긍
도 부인도 못하고 다음 말을 기다리는데, 생활고로 자살한 세 모녀
이야기를 꺼낸다. "그분들이 마지막 죽음을 선택하기 전에 그들의
처지를 하소연하고 공감해줄 한 명의 이웃이라도 있었다면……
나의 힘든 처지와 고통을 나눌 수 있는 한 사람이 절실합니다. 미
디어는 바로 내 이야기를 누군가와 나누는 것입니다. 그래서 미디
어는 생존이고 인권입니다." 좌중은 모두 공감의 시선을 보냈다.
참석한 박원순 시장 역시 깊은 공감의 뜻으로 끄덕였다.

스스로 등장해서 서로를 연결한다

미디어는 주민 모임의 유력한 수단이다. 미디어 기술과 장비
의 대중화, SNS의 획기적인 발전으로 전문가들만의 영역으로 여
겨졌던 장벽이 허물어졌다. 시민 접근성이 대폭 높아졌다. 무엇보
다 자신의 이야기를 드러내고 나누고 싶어 하는 주민들의 스토리
텔링(story-telling) 욕구가 넘친다. 짧은 시간이었지만 지난 한 해

동안 20여 개 미디어 주민 모임이 생겨났다. 창신동에서 봉제업을 평생 해온 주민들이 모여 만든 라디오 방송국 '덤덤', 성북구 인터넷 방송국 '와보숑', 이미 오래전부터 마을신문의 입지를 구축해온 '도봉N신문', 정신장애인들이 모여 자신들의 이야기를 풀어내는 방송국도 생겨 마을 미디어의 가능성을 확장하고 있다.

마을 미디어는 동네 주민들이 쉽고 재미있게 마을 일에 참여하게 해주는 계기가 되고 있다. 또한 이들은 다른 주민 모임을 연결하는 데 탁월한 효능을 발휘한다. 디지털 카메라와 캠코더, 스마트폰 등의 휴대장비를 이용하고 팟캐스트, FM방송, 인터넷 방송 등의 채널을 이용해 마을살이의 여러 미담을 주변 이웃들에게 실어 나르고 연결하며 마을살이의 엔진 노릇을 해준다. 마을 기자단이 별건가? 마을 미디어 주민 모임이 그 자체로 마을 기자단이고, 마을 방송국의 역할을 한다. 그래서 마을 미디어는 '스스로 등장해서 서로를 연결하는' 역할을 통해 마을살이의 기본 원리인 주민의 등장과 연결을 한꺼번에 수행하는 서울시 마을공동체정책의 효자다.

일명 '사진빨 효과'라는 게 있다. 사진, 영상이 주는 마법이다. 좀 시원찮은 것도 있어 보이게 하고, 후진 것도 멋져 보이게 하는 효과가 있다. 미디어는 너무도 평범한 마을살이를 그럴 듯하게 제3자에게 전달해준다. 거기서 힌트 얻고 힘 받고 위로를 받는다. 동시에 이런 사진빨 효과는 우리가 하고 있는 일의 의미를 다시 새기게 도와준다. 우리끼리 한 일이지만 5분짜리 영상으로 압축적으로 기록된 나와 우리들의 활동 모습을 보면 가슴 뿌듯해지고, 우리가 왜 이런 일들을 하고 있는지 굳이 설명할 필요가 없어진다. 그렇게 못마땅했던 누구도 영상 속에서 행복하게 웃고 있는 모습을 보면 원망이 눈 녹듯 사라진다. 이렇듯 마을 미디어는 각각의 마을살이를 의미 있게 '재현(representation)'하고, 이웃의 마을살이와 연결해주며, 그 속에서 자기 주도적인 학습을 하며 관계를 확장하는 촉진자 역할을 해준다.

마을마다 작은 방송국이 하나씩 생겨 밤낮으로 프로그램이 만들어지고, 마을 곳곳에서 다시보기가 되고, 가만 앉아 있어도 마음만 먹으면 마을 상황을 두루 꿸 수 있는 모습을 상상해본다. 이미 현실이다. 관악FM을 통해 만들어진 주민 미디어 모임이 한 해 동안 제작하는 프로그램 수가 무려 3,000여 편이나 된다고 한다. 가히 상상을 초월하는 양이다. 조그만 스튜디오에서 이렇게 많은 프로그램이 주민들 손으로 직접 제작되어 송출되고 있다니!

그럼에도 이제 막 등장한 마을 미디어의 씨앗들이나 이미 마을 방송국의 열반에 오른 곳들이나 다음 발걸음을 위해서는 지원이 절실하다. 기술적인 지원과 관계망의 지원이 동시에 필요하다. 신문·문집 등의 미디어엔 글쓰기와 편집 기술이, 사진·동영상의 경우엔 촬영과 편집 기술이 필요하고, 요즘 대중화되고 있는 SNS 기반의 미디어에도 기술적 지원이 필요하다. 나아가 녹음 및 영상의 경우 기본 장비가 절실하다. 이런 장비는 비교적 고가라 주민들이 선뜻 장만할 엄두를 내기 어렵다. 마을이나 기초 및 광역 단위의 범주에 걸맞게 장비와 기술, 공간 지원이 계획되어야 한다.

관계망의 지원이란 마을 미디어 주민 모임을 다른 활동 모임을 하는 주민 모임들과 연결되도록 돕는 것이다. 2014년부터 서울시 18개 자치구별로 자치구생태계지원단(자생단)이 구성되어 활동하고 있는데, 바로 이러한 주민 모임들을 서로 연결하고 그 속에서 새롭고 재미난 기운이 생기도록 지원하는 허브 역할을 하고 있다.

마을 아카이브, "기록은 기억을 지배한다"

우리는 마을에서 함께 살면서 어떤 기억을 떠올릴까? 어린이집에 아이를 보내며 방 모임이다 이사회다 숱한 회의에 참석했건만, 나눈 이야기들은 간 데 없고 팥앙금처럼 가라앉은 뿌듯하고 대견한 느낌들…… 아마를 한다,[1] 아나바다 행사를 한다, 마을축제를 한다, 이런저런 행사에 참여하며 얻게 되는 즐겁기도 하고 속상하기도 하고 보람차고 뿌듯하기도 했던 기억들…… 성미산을 지킨다고 2년여 기간 동안 성미산과 동네 곳곳을 누비던 기억들…… 찰지고 옹골찬 생협 귤의 싸한 단맛에 몸서리치던(?) 기억…… 어쩌다 간만에 생협에서 장을 보다 10여 년 만에 아이 앞세우고 들어서는 후배를 발견하고 깜짝 놀라며 반가워하던 기억…… 축제무대 한복판에서 과감한(?) 춤을 추던 혜수 엄마의 모습에 괜히 내가 부끄러워 시선을 피하던 기억…… 좋은 기억, 기분 나빴던 기억, 쉽게 잊히고 만 기억들, 몇 해가 지나도록 마음에 새겨져 잊히지 않고 눈앞에서 다시 재현된 듯 선명하게 남아 있는 기억들.

우리가 관계를 맺는다 함은 바로 이런 '함께한 기억'을 공유

---

1 '아마'는 아빠 엄마를 합친 말로, 공동육아 협동조합 어린이집 학부모를 가르키며, '아마를 한다'는 조합원 활동을 한단 의미다.

하는 것 아닐까? 물론 이 기억은 애초부터 서로 다를 수도 있고, 이후 변해버렸을 수도 있다. 또한 긍정적인 느낌으로 그 기억을 간직할 수도 있고, 다시는 떠올리기 싫은 기억으로 남아 있을 수도 있다. 하지만 함께 공유한 기억으로 우리는 소중한 인연을, 각별한 관계를 맺어왔다. 우리는 기억을 통해 기억의 대상(현장, 사건)에 함께 연루되었던 사람과 공감을 느끼게 된다. 그 공감은 소통의 일종이며, 가장 일상적이고 기초적인 소통일 것이다. 기억의 공유는 '설명'을 건너뛰게 하기 때문이다. 굳이 말하지 않아도 안다는 것, 따라서 함께 공유한 경험이 있다는 것, 그리고 기억을 공유할 수 있다는 것은 공유하는 이들 간에는 그 자체로 이미 소통이다. 기억의 공유가 가져다주는 편안함과 동질감을 바탕으로 나누는 소통은 그만큼 효과적이다.

그런데 기억의 공유는 역설적이게도 '서로 다름'의 확인일지 모른다. 하지만 이 다름이 '쿨한 차이'를 넘어 사실의 진위를 가리거나 시비를 따져야 할 경우 오해와 갈등의 씨앗이 되고 만다. 그래서 차이가 나는 이유와 그 맥락을 확인하고 공감하는 것, 이것이 바로 우리가 하려는 '기억의 공유'의 참모습인지도 모른다. 사연이 만들어지는 장소가 달라서 서로 다른 기억을 갖게 되기도 하지만, 같은 장소에서 벌어진 일이라도 각자 처한 입장과 위치에 따라 다르게 기억한다. 이렇게 서로 다른 기억들이 교류되고 성찰될 때, 즉 각자 기억의 차이를 인정하고 그 차이의 맥락을 이해하며 성찰할 때 다양함이 풍부함으로 받아들여지면서 참다운 공감을 나눌 수 있다.

"기록은 기억을 지배한다." 언젠가 유행한 디지털 카메라의 광고 카피다. 인간의 기억을 보완하는 수단으로서 '기록'이 가진 영향력을 짐작해볼 수 있는 말이다. 인간의 불완전한 기억은 기록을 바탕으로 재구성된다. 기록은 기억의 객관적인 원천인 것이다. 따라서 어떤 기록을 접하면 종종 까마득히 잊고 있는 기억들이 샘솟듯 솟아나는 경험을 한다. 따라서 단호하게 흘러가는 세월 속에서도 우리들의 기억을 보호하고 보존하기 위해서는 기록의 도움이 절실하다.

지난 기록의 수집 작업은 단지 지난 자료를 잘 모으고 보관하는 일로 그치지 않는다. 하루에도 적지 않은 양의 마을 기록이 만들어지고, 그 자료의 양식도 문서와 사진, 동영상, 행사 홍보물, 관련 기사 등 매우 다양하다. 또한 생산 장소도 마을 안팎을 넘나들면서 점점 더 확장되어갈 것이다. 지난 기록을 수집하고 정리하다 보면 지금 만들어지는 기록을 어떻게 하면 나중에 번거롭지 않게 잘 수집하고 정리할 수 있을까 궁리하게 될 것이다. 그러다 보면 자연스레 체계적인 기록 관리의 문화가 마을 곳곳에 스미게 되지 않을까. 또한 이는 우리가 마을 안팎에서 만들어가는 경험을 풍부하게 교류하고 공감하는 소통의 문화를 만들어가는 일이기도 하다.

한편 마을을 주목하는 이들과 기관이 늘고 있다. 그 관심이 부담스럽기까지 하다. 우리가 일상의 필요와 요구를 좇아 '그저' 하다 보니 이루게 된 마을이라고는 하지만 그 경험이 한국 사회에서, 아니 지구촌에서 가지는 의미가 적지 않다. 우리의 경험은 미래의 가치와 대안적 혁신을 실험하고, 그 돌파구를 여는 중요한 자료로 쓰일 것이다. 따라서 이제는 우리의 경험을 우리들만의 경험으로 제한하거나 가두어서는 안 된다. 국내외를 막론하고 오늘도 끊임없이 다양한 영역에서 다양한 방법으로 대안을 찾으려는 많은 이들과 우리의 경험을 교류하고 상호 성찰적으로 공감할 수 있어야 한다. 그래서 기록이 필요하다.

우리가 과거의 기록들을 모으는 것은 미래의 우리가 들추어 즐길 추억을 준비하는 것인지 모른다. 10년, 20년 후 우리 아이들이 남편과 아내, 아이들을 데리고 마을을 찾아 당시 자기들이 놀았던 골목과 터전들을 돌아보며 어린 시절의 추억을 나눈다고 상상해보자. 그때 자신이 다녔던 어린이집의 모습이 담긴 사진과 엄마, 아빠와 교사가 나눈 날적이의 짧은 글들을 읽고, 나들이 가던 모습 등 어린 시절 마을에서의 활동이 담긴 사진이나 동영상을 가족들과 함께 보는 장면을 상상해보자. 참으로 아름다운 영화 속 한 장면이 아닌가? 생각만 해도 뭉클하다! 이 미래로부터의 추억, 이 아름다운 장면은 어쩌면 우리 자신에게 더욱 애틋하고 소중할지도. 20~30년 후 우리가 70~80세 노인이 되고 어느덧 생을 마감할 준비를 할 시기가 되면, 아이를 낳고 키우며 먹고사느라 바빴던 30, 40대 역동의 시대를 돌아보고 싶지 않을까? 그때 우리들은 자신이 참여했던 축제, 회의, 모임 등에 대한 사진이나 회의록 등을 들춰보며 무슨 상념에 잠길까?

아이든 어른이든 언제고 고향처럼 마을에 들러 과거의 자료를 들추며 자신의 과거를 떠올릴 수 있다면 참으로 행복하지 않을까? 그래서 우리가 모으고 소중히 보관해야 할 자료는 마을에서 살아가는 개인들의 일상이 고스란히 담긴 소소한 자료들이어야 한다. 우리가 만들려는 마을 아카이브는 우리들의 기억을 소복이 담아두었다가 언제고 들추면 과거를 추억하게 해주는 기억 창고와 같다. 기억과 상상이 범벅이 되는 추억의 돌풍지대다.

마을 어귀에 사랑방 같은 찻집이 있다. 그 찻집 한 귀퉁이에 크진 않아도 마을의 다양한 자료들이 알차게 진열되어 있다. 외지에서 방문한 손님이 가장 먼저 들러 최근의 마을신문을 뒤적이고, 마을의 이모저모를 소개받고, 마을 투어도 안내 받고, 카페 총각이 내놓는 유기농 커피 한잔 마시며 진열된 마을 자료를 살피고 기념품도 하나 사가는 곳. 10년, 20년 후 마을에서 자란 아이가 결혼을 하고, 아이들 데리고 남편과 다시 찾아와 어린 시절의 흔적을 뒤적이며 자신의 어린 시절 얘기를 들려주는 곳. 그런 곳이 하나 생기면 참 좋겠다.

4장

오래된 미래,
오래가는 마을

오래전, 사람들은 숲을 공유하며 함께 살았다. 숲에서 갖가지 생활에 필요한 물자를 얻었기 때문이다. 자본주의가 확대되면서 사람들은 숲에서 배제되었고, 누군가에게 고용되어 일하고 그 대가로 받은 임금으로 생계를 꾸려야만 했다. 공유하던 숲은 국가나 소수의 개인에게 넘어가고, 국가 소유의 재산도 점차 그 몇몇 개인에게 민영화라는 이름으로 넘어갔다.

'숲'을 복원해야 한다. 그래야 함께 비비며 살아갈 터전이 마련된다. 국가가 소유하고 관리하는 재산을 민간이 맡아서 관리하며 사용하고, 개인이 소유한 생활재도 같이 나누어 사용하며, 나아가 필요한 생활재를 마을에서 함께 생산하고 소비하는 공유(共有)와 협동(協同)의 경제를 만들어가야 한다. 그래야 마을이 단단해지고 지속 가능한 생활의 터전이 된다.

마을에서 경제란 무엇인가? 마을의 필요로 시작된 일이 커지면 이러저러한 문제가 생긴다. 안정적인 규모와 체계를 갖추어야 지속 가능하다. 개인이 무리하게 애쓰지 않아도 나름의 체계가 있어서 저절로 돌아가고, 셈이 되고 평가되며 예측 가능한 시스템. 무엇보다 참여하는 이의 선의(善意)가 책임과 권한, 각자의 기능과 역할로 분명해지는 것이 필요하다. 이것이 사회적 경제, 마을경제가 추구하는 것이다. 사회적기업-마을기업은 마을의 필요를 충족하고 지역사회의 어려움을 해결하기 위하여 설립되는 기업이며, 사회적 경제-마을경제는 공유와 협동으로 문제를 해결하는 방식이자 문제 해결의 주체이다.

공유와
인정

오래전, 마을이 주된 삶의 터전이었을 때 숲은 마을의 중요한 공유(共有, common)[2] 자산이었다. 땔감은 물론이고 먹거리를 숲에서 구했다. 집을 짓는 데도 숲에서 나는 나무가 긴요했다. 이렇듯 숲은 삶의 터전이자 생활자원의 보고였다. 그런데 자본주의가 본격화되면서 주민들은 그 터전으로부터 쫓겨나게 되었고, 함께 공유하던 숲과 초지는 개인의 소유(私有, private) 또는 국가의 소유(公有, public)로 바뀌었다. 재산을 소유할 수 있는 '개인'은 소수에 불과했고, 많은 자산을 소유한 '국가' 역시 그 소수의 개인이 좌지우지했다. 그래서 국가가 소유한 자산은 바로 국가를 좌지우지하는 소수의 개인에게 매각되었다. 결국 마을을 떠나 도시로 떠밀려온 대다수 주민은 함께 공유했던 마을 자산에서 배제(enclosure)되고, 그야말로 하루하루 생계를 위해 자신의 몸(노동력)을 팔아야만 했다.

마을이 함께 사는 터전이 되려면 어떻게 해야 할까? 몇 가지

---

2 우리 민법의 체계상 소유 형태는 사유(私有), 공유(共有)가 있는데 공유는 여럿이 공동으로 소유하는 것으로, 이른바 일정 지분을 나누어 소유하는 사유의 한 형태다. 공동체적 소유로서의 공유는 민법에서 총유(總有)라 규정한다. 이런 규정은 게르만 민족의 공동체 소유에서 비롯되며, 문중의 소유 형태를 가리킨다.

를 제안하려 한다.

공유 경제와 지속적인 마을살이

숲을 되찾아야 한다. 어떤 개인이 소유하거나 몇몇 소수만 이용할 수 있는 형태가 아니라, 함께하는 이들 모두가 마치 제 것인 양 함께 이용할 수 있는 숲을 되살려내야 한다. 또 마을에서 함께 나누며 살아오던 터전을 살리려면 공유 자산을 회복해야 하며, 이제 다시 복원되기 시작한 마을이 오래도록 지속되려면 마을 자산이 만들어져야 한다. 따라서 공유 경제라 함은 공유 자산으로부터 배제되어온 구조를 회복하는 것이다. 그러려면 국가가 소유하거나 몇몇 개인의 독점적인 이용과 처분에 맡겨져 있는 공공(公共) 자산을 함께 사용하고 수익할 수 있도록 공유(共有) 자산으로 되돌려놔야 한다.

첫째, 국가가 소유하며 관리하는 자산을 시민의 관리로 옮겨와야 한다. 신자유주의 바람에 그나마 국가 소유로 남아 있는 자산이나 기업들을 '민영화'라는 이름으로 소수의 개인(私有, private)에게 '사영화'시키려고 난리인데, 시민의 관리(共有, common)로 돌려야 한다. 소유권은 국가가 지니되 그 운영은 시민에게 넘기면 된다. 시민 참여를 통해 국가의 자산을 관리할 수 있다면, 그 운영 경비의 효율은 물론이고 효용과 만족도도 높아질 것이다.

동네를 잇는 도로마다 인도 쪽 차선 하나를 흰 줄을 그어 주차장으로 사용한다. 이 주차장을 마을 주민이 관리하면 어떨까? 이 중 두어 칸은 카 쉐어링(car-sharing)용 친환경 전기차량의 전용 주차칸으로 떼어주고, 자전거 거치대도 마련해놓으면 좋겠다. 동네마다 버려지듯 관리되지 않는 놀이터를 그 동네 엄마들이 함께 관리하면 어떨까? 청소년들의 일탈 장소로 되어버릴까 걱정하는 동네 사람들의 민원에 구청이 더 이상 시달리지 않아도 될 것이다. 무엇보다 아이들의 얼굴에 웃음꽃이 피고, 아이 키우는 엄마들이 살아가는 얘기를 나누며 이웃 되는 마을의 명소가 될 거다. 동네 구청에서 관리하는 많은 시설과 공간을 마을 주민들이 함께 이용하는 공간으로 만들어가면 어떨까? 관리 비용도 줄이고 마을에 일감도 생겨 마을 고용도 늘리고, 무엇보다 살가운 주민들이 관리하니 만만하게 이용하기 편할 것이다.

내친김에 정부가 운영하는 공기업 중에 경영의 어려움으로 민영화하려는 기업을 '시민 기업'으로 전환하면 어떨까? 공연히 몇몇 기업에 대한 특혜니, 글로벌 먹튀에게 먹힌다느니 하는 시비에 휘말릴 일 없이 시민에게 기업을 공개하고 시민이 주인 되어 운영하도록 하면 어떨까? FC 바르셀로나, DHL, AP통신, 썬키스트 같은 글로벌 스타 기업들이 바로 주민들이 출자해서 운영하는 협동조합 아니던가? 시민이 이용하고 운영하니 흑자가 나면 당연히 시민의 이익이고, 적자가 나도 시민의 서비스로 들어간 것이니 이해가 될 것 아닌가? 만일 적자의 원인이 경영의 부실이면 시민이 주인 행세를 제대로 하면 될 일이니 별 문제가 없다.

둘째, 개인이 소유하는 생활재들을 함께 나누어 사용(sharing)해야 한다. 오랫동안 쓰지 않고 방치된 물건들을 마을 이웃들끼리 함께 사용한다면 낭비를 대폭 줄일 수 있다. 일 년에 몇 번 안

쓰지만 없으면 아쉬운 공구들, 덩치 큰 여행 가방이나 큰 잔칫상은 마을에서 돌려쓰면 되고, 금방 크는 아이들 육아용품은 동네에서 물려 쓰면 된다. 자동차도 쉐어링 하면 유지관리비 줄이고 동네 주차 공간에 여유가 생겨 좋다. 요새는 집도 나눈다. 코하우징(co-housing)으로 개인 전용 공간을 절약해서 거실이나 공동 부엌 등 입주 가구가 함께 사용하는 공용 공간을 만들어 쏠쏠한 마을살이의 재미를 나눈다. 또한 애들 분가시키고 남은 빈 방이 허전하니 동네 청년에게 좀 싸게 세 주고(share house), 내키면 마을 게스트하우스로 쓸 수도 있다. 물건을 나누며 이웃들끼리 마음을 나눈다. 함께 사용하는 물건이니 아끼고 조심한다. 물건이 이웃을 돌면서 물건에 얽힌 사연이 따라 돈다. 이렇게 생활재 나누기는 생활비를 절감하고 자원을 아끼게 되어 지구를 살리는 생태적 효과도 있지만, 무엇보다 이웃끼리 사연과 관계를 나누게 된다는 점에서 더 중요하다. 나누면 나눌수록 이웃이 넓어지고, 마을이 커간다.

셋째, 각자 소유한 생활재를 함께 나누어 사용하는 것을 넘어 아예 필요한 생활재를 함께 생산해 나누자고 제안하고 싶다. 공동 육아, 품앗이 방과후로 아이들을 함께 챙기고, 생협으로 도농이 상생하는 깨끗한 먹거리를 조달하고, 심지어 동네부엌과 마을식당으로 밥상까지 동네가 함께 나눈다. 동네의 잘 아는 이웃 주민이 운영하니 두 말 없이 믿을 수 있고, 마을 주민들이 출자하고 그 이용까지 단골로 감당해주니 버틸 만하다.

갖가지 공산품들이야 마을에서 생산하기 쉽지 않지만, 사람이 몸과 마음으로 생산하는 생활 서비스는 '시장'보다 마을이 훨씬 경쟁력(?) 있다. 어르신과 아이들 돌보는 돌봄노동이 이미 그러하고, 아이들 챙기며 키우는 교육에서도 공교육이나 사교육이나 모두 절망 상태이기는 매한가지다. 먹는 것, 누가 어떻게 장만해 만들어주는 식품인지 알 수 없으니 불안하기만 하다. 믿음과 정성이 아니고서는 음식이 아니라 독(毒)이다. 내 어머니가 차려주시던 그 상은 아니더라도 동네 이웃이 제 식구 먹이듯 준비하는 음식이라야 내 새끼 입에도 넣어줄 수 있다.

끝으로 가장 중요한 것이 남았다. 이러한 생활재 공유가 지속성을 가져야 한다. 생활용품이든 생활 서비스이든 마을에서 오래도록 안정적으로 생산하고 나눌 수 있으려면 '경제적인 꼴'을 갖추어야 수월하다. 그래서 마을기업이 중요하다. 마을 주민들이 그 밑천을 십시일반으로 출자하고, 주민이 자천타천으로 운영을 맡고, 주민이 단골이 되는 협동조합이다. 누군가가 외롭게 '운동'(?) 하듯 힘들게 애쓰지 않아도 알아서 돌아가게 하는 시스템, 그게 바로 경제 아닌가? 그것이 마을경제고 사회적 경제다! 마을살이가 '경제'로 구축되어야 비로소 마을이 안정과 지속성을 가지게 된다.

주민들이 십시일반으로 출자한 재물은 마을이 공유하는 마을 자산이 된다. 이 마을 자산이 마을기업의 토대가 될 것이고, 마을살이의 지속성과 안정성을 담보하는 버팀목이 되어줄 것이다. 이렇듯 주민들이 자산을 함께 소유하고, 그 자산에서 나오는 생활 서비스를 함께 누리는 게 바로 마을이다. 그러므로 마을이 마을 자산을 많이 확보하여 소유하는[共有] 일이 중요하다, 그게 바로 우리가 함께 살아갈 터전인 '숲'을 일구는 일이기 때문이다. 이제는 '마을 자산화' 전략이 필요하다.

마을 자산화 전략 중에서도 제일 중요한 대목이 '공간'이다. 도시에서, 그것도 부동산 가격이 엄청난 서울에서 공간을 안정적으로 확보하려면 엄청난 목돈이 필요하다. 전월세 보증금만 해도 십시일반으로 감당하기 만만치 않다. 언제 쫓겨날지 모르니 전월세가 아니라 마을이 '소유'하는 것이 필요한데, 그러기 위해선 '마을금융'이 절실하다. 마을을 오래도록 지켜줄 공유 자산을 취득하는 일에는 목돈을 움직이는 지렛대가 필요하다. 마을 금융이 나서야 한다.

일단 마을 단위로 대동계나 동네금고 같은 자잘한 '자조금융'이 서야 한다. 이런 마을 단위 자조금융들이 모아 운용하는 기금을 합친 금액에 구청이 공공기금을 매칭하면 어느 정도 목돈을 조달할 수 있는 여력이 구 단위로 생기게 될 것이다. 구 단위로 민관이 협동해서 조성한 마을기금에 시가 다시 매칭펀딩을 한다. 이렇게 아래로부터 위로, 상향식(bottom-up)으로 조성하는 기금이 기본이 되면, 광역이나 중앙 정부는 특별한 미션을 전제로 하는 정책기금을 만들어 이들 풀뿌리 마을 금융기관이 활동하게 돕는다. 그러면 구 차원에서 축적되는 기금 운영의 경험을 바탕으로 광역 및 중앙 정부의 정책 기금을 운영함으로써, 마을이 특정 의제의 사회문제를 해결하는 프로젝트에도 참여할 수 있는 힘을 기르게 된다.

공유 경제와 인정 관계

마을에서 많든 적든 일정한 금액의 보수를 받는 일거리는 다양하다. 마을 단체의 상근 활동가로 일하거나 마을기업에 고용되어 일정한 월급을 받기도 하고, 반상근이나 파트타임으로 일하면서 시급을 받기도 한다. 대부분의 주민들은 자원봉사로 일을 하는데 이는 마을 차원의 품앗이라 할 수 있다. 상근하며 받는 월급이든, 파트타임으로 일해서 받는 시급이든 일면 노동력에 대한 대가로 볼 수 있지만 일반적인 직장의 고용이나 알바와는 그 성격이 사뭇 다르다. 마을 노동에는 노동력의 판매자와 노동의 주체라는 두 가지 모습이 혼재되어 있으며 그 비중 역시 다양하다. 노동의 주체로서 '활동가'의 성격이 더 강하기도 하고, 반대로 노동력의 판매자로서 '직원'의 성격이 더 강하기도 한다. 그 사이에 다양한 스펙트럼이 있다.

이런 마을에서의 일거리, 즉 마을 고용의 이중적 성격을 두고 우스개로 하는 농담이 있다. "아침에 활동가로 출근해서 저녁에 직원(임금노동자)으로 퇴근한다." 마을활동가 대부분은 마을활동을 하는 활동가로서의 보람과 자부심으로 일을(출근을) 한다. 하지만 일을 하다 보면 직원(임금노동자)으로서의 의무를 감당하느라 고단한 게 사실이다. 그러므로 마을 노동(마을활동)을 즐겁고 지속적으로 하려면 두 가지가 충족되어야 한다. 첫째는 마을 노동을 하면서 기본 생활을 유지할 수 있어야 하고, 둘째는 마을활동을 하는 것에 대한 보람과 자부심이 지속적으로 확인되어야 한다.

우선 기본적인 생활을 영위할 정도의 보수가 보장되어야 한다. 마을 단체든 마을기업이든 상근으로든 파트타임으로든 월급이나 활동비를 제대로(?) 받으려면 마을기업은 장사가 잘되어야 하고, 단체는 활동이 활발해서 회원들의 회비 수입이 충분하거나 공공의 지원금이 안정적으로 확보되어야 한다. 결국 마을기업은 '내부 거래'가 생명이므로 마을 관계망이 확장되고 심화되어야 장사가 잘 된다. 마을기업에 출자하는 주민이 늘어나고 단골 주민이 생겨야 한다. 관건은 마을의 내부 거래망을 통한 수익과 경영의 안정화를 도모하는 것이다. 마을 단체의 경우에도 마을에서의 활약과 신임이 두터워야 회원들의 참여가 지속되고 회비도 잘 낸다. 하지만 쉽지 않다. 된다 해도 시간이 많이 걸린다. 마을의 내부 거래망을 확충하는 일이든, 마을로부터의 신임을 얻는 일이든 둘 다 시간이 걸린다. 그렇지만 시간이 걸려도 끊임없이 추구하고 달성해야 할 목표다.

중요한 조건이 또 있다. 마을에서 받는 보수가 당장은 충분하지 않다 해도 어떻게든 살아갈 방도가 마련되어야 한다. 즉 돈(화폐)이 부족해도 살아가는 데 필요한 생활재를 조달할 수 있어야 한다. 이것이 바로 '공유(共有) 경제의 활성화'다. 생활용품은 물론 생활 서비스에 이르기까지 마을에서 저비용으로 적정한 품질의 생활재를 조달할 수 있어야 한다. 되살림 가게, 공유 서가, 공동 옷장, 공동 공구 등 소유하지 않아도 함께 사용할 수 있는 생활용품 쉐어링과 공동육아, 생협, 마을카페와 마을식당 등 다양한 마을기업들이 공유 경제의 인프라들이다. 그래서 화폐(돈)가 없거나 부족해도 생활자원을 쉽게 얻을 수 있는 다양한 공유 네트워크가 마을에 깔려야 한다. 도시텃밭도 중요한 방편이다. 도시에서 생태적인 감수성을 키우고 이웃과 공동으로 경작하며 얻는 관계망도 있지만 깨끗한 식재료를 큰 돈 없이 마련하는 방법이기도 하다.

실질적인 저비용 생활비로 적정한 생활의 필요를 감당하려면 이러한 쉐어링과 마을기업 등의 마을 공유 경제 인프라가 일정 정도의 종류와 규모로 구축되어야 한다. 그래야 나름의 효과를 발휘해 저비용으로 적정 품질의 생활용품과 서비스를 안정적으로 공급할 수 있다. 하지만 이 수준에 도달하는 것 역시 쉽지 않으며 시간이 걸린다. 공유 경제의 토양이 척박한, 아니 철저히 파괴된 우리 사회에서는 더욱 버거운 과제다. 그래서 민간은 물론이거니와 정부가 적극 나서서 파괴된 공유 경제의 토양을 살려내고 주요한 공유 경제의 인프라를 구축해야 한다.

사실 요즘은 돈이 전부인 세상이다. 돈이 지배하는 세상에서는 돈(화폐)을 가지고 있어야만 비로소 사람 취급을 받는다. 돈이 없으면 환대는커녕 무시받고 배제된다. 그래서 몸뚱이(노동력)를 팔 자유 말고는 가진 것이 없는 보통 사람들은 자신의 노동이 얼마에 팔리는가가 유일한 성공의 척도이자 자부심이다. 사정이 이러니 스펙 만들고 고액 연봉으로 팔리는 데 인생을 걸다시피 한다. 하지만 마을에서는 사뭇 다르다. 성공의 기준은 몰라도 최소한 보람과 자부심의 원천이 오로지 '돈'은 아니다. 인정(認定)이다. 그래서 관계를 중요시여긴다.

마을에서는 마을과 이웃 주민들이 필요로 하는 일(노동=활동)을 잘하고, 그 일을 하며 마을 사람들로부터 인정과 신뢰를 받을 때 보람과 자부심이 생긴다. '돈'이 아니라 관계에서 나오는 '인정(認定)'이 중요하다. 관계로부터 얻는 인정은 단지 절친하고 원만한 관계를 잘 유지한다고 해서 얻어지는 것이 아니다. 여기에는

'가치'가 결부된다. 내가 하고 싶어서 하는 일의 가치가 마을 이웃들로부터 인정받을 때 뿌듯한 보람과 자부심이 생기는 것이다. 그래서 이 '인정'은 주민 각자가 서로 다른 경험과 가치 체계 속에서 서로에게 인정을 요구하고 수용하는 적극적인 소통을 통해서만 이루어진다. 이러한 인정의 과정은 심리적이고 정서적인 특성을 띤다. 따라서 인정의 형식과 인정이 이루어지는 과정은 결국 '문화'로 귀결된다. 어쩌면 이러한 인정의 문화는 기도나 염원 같은 '영성'에도 닿아 있는지도 모르겠다.

'공유 경제와 인정 관계', 이 둘은 마을살이가 지속 가능하기 위한 '토대와 상부구조'와도 같은 기본 요소이자 마을살이의 원리이기도 하다. 마을에서 먹고살 수 있어야 하고, 또한 마을살이 하면서 나름의 보람과 자부심을 느껴야 마을에서 살 수 있으니 말이다. 하지만 이 둘의 조건이 쉽사리 충족되고 만족되지 않는다. 그래도 이 둘은 동시에 달성되고 충족되어야 한다. 마을마다 형편에 따라 그 둘의 비중이 다를 수는 있지만 어느 하나만을 추구해서 될 일은 아니다. 우리들의 마음과 기억 속에서 아직 파괴되지 않고 남아 있는 공유와 인정의 희미한 흔적이라도 있다면 소중히 끄집어내 서로서로 이어가야겠다. 산천에 지천으로 널린 작은 돌 하나하나 염원으로 주워 탑을 쌓아올리듯 그렇게 갈 일이다. '함께, 그리고 즐겁게'.

백수론
시비(是非)

"공동체는 백수가 지킨다"라고 말한 적이 있다. 그리고 대표적인 백수로 동네 아줌마들을 꼽았다. 그랬더니 그 말의 진의에 대해 시비(是非)가 엇갈렸다. 진의와는 무관하더라도 의미가 왜곡될 소지가 있다는 우려가 있었다. 물론 백수를 놀고먹는 사람이란 뜻으로 사용한 것은 아니다. 아줌마처럼 바쁜 사람이 세상에 있을까? 하지만 종일 동동거리며 애들 건사하고 집안 챙겨도 쥐꼬리만 한 급여 한 푼 주어지지 않는다. 사회적으로 인정되지 않는 그림자 노동, 부불노동이다. 요즘 말로는 잉여 노동, 잉여질이라 해야 하나? 그런 의미라면 백수가 맞는지도 모르겠다. 아줌마 말고도 예술가, 청년들이 비슷하다.

사실 백수의 현대적 의미는 '낮에도 동네에 있는 사람'일 것이다. 전업주부는 물론이고 자영업자가 이에 해당된다. 모두 돈 번다고 새벽에 마을을 나서 밤늦게나 귀가하는, '저녁을 빼앗긴' 삶들 아닌가? 그런데 50년 넘게 '낮에도 동네에 있었던' 우리 아버지, 돌아보니 마을활동가이셨다. 혼자 서성대는 동네 애들 다 챙기시고, 낯선 사람이 동네 어귀 들어서면 눈여겨보시고, 예비군 훈련 통지서며 적십자회비 고지서며 일일이 집집마다 배달하셨다. 심지어 우체부 아저씨의 배부른 가방에 든 편지들까지 대신 나누며 마을의 크고 작은 일을 맡아 하셨다. 언제부터는 반장을 거쳐 통장을 40년 가까이 '역임'하셨다.

'등 굽은 소나무가 선산 지킨다'는 옛말이 있다. 늘씬하게 쭉 뻗고 두툼한 나무는 '쓸모'가 많아 댕강 잘려 마을을 떠난다. 구불구불 등 굽은 나무는 쓸모가 적어 버려진 듯 그대로 남아 마을의 희로애락을 모두 지켜보며 궂은일을 도맡는다. 하지만 등 굽은 그 소나무는 버려진 걸까? 쓸모 있다고 마을을 뜬 그 나무, 다람쥐 쳇바퀴 돌리며 '떡실신'으로 살아간다.

그림자 노동, 부불노동이 그나마 팽팽 도는 짤순이통에 갇힌 빨래감 신세처럼 시장에 휘둘리지 않고 식구들 챙기고 가족들 건사해온 것 아닌가? 어려운 시절에도 가족 살림을 그나마 꾸려온 게 그림자 노동 아니었던가? 잉여 노동, 잉여질이야말로 시장과 자본에 치이고 휘둘리지 않고 새로운, 아니 오래된 미래를 되살려 낼 희망이자 동력은 아닐까?

20여 년 전, 성미산마을이 처음 씨를 뿌리던 시절에는 대부분 맞벌이였다. 부부가 같이 벌어야 살 수가 있으니 별 수 없었다. 발 동동거리며 공동육아 한다고 힘들었다. 그래도 함께 나누는 생활이 정겹고 실속 있어 할 만했다. 지지고 볶으면서도 보람 있었고 즐거웠다. 하지만 요샌 사정이 다르다. 그 맞벌이가 여의치 않을뿐더러 맞벌이는커녕 '맞실업' 상태도 적지 않다. 이웃에 마음을 내고, 마을에 품을 내는 것이 더욱 여의치 않게 된 것이다.

그래서 마을 노동이 요긴하며, 마을 일자리, 마을 일거리가 절실하다. 그런데 절실한 만큼 여유롭지 못하다. 전보다 다양한 일거리들이 마을에서 생기고 있지만 마을기업들 역시 허덕이기는 매한가지다. 시급이든 월급이든 매출 수준에 맞춰 책정하다 보니 아쉽고 감질난다. 마을 일자리에서 나오는 수입으로 살림살이를 감당해야 하는 경우일수록 사정은 더 열악하다. 실제로 급여가 작아 마을활동(마을 일자리)을 접고 마을 밖으로 돈 벌러 나간 활동가도 있다. 안타깝지만 도리가 없어 두고볼 수밖에 없었다.

물론 실질소득을 따져보면 소득의 차이는 좀 더 줄어든다. 마을 밖의 직장을 다니려면 드는 교통비, 식대, 이것저것 잡비를 통틀어 따져보면 급여 명세표에서 세금 말고도 한참은 더 제해야 한다. 거기다 회사 나가 받는 스트레스, 동네에서 애들 건사하면서 얻는 만족감, 출퇴근에서 절약되는 시간 등을 따지면 오히려 동네 일자리가 나을지 모른다.

그렇다고 마을 일을 꼭 돈의 대가로만 따지지는 않는다. 돈은 적더라도 보람과 자부심이 중요하다. 마을 일을 하는 데 대한 마을의 신뢰와 존중이 보람과 자부심을 가져다준다. 돈이 좀 적다 해도 마을활동가로서의 위신이 서니 얼마만큼은 보상이 된다. 물론 이러한 마을활동(가)에 대한 인정은 세련되고 문화적인 양식으로 이루어져야 효력이 생긴다. 명시적인 언어적 규정과 공식적 규칙(제도)으로 달성되는 것이기보다 대체로 비언어적이고 문화적인 공감의 방식으로 전달되는 경우가 많다. 자존감의 문제가 중요하고 심성과 심리가 작동하는 범주이기 때문이다. 감사와 신뢰, 나아가 사랑으로 표현된다.

마을 노동은 저임금 착취 구조?

마지막으로 만만치 않은 쟁점이 남는다. 마을 노동이 갖는 이 중성으로 인한 불가피한 쟁점이기도 하다. 마을 노동은 임노동적 성격과 마을활동으로서의 성격을 함께 가진다. 임노동의 시각에 서 보면 부족한 활동비는 곧 '저임금'이다. 그리고 금전적 보상이 적어도 마을 일에 대한 보람이 일정 정도 부족한 보상을 메운다는 논리는 자칫하면 저임금을 합리화하는 도구가 된다. 즉 작은 지불 (경제적 보상)이 저임금으로 포착되고, 인정이라는 보상(비경제적)이 저임금(착취)을 합리화하는 논리로 진단되는 경우다.

이를 좀 더 밀고 가면 "본인이 좋아서 한 일이니 경제적 어려 움을 감수하라." 또는 "마을이 당신을 인정하고 고마워하니 저임금 을 당연이 수용하라"라는 식의 억압이 마을에서 당연시될 수 있다. 여기에 노동권, 노동조합적 프레임이 들어오면 문제는 더 꼬이고 어려워진다. 그 프레임에서 볼 때는 여지없이 '저임금 착취 모형' 이다. 그런데 착취자가 누구인가? 기업주, 자본가가 아니라 마을 이다. 노동조합 프레임 역시 이 대목에서는 답이 애매하다.

그런데 정말 마을 노동은 마을이라는 공공성을 앞세운 집단 (마을)이 개인(주민)을 착취하는 이데올로기인가? 착취라는 단어를 사용하는 것은 좀 지나친 논리적 비약이 아닐까? 정도의 차이는 있겠지만 유사한 논쟁이 마을에서 벌어진 경우가 없지 않다. 그래 서 마을 노동에 대한 다른 접근과 대안이 필요하다. 마을 노동은 자본-임노동이라는 대립적인 프레임으로만 설명되지 않기 때문 이다. 마을 노동은 상품이 된 노동, 노동력이 아니라 인간의 생명

1부 마을살이의 원리, 마을 형성의 동력

활동이자 공동체의 자기생산(autopoiesis)을 위한 '활동'이기 때문이다.

최근에는 '비물질노동(immaterial labor)'이라는 개념으로 마을 살이와 마을 노동(활동)을 설명하기도 한다. 자본주의가 고도로 발전한 단계에서 정보산업과 창의산업 분야가 늘어남에 따라 문화, 감정, 창의 활동 등 비물질노동이 그 자체로 생산적인 성격을 띠게 되는데, 마을 관계망을 형성하고 유지하는 각종 마을살이 활동을 비물질노동으로 보는 것이다. 마을살이는 마을의 관계를 복원하여 친밀하고 협동적으로 구성하는 '관계구성 활동'이다. 관계구성 활동은 그 관계망의 복잡성을 고도화함으로써 가치를 창출하고 공동체를 자기생산한다. 돌봄노동이 대표적인 비물질노동이며, 정동(情動, affection)노동[3]으로 설명하기도 한다.

그렇다면 공동체를 자기생산하는 활동으로서의 마을노동은 어떻게 보상되어야 할까? 정동노동의 가치는 어떻게 가격으로 매겨지고 교환되나? 선물(膳物)이라고 하면 어떨까? 마을(공동체)이 주는 선물과 공공(정부)이 내놓는 선물이 있다. 마을이 주는 선물은 활동비 명목으로 주어지는 소정의 금액으로, 임노동의 대가(임금)이지만 본질적으로는 공동체 구성원들이 주는 선물의 성격을 갖는다. 실제 생활을 유지하는 데 필요한 소득에 못 미치는 부족분은 공공이 선물로 지불하는 거다.

오늘날 국가공동체의 위기 상황에서 국가는 국민을 호명하고

---

3 정동노동에 대한 더 깊은 논의는 신승철의 《욕망 자본론》 (알렙, 2014) 참조.

사업으로 동원하는 방식이 아니라, 삶의 관계를 회복하고 공동체를 유지시키는 자발적인 활동을 지원하고 응원해야 한다. 그것이 윤리국가로서의 역할이자 공동체적 책무를 수행하는 길이다. 그런 의미에서 마을활동가들이 마을공동체의 회복을 위해 쏟는 활동(비물질노동)을 국가가 '활동비'로 보장하고, 나아가 이를 '기본소득'으로 제도화하는 데까지 밀고가면 좋겠다. 복지 자원의 전달 체계가 통상 주는 자와 받는 자의 일방적 관계를 고착화, 내면화한다면, 마을활동가들의 비물질노동(활동)에 대한 공공적 보장은 고립 및 배제(social exclusion)된 사람들의 관계에 활력을 불어넣고, 공동체적 관계를 자발적으로 복원할 수 있도록 할 것이다.

마을기업의
운영 원리

일자리가 비상이다. 대학생들은 취업하려고 스펙 쌓기에 청춘을 바치지만 그 중 절반 이상이 취업을 해보지도 못하고 알바에 소진되고 있다. 취직이 돼도 언제 해고될지 몰라 안절부절못한다. 2년짜리 시한부 일자리인 비정규직이라도 그나마 감지덕지다. 남편은 한창 팔팔한데 벌써 퇴직이고, 자식들은 그나마 취직이 안 되니 50줄 넘어 이제 좀 편안하게 인생 후반전 보내려 기대한 어머니들이 또다시 알바전선에 뛰어든다. 정치인들은 틈만 나면 '일자리 창출'을 외치지만 한국 경제가 성장과 고용을 동반하던 시대는 진작 지나갔다.

마을 고용과 일거리 시대

동네 마을기업에서는 출자자 모집이 어느 정도 되고 나면 총회를 통해 마을기업을 운영해갈 일꾼을 뽑는다. 출자한 조합원 중 운영에 참여하고 싶은 사람이 자임하고 나서면 만장일치로 정한다. 즉 일하고 싶은 사람이 한다. 스스로 나서기 멋쩍으니 누가 추천하면 못 이기듯 자천타천 방식으로 맡는 게 보통이다.

마을의 많은 엄마들이 맞벌이 부부로 직장을 다니다가 아이들 육아 문제로 갈등을 겪는다. 빠듯한 살림살이라 박봉이라도 회사를 접을 순 없지만, 사춘기에 막 접어든 큰놈도 그렇고, 이제 막 입학해서 한창 손이 많이 갈 둘째도 눈에 밟힌다. 결국 회사를 그만두고 들어앉아 아이를 돌본다. 3, 4년 정도 아이에게 집중하다 보면 아이는 어느덧 훌쩍 커서 저만큼 멀어져 있다. 덕분에 여유가 생겨 뭐라도 해볼까 싶지만 다니던 회사 복직은 불가능하고, '경력 단절 여성'이라는 긴 제목의 딱지만 붙어 있다. 이런 엄마들의 나이가 대체로 방년 40대 초반이다. 참으로 활력 넘치는 나이, 아이 낳아 기르면서 인생의 내공이 하늘에 닿고도 남을 황금기라 할 수 있다. 이른바 '아줌마' 시대가 시작된다. 마을살이가 얼핏얼핏 눈에 들어온다. 몸도 근질근질, 마음도 슬금슬금. 관심이 생기고 슬쩍 참여할 마음도 난다. 이때 다른 엄마들이 부추기면 마지못해 밀리듯 의욕을 내는 것이 보통이다.

마을에서 일을 하면 아이들을 챙길 수 있어 좋다. 아이도 언제든 엄마가 일하는 곳에 들러 엄마를 만날 수 있으니 좋다. 고용의 형태 역시 다양하다. 주 5일 상근자도 있지만, 아이를 돌봐야 하는 주부는 부담이 될 수 있다. 오전 10시부터 아이가 학교에서 돌아오는 오후 3시까지 주 3일 정도만 일을 하고 싶다. 직장을 다니지만 커피숍을 내서 바리스타가 되는 것이 꿈이라는 한 젊은이는 회사 안 가는 휴일만 가능하다며 토·일 주말 근무를 자청한다.

이렇듯 마을에서는 생활에 맞춘 다양한 근무 형태가 가능하다. 그래서 비록 활동비는 적지만 회사 다닐 때처럼 심리적으로 부담스럽지 않다. 비용도 많이 절약된다. 교통비와 점심 식비는 물론이고, 화장품과 옷가지라도 가끔 사 입어야 하는 비용까지 따지면 실질소득의 차이는 많이 줄어든다. 더욱이 마을과 이웃들을 위해 봉사한다는 보람도 있으니 금상첨화다. 이런 식으로 성미산마을에는 어린이집, 성미산학교, 생협, 극장, 카페, 식당 등 마을의 여러 활동에 고용되어 일하는 주민이 대략 150명 정도 된다. 이들이 마을을 지킨다고 해도 과언이 아니다.

이렇듯 마을기업에서 이루어지는 고용의 형태는 일반 기업과 사뭇 다른 점이 있다. 이른바 '일거리' 고용이다. 일자리가 아니라 일거리다. 일자리가 정규직이든 비정규직이든 '주 5일, 9 to 6' 종일제 근무라면, 일거리는 매주 1회 3시간, 토·일 근무 등 일의 내용에 맞춘 특정 시간대에 정기적으로 일하는 형태를 말한다. 이런 일거리는 여러 개를 함께 할 수도 있다. 예를 들면 '매주 월요일 오전에는 극장에서 할머니 연극교실을 지도하고, 화·목 10시부터 3시까지는 생협에서 조합원 상담 업무를 맡고, 남편이 일찍 귀가하는 금요일은 자신의 성장을 위해 큰맘 먹고 선택한 대학원 수업에 간다……' 대개 이런 방식으로 나름의 일거리 포트폴리오를 짜서 하고 싶은 일을, 하고 싶은 시간대에 맞춰 하는 것이다. 일본에서도 '3만 엔 비즈니스'라 해서 월 3만 엔의 소득이 생기는 비즈니스를 너댓 개 하면서, 대안적 소비를 통해 무한경쟁의 맹목적인 회사생활에서 벗어나 새로운 삶을 살아가자는 방식이 소개된 바 있다.

사실 하고 싶은 일이 딱 한 가지만은 아닐 것이다. 특히 청년기는 꿈도 많고, 자신의 적성을 잘 몰라 다양하게 실험해야 하는 시기이기도 하다. 비정규직 제도의 도입을 두고 마치 좋은 제도인

양 '노동의 유연성'이라 표현하지만 현실은 어떤가? 마을에서 생겨나는 이러한 일거리 포트폴리오야말로 진정한 노동의 유연성 아닐까?

출자와 십시일반

창업을 하려면 가게나 사무실을 얻어야 하고, 인테리어와 각종 시설을 갖춰야 한다. 출자란 협동조합으로 마을기업을 창업할 때 처음에 꼭 필요한 기초 재원을 조달하는 방법이다. 오늘날 대부분의 기업이 주식회사 형태인데, 많은 소액 투자자들을 모아 커다란 자본을 조성하기 적합한 제도로, 역시 십시일반(十匙一飯)의 원리가 적용된 거라 할 수 있다. 인류 역사에서 자본주의가 도입되고 나서 처음 커다란 위기에 닥쳤을 때 바로 이 주식회사 제도가 발명되면서 고비를 넘길 수 있었다. 그러니 십시일반 제도는 동서고금 통틀어 검증된 자원 조달 방식이라 할 수 있다.

출자는 구좌당 3만 원, 5만 원, 10만 원……. 사업 규모와 참여 가능한 주민의 수를 따져서 적당히 정하고, 참여를 원하는 사람은 누구라도 각자의 형편에 맞게 구좌를 든다. 즉 한 구좌만 들 수도 있고, 열 구좌 혹은 그 이상도 가능하다. 주식회사의 주식을 투자하고 싶은 만큼 사는 것과 같다. 그렇지만 의결권은 얼마를 출자하든 무조건 1인 1표다. 주식회사 제도가 소유 주식 수에 따라 의결권을 행사하는 것과는 다른 점이다. 주식회사 제도에서 10% 미만의 지분으로 회사 전체를 지배할 수 있게 하는 비밀이 바로 소유 주식 수에 비례한 의결권이고 보면, 협동조합에서 사용하는 1인 1

표 의결권 제도는 독과점적 지배를 아예 불가능하게 한다는 점에서 매우 중요한 의미가 있다. 더욱이 형편이 허락하는 대로, 마음가는 만큼만 출자해도 된다는 점에서 출자 제도는 여러 사람을 참여하게 하는 매력적인 방법이다. 또 나중에 마음이 생기면 추가로 출자해도 되기 때문에 마을을 위해 꼭 해야만 할 것 같은, 한다면 이 정도는 해야 될 것만 같은 부담을 갖지 않아도 된다.

한편 출자는 비영리 자원 조달의 방법인 '기부'와도 다르다. 무엇보다 기부보다 심리적 저항선이 낮다는 점에서 그렇다. 가장 일반적인 기부 방식인 CMS를 이용한 소액기부의 경우, 알고 지내는 지인이 월 1만 원의 회원 가입을 부탁해오면 사실 거절하기 어렵다. 제 이익을 쫓지 않고 사회를 위해 헌신하는 그에게 미안한 마음이 들어서라도 가입을 하곤 하지만 이게 쌓이면 만만치 않다. 매월 26일이면 어김없이 주르륵 빠져나간 통장 거래 내역을 보면 솔직히 부담스럽다. 하지만 출자는 탈퇴하면 되돌려 받는 것이므로 잠시 맡겨둔다는 마음으로도 할 수 있는 일이어서 그 부담이 훨씬 적다. '그래 나중에 돌려받으면 되지'라고 합리화하고 나면 금세 마음이 편해진다.

일단 출자를 하고 나면 출자한 곳에 관심을 갖게 된다. 간간이 참여하거나 이용하게 되면서 그 마을기업의 쓸모를 직접 체험하게 되므로 웬만해선 탈퇴하는 일이 드물다. 한번은 이런 일이 있었다. 동네 마을카페에 출자한 주민이 직장을 옮기게 되어 갑작스럽게 이사를 가게 되었다. 카페 실무자는 이 주민이 앞으로 카페를 이용하기 어려울 거라 판단하고 출자금을 돌려드리겠노라 전화를 했다.

"이사는 잘 하셨어요? 앞으로 못 보게 돼서 어떻게 해요. 그래도 가끔 놀러오세요. 출자하신 출자금 돌려드려야 하니까 계좌번호 좀 불러주세요."

잠시 어색한 침묵이 흐른 후 상대방이 말했다.

"아, 이사 갔다고 이제 정 떼자고요?"

농담투였지만 서운한 기색이 역력했다.

일단 출자하고 나면 출자액이 아주 큰 금액이 아니고서야 그리 절실하지 않아 잊고 지낸다. 오히려 출자를 함으로써 그전에 말로만 듣던 때와는 달리 관심을 가지게 된다. 가끔 메일로 날아오는 소식과 매달 어김없이 보내오는 한 달간의 매출 현황 등을 보며 "에고 이번 달도 적자네, 어쩌나?" 걱정도 하고, "이번 달은 좀 올랐네?" 하며 마음 쓰게 된다. 그러면서 카페에도 들르게 되고, 실무자에게 수고했다는 인사도 건네고, 카페에 드나드는 이웃 주민들과도 안면을 트며 마을에서 이웃들과 자연스런 관계를 만들어가는 거다. 그러다 한 번 들를 것 두 번 들르게 되고, 그러면서 진짜 카페 주인이 되어가는 것이다. 앞서 말한 주민은 급하게 이사하게 되어 그간 카페를 통해 알고 지내던 이웃들과도 멀어져 여러모로 심란하던 차에 출자금까지 반환하겠단 말을 들으니 서운했던 것이다. 안 그래도 근처에 볼 일이 있거나 하면 꼭 들러야지 생각하던 참인데 말이다.

'까칠한 소비자', 주인으로 초대하기

협동조합형 마을기업의 장점은 뭐니 뭐니 해도 '단골'이다. 협동조합을 만들기로 출자한 조합원은 모두 마을기업의 주인이다. 그러니 자기가 주인인 마을기업의 이용자가 되는 것은 당연한 일. 그냥 이용자가 아니라 단골 고객이 된다. 마을기업이 문을 열면 주인인 조합원들은 운영자와 이용자(소비자)로 나뉜다. 운영의 책임을 자천타천으로 위임 받은 조합원과 조합의 이용자로 입장이 갈리게 되는 것이다. 열혈단골 찬호 엄마는 하루에도 틈만 나면 수시로 가게에 들른다.

"혜선 엄마, 아메리카노 한 잔!"

자주 들러 매출을 올려주는 것은 물론 가게 구석구석에 관심을 가져주는 찬호 엄마가 고맙다. 역시 협동조합의 힘이야. 그런데 어느 날 찬호 엄마가 커피 맛을 보더니 말한다.

"어? 커피맛이 왜 이래?"

"왜? 커피맛이 어때서?"

"좀 신대?"

"시다고? 그럴 리가!"

그날은 넘겼다. 다음 날도 역시 찬호 엄마, 단골답게 가게에 들러 "혜선 엄마, 아메리카노 한 잔" 한다. 어제 일도 있어 신경을 쓴다. 매뉴얼대로 조심스레 커피를 내려 머그잔에 잘 담아준다. 그런데 눈꼬리가 올라간다.

"어? 오늘은 좀 쓰네?"

"엥? 써? 신 게 아니라? 그럴 리가."

슬며시 아랫배가 스멀거리고 울화가 쑥 올라온다.

"어제랑 같은 원두야. 찬호 엄마 입맛이 좀……."

목구멍을 통과한 말을 서둘러 삼킨다. 순간 둘 사이에 어색하고 싸한 냉기가 내려앉는다.

조합원은 설립을 준비할 때는 모두가 '주인'이다. 하지만 오픈하고 나면 운영자와 이용자로 갈리면서 꼭 까칠한 소비자가 나온다. 운영자 입장에서는 부담스런 단골이다. 자신이 맡은 학생들이 죄다 교장 애들인 교사의 황당한 처지와 비슷하다. 그도 그럴 것이 조합원이 주인이니 단순한 소비자가 아니다. 안 그래도 개업하고 매상이 당초 예상한 수준에 훨씬 밑돌고, 가게 운영도 영 손에 익지 않고 어설퍼 막 시집살이 시작한 새댁마냥 살얼음판 걷듯 조심스럽다. 게다가 이 모든 부실함이 자기 탓인 듯하다. 이때 까칠한 소비자의 한마디는 치명적(?)이다. '내가 무슨 영광을 본다고 괜히 나서가지고는…….' 후회막급이다.

협동조합에서 운영자 대부분이 갖는 공통점은 이 모든 어려운 상황을 자기 탓으로 돌린다는 점이다. 사실 마을기업이 제대로 안착되기가 쉬운가? 잘된다는 마을기업들도 대부분 3년 이상 고전하다가 겨우 자리 잡는다. 그러니 여유를 가져야 한다. 운영 초기에는 조합원에게 '주인 되기'를 기대하면 안 된다. 얼마 전까지 같이 으쌰으쌰 힘을 모은 조합원의 모습에 미련을 두면 안 된다. 조합을 준비할 때와 운영할 때는 다르다. 그러려니 해야 한다. 그러고 나서 그 까칠한 소비자들을 주인으로 다시 초대하기를 궁리해야 한다.

까칠한 조합원을 '소비자 모드'에서 '주인 모드'로 전환시키는 묘수가 뭘까? '위기'다. 조합과 마을기업에 위기가 닥치면 소비자 모드에 젖어 있던 조합원들을 당장 주인 모드로 돌려낼 수 있다. "뭐? 주인이 가게 건물을 팔려고 내놨다고?" "뭐라? 적자 누적으로 곧 문 닫게 생겼다고?" "의자가 너무 딱딱해서 손님들이 불편할 거 같아, 나 시집 올 때 혼수로 해온 건데 안 쓰고 있으니……" 하며 방석 예닐곱 개를 들고 나와 손수 간다. "우리 집에 작년 회사에서 상품으로 받은 머그잔 세트 있는데, 애들 코코아 담아주기는 딱인데" 하며 포장도 안 뜯고 들고 온다. "우선 조합원을 늘려야 돼. 그래야 적자 충당도 하고, 매출도 늘지" 하며 일 년에 딱 두 번 얼굴 본다는 시누이한테 연락해서 조합원 가입하라고 조른다. "우리 어린이집 방모임은 앞으로 여기서 해야지." 동네 작은 모임들이 속속 유치된다.

이용자 모드의 조합원들이 어느새 주인 모드로 바뀐다. 다들 제 일처럼 걱정을 하고, 각자 할 수 있는 일을 스스로 맡아서 한다. 이렇게 마음과 물건을 내놓고 나면 '진짜 주인'이 된다. 처음에 출자했다고 주인이 아니다. 위기에 처한 조합을 걱정하고 그 해결을 위해 기여를 할 때 비로소 주인이 되는 것이다. 당연히 뿌듯하다. 스스로 주인됨의 마음가짐이 생기고, 가게에 들러 가져다놓은 방석이며 머그잔을 둘러보며 위기를 이겨낸 시간들이 자랑스럽고 대견하다. 무엇보다 자신이 진짜 조합의 주인이 된 걸 실감한다.

평소에는 조합이, 마을기업이 잘 돌아가는 줄 안다. 가게 꼬박꼬박 문 열리고, 가끔 들러보면 사람들이 제법 앉아 있으니 그럭저럭 되는 줄 안다. 그러니 알려야 한다. 결정적인 위기가 닥치기 전에 소소한 위기나 어려움 들을 조합원들에게 수시로 알려야 한다.

그런데 동네 남자들은 대체로 잘해보려는 의지가 강해 좀처럼 위기를 인정하려 들지 않는 경향이 있다. 위기의 징조가 보이고 급기야 위기가 찾아와도 어떻게든 알아서 해결해보려 끙끙댄다. 그러다가 수습 불가능한 지경에 이르러서야 실토하곤 한다. 병은 소문을 내야 한다지 않던가? 비슷한 이치다. 소소한 위기나 어려움도 수시로 조합원들에게 알려서 조합원들이 '주인 되기'를 할 수 있도록 초대해줘야 한다.

'내부 거래'와 풀뿌리 확장

마을기업의 주된 이용자는 누구일까? 당연히 조합원들이다. 그것도 단골 이용자들이다. 마을기업은 기업을 창업하고 나서 소비자를 끌어모으는 마케팅을 하는 것이 아니라, 처음 마을기업을 계획하고 준비하는 과정에서부터 이미 단골 이용자들을 모아가는 과정이라 할 수 있다. 물론 조합원이 아닌 지역의 주민들에게도 마을기업은 열려 있다. 출자는 하지 않았지만 누구든 이용할 수 있고, 또 이용하다 보면 마음이 생겨 출자를 하게 된다.

마을기업이 성공하는 진짜 비결은 '내부 거래'에 있다. 성미산마을의 예를 들어보면, 반찬 가게 '동네부엌'의 생산자가 마을카페 '작은나무'의 소비자이고, '작은나무'의 생산자가 '울림두레생협'의 소비자이며, '울림두레생협'의 운영자가 마을식당 '성미산밥상'의 소비자다. 이렇게 서로가 서로를 소비하고, 서로가 서로에게 뭔가를 공급한다. 마을에서는 이렇게 꼬리에 꼬리를 무는 거래 관계인 '내부 거래'가 서로 복잡하게 얽혀 돌아간다. 서로가 서로를 책임지는 것이다. 마을기업의 성장지표는 이런 내부 거래의 밀도라 할 수 있다. 마치 들풀들이 땅 위에서는 제각기 따로 자라는 것처럼 보이지만 땅속을 보면 그 뿌리들이 서로 구별이 안 될 정도로 얽혀 있는 것과 같은 이치다. 이것이 바로 들풀이 가지는 생명력의 비결 아니던가? 마을기업 역시 하나의 마을기업이 독자적으로 홀로 성장하는 것이 아니라 여러 개의 다양한 마을기업들이 들풀처럼 서로 얽히면서 함께 성장한다.

성미산마을에 생협이 처음 생겼을 때 기대와는 달리 사람들이 유기농 야채를 잘 사지 않았다. 이유야 빤했다. 맞벌이 부부들이다 보니 손 많이 가는 나물을 잘 해먹지 않는 데다 어쩌다 나물 반찬을 해도 야근이다, 외식이다 때를 놓쳐 못 먹고 버리는 상황이 많았다. 그러다가 한 주민의 제안으로 반찬 가게 '동네부엌'이 만들어지면서 상황이 달라졌다. 동네부엌은 마을 안의 생협에서 식자재를 구매했다. 생협으로서는 갑자기 대량 물량을 사가는 단골이 생긴 것이다. 사실 동네부엌에 출자한 사람들은 대부분 생협의 조합원이기도 하다. 그러므로 생협의 조합원들은 동네부엌에 출자를 하지 않았더라도 동네부엌의 존재를 대부분 알게 되고, 더구나 생협의 식자재로 조리하는 반찬이라니 믿고 이용한다. 생협의 존재는 동네부엌을 탄생시킨 산파 역할을 함과 동시에 안정적인 매출을 보장해주는 든든한 소비자 풀(pool)이 되고 있는 셈이다.

한편 '동네부엌'으로 인해 새로이 연결되는 주민이 생긴다. 전에는 생협의 존재를 모르거나 알아도 별 관심이 없었는데 동네부엌을 알게 되면서 자연스럽게 생협을 알게 되고, 결국은 생협 조합원이 된다. 이렇듯 조합원 중 누군가가 새로운 생활의 필요를 느끼고, 새로운 창업으로 나서면서 마을기업이 새로이 생겨난다. 그리고 새로이 창업된 마을기업을 통해 새로운 주민이 연결되어 기존 조합원에 합류하게 된다. 이것이 마을기업이 확장되고, 마을 관계망이 확장되는 방식이다.

마을이 잘 돼야 마을기업이 잘 된다. 마을기업은 기발한 사업 아이디어로 승부가 나지 않는다. 사업 아이디어와 사업 자금이 아니라 마을의 필요 때문에 마을의 관계망을 기반으로 마을기업은 시작된다. 그래야 다시 마을의 필요를 새롭게 발견하고 마을 관계망을 풍부하게 확장시킬 수 있다. 이게 바로 마을기업의 호혜적 생태계이며, 마을 관계망이 지속 가능한 물적 토대를 갖춰가는 방식이다.

5장

마을살이의
주역들

역시 마을살이의 중심은 아줌마들이다. 아이들을 돌보고 살림살이를 감당하고 있어서 이기도 하지만, 무엇보다 그들이 가진 의사소통과 관계 맺기의 능력 때문이다. 하지만 갈수록 사는 게 버겁고 집안 살림 꾸려내기가 힘들어진다. 한편 30대 싱글들이 마을에 슬슬 접속하기 시작한다. 그들은 20대와는 달리 세상이 어처구니없지만 만만치도 않다는 것을 경험으로 알고 있다. 40대를 코앞에 두고 함께 살아갈 새로운 가족이 필요하다. 개인이 존중되는 관계가 고프다. 동네 엄마들과 30대 싱글들이 연대한다면 마을은 새로운 활력을 얻지 않을까? 그 틈바구니에 20대 청년들도 비빌 언덕을 찾게 된다면 참 좋겠다.

지난 20여 년간 동네에서 마을살이의 경험이 제법 쌓였고, 여기에 정부도 적극적인 마을정책을 펼치면서, 주민들의 마을살이는 어느 때보다도 활발하다. 주민의 '나서기'가 곳곳에서 일어나고, 풀뿌리 단체나 기관 활동가들의 활약도 커지고 있다. 자발적인 마을살이를 통하여 등장한 주민 활동가들이 합세하면서, 마을살이는 다양성을 기반으로 역동적으로 움직인다.

풀뿌리 단체들은, 생활세계에서 주민들이 스스로의 관계망을 형성해가도록 하기 위해 지금까지의 역할과 활동 방식을 어떻게 진화시켜야 할지 고민이 깊다. 풀뿌리 활동가들 역시 계몽적 리더의 위치에서 동반적 촉진자의 위치로 변신하기 위하여 '주민 되기'의 노력을 요구받고 있다. 지금은 마을살이의 주체가 풀뿌리 단체 또는 계몽적 활동가에서 자발적인 주민들, 즉 '당사자' 중심으로 변화하고 있다는 점에서 긍정적인 전환기다. 각자가 협력적으로 역할을 나누고 함께 성장할 방안을 궁리할 때이다.

마을에는
누가 있나?

예나 지금이나 마을공동체의 주역은 단연코 '아줌마들'이다! 또 대낮에도 동네를 어슬렁대는 예술가들이 있다. 이른바 아줌마가 마을의 주역인 데에는 이유가 있다. 결혼해서도 처녀 시절 다니던 직장을 사수하는 이른바 맞벌이 부부가 되고, 어느새 아이 낳고 하루하루 전쟁 치르듯 육아기를 무사히 보내다가, 언제 그날이 올까 싶었던 큰아이 초등학교 입학식에 비로소 그간의 육아 시름을 날려보낸다. 하지만 그것도 잠시, 둘째도 곧 입학이다. 결국 직장을 그만두고 아이에게 집중한다. 한 3~4년 아이에게 집중하니 애는 언제 그랬냐는 듯 멀쩡하게 잘 큰다. 이제는 제 혼자 컸다는 듯 엄마 품을 겉돈다. 신랑이야 알콩달콩하기엔 함께한 세월이 적지 않다. 부디 직장만 잘 다녀주면 그것으로 고맙다. 갑자기 찾아온 홀가분함이 어색하다. 다니던 직장에 복직도 생각해봤지만 어림도 없다. 입사 동기는 벌써 간부가 됐는데 연봉이 장난 아니란다. 갑자기 서글프고 나만 뒤처진 것 같아 맘이 안 잡힌다. 이제 갓 40을 넘겼는데도 몸도 전과 같지 않다. 우울증도 가끔 찾아온다.

마을살이의 주역, 아줌마

"진수 엄마, 우리 이거 같이 해보지 않을래? 희영이네, 혜진이
네, 형수네도 같이 한다고 했어." 솔깃하지만 걱정이다. 사업은 뭐
아무나 하나? "사업은 웬 사업, 돈 벌자는 것도 아니고, 우리 엄마
들 다섯이서 동네 카페 하나 내보자는 건데 뭐." 혼자라면 엄두조
차 내지 못했을 거다. 하지만 비슷한 또래 애들 같이 키우면서 친
정 자매보다 더 살갑게 지내던 사이 아닌가. 용기를 낸다. 나도 뭔
가 해봐야지. 동업해서 잘 되면 독립해서 커피숍을 운영해보는 거
야. 과감하게 단독 창업의 꿈도 꾸어본다.

마을에서 굵직굵직한 주요 프로젝트들이 대체로 이렇게 나
온다. 엄마들은 아이 낳고 기르며 쌓은 내공이 하늘을 찌른다. 특
히 소통의 달인들이다. 마을기업을 하려면 우선 출자자를 모아 사
업 자금을 만들어야 하는데, 출자한 주민들이 단골이 되니 동네
주민들을 출자자로 모으는 게 관건이다. 애 키운다고 직장 그만두
면서 시작된 4, 5년의 짧지 않은 마을살이였지만, 그 덕에 동네 이
웃들을 꿰고 있던 터라 출자자 모으는 일은 어렵지 않다. 평소처
럼 이웃 만나 수다 떨다 보면 그 이웃은 어느새 출자가가 되어 있
다. 게다가 이 엄마들 다들 한때 잘나가던 커리어우먼들이라 나름
주특기 하나씩은 가지고 있다. 회계며 마케팅이며 심지어 인테리
어까지 전문가 수준의 안목과 재능을 가지고 있다. 특기가 없어도
이웃 중 누가 무슨 재주를 가지고 있는지 정보가 훤하니 문제 될
것 없다.

동네에서 일하다 보면 아이도 돌볼 수 있어서 좋다. 이미 커

버린 아이, 엄마가 곁에 딱 붙어 있는 게 대수가 아니다. 조금 떨어져 있되 아이의 가시거리에서 있는 듯 없는 듯 보살펴주면 딱 좋다. 여럿이 동업하니 개인적인 일도 병행할 수 있어 여유롭다. 경제적인 부담이 없진 않으나 망한들 쪽박 찰 일 없고, 흥한들 대박날 일 없는 게 마을기업 아닌가? 육아기를 이제 막 끝내는 엄마들이 새로운 인생의 희망을 마을에서 찾아간다. 이렇게 시작한 엄마들이 어느새 마을살이의 중심 일꾼이 된다.

마을이 주목하는 30대 싱글

얼마 전 모 방송국에서 시리즈로 방영된 드라마 〈응답하라 1994〉가 대단한 반향을 일으켰다. '응사앓이' 현상이 생길 정도였다. 그런데 〈응답하라 1997〉의 후속편이라고 한다. 1997년, 잊지 못할 해다. 그해 대학에 입학한 97학번, 이른바 건축학개론 세대라고도 불리는 이들이다. '97'은 이 시대 고단한 청년들을 상징하는 키워드다. 잘나가던 한국, 너무 일찍 샴페인을 터뜨린 것 아니냐 하는 걱정을 무색케 할 만큼 고성장을 질주하던 한국 경제가 한방에 무너지던 사건인 IMF 외환위기와 함께.

이즈음 대학 들어가 꽃 같은 학창 시절을 우울하게 보내고, 졸업 후 미래를 불안하게 걱정하던 청년들이 지금은 30대 중후반이다. 결혼을 했으면 유치원이나 초등 저학년 정도의 자녀를 둔 맞벌이 부부일 테고, 회사에서 과장, 차장 등 중간 관리자로서 불철주야 생계를 짊어지고 있을 거다. 하지만 그 세대의 많은 이들이 결혼을 인생의 필수라 여기지 않는다. 싱글이 많다. 가족의 해체,

가족의 헛된 신화를 사회학 논문의 거창한 시대 진단이나 신문 사회면의 통계가 아니라 자신의 생생한 경험으로 알고 있는 세대여서 그럴까?

이들은 우울했지만 서태지를 문화 대통령으로 삼으며 문화로 저항하고 반란을 꿈꿔본 세대인지도 모른다. 국가와 역사, 시대적 거대 담론을 개인의 욕망으로 다시 풀어내고, 미시적 감성과 디테일로 재구성해내고자 했던, 결이 섬세한 세대들이 아니었을까? 이들은 세상에 나가 나름의 문화자본을 무기로 새 길을 내보려 했지만 세상이 만만치 않음을 온몸으로 겪어본 세대들이다. 20대 청년들과 달리 '철이 난' 세대랄까?

마을의 주력은 어머니들이다. 어처구니없는 이 위험한 세상에 자식을 맘 놓고 던져놓을 수 없음을 몸으로 안다. 그래서 아이가 뭘 하고 싶은지 알아 그걸 할 수 있도록 돕고 싶다. 하지만 그 일을 해 제 밥벌이라도 할지 걱정이다. 교육비 역시 장난 아니다. 갈수록 격해지는 살벌한 입시경쟁 속에서, 있는 집 애들이 공부 잘하는 게 상식이 되어버린 세상이다. 아등바등 노력한다고 될까 싶어 맥이 빠진다. 그래도 하는 데까지는 해봐야지 이를 앙다문다. 하지만 남편 직장도 위태롭고, 나는 일찌감치 복직 불가한 경력 단절 여성! 천정부지 집값은 다행히 안 올랐는지 몰라도 그 집값만큼이나 차오른 전세값이 암담하다. 애들은 커가고 둘째도 어느덧 제 방을 원하는데…… 아파트에서 다가구로, 3층에서 반지하로, 다시 옥탑으로…… 그나마 2년을 넘기지 못하는 메뚜기 같은 불안한 서울살이, 휴우!

1부 마을살이의 원리, 마을 형성의 동력

30대 중반이 어느새 지나버린 싱글들은 문화적 '수준'으로 지탱한다. 없이 살아도 '간지'는 나야 된다. 결혼하고 애 낳고 아등바등 살고 싶지 않다. 사회생활도 해봤다. 때론 고액 연봉도 받아봤다. 하지만 이렇게 살아야 되나 싶다. 세상살이 너무 힘들고 괴롭다. 그런데 이후에 어떻게 살아가야 될지 삶에 대한 비전이 안 보인다. 40대가 코앞에서 빤히 기다리고 있다. '나는 누구와 늙어갈 것인가?' 이미 남 얘기가 아니다. 요즘 바다가 보이는 제주도 주택에 정착하고 싶어 하는 젊은이들이 많은 모양이다.

서로 다른 삶을 살아가는 이 두 부류의 30대가 마을에서 만나면 어떨까? 이미 잊어버린 나의 젊은 날의 로망을 그대로 지니고 있어 부러운 그들, 나는 그렇게 살고 싶지 않지만 애 키우고 사는 존경스런 그들이 서로를 토닥이면 어떨까? '자매 연대다!' 간지 나는 싱글들이 마을의 애엄마들 눈에는 결이 맞는 응원군으로 보이지 않을까? 20대 청년 세대와는 달리 이들은 세상도 알고, 세상 속으로 들어가서 세상이 만만찮음도 경험했다. 뭔가 다른 삶을 살아야 하는데 누구와 살지 걱정이다. 이들이라면 동네 엄마들과 수다도 떨면서 잘 지내고, 마음 맞으면 일도 벌이면서 마을살이 할 수 있지 않을까? 마을에서 새로운 가족이 만들어지는 거다. 이미 간지 나는 30대 싱글들이 마을에 서식하기 시작했다. 동네 골목 어귀에 카페를 내고, 공방을 차리고, 동네 조무래기들이 말을 걸고, 또래 엄마들이 들락거리기 시작하면서 마을살이의 기운이 슬슬 퍼지기 시작한다.

청년, 인공위성과 우주 정거장

성미산마을에도 낯선 청년들이 서식(?)하기 시작한 지는 좀 됐다. 아이들 육아로 시작한 마을이라 가족 중심적인 동네에 미혼 청년이 비빌 언덕이 있을까 싶었지만, 몇 해 전부터 하나둘 늘어나 이제 그 수가 제법 된다. 우리 동네에서 자란 아이들은 어차피 객지로 뜰 테고, 성미산마을을 객지로 찾아온 그 청년들과 잘 지내는 연습을 해야 했다. 그들과 함께 살며 훗날 우리 아이들과 함께 마을살이를 할 때 뭐가 필요할지 예습하는 거다. 하지만 '이런 곳도 다 있네' 하며 들어섰지만 열에 예닐곱은 '이게 아닌데' 하며 동네를 떠난다. 모이면 애들 얘기에 가정 살림살이 이야기이니 말이다. 가족을 기본으로 돌아가는 일상에 청년은 할 말도 없고 끼어들기도 어색했을 듯하다.

그럼에도 열에 서넛은 여전히 마을살이를 이어간다. 그 서넛이 떠나간 예닐곱과 뭐가 다를까. 남은 청년들은 마을과 일정한 거리를 유지하고 있었다. 마을의 일상에 깊이 빠져들지도, 튕겨져 나가지도 않는 적정한 거리를 유지하는 방법을 알고 있었다. 그들은 마치 구심력과 원심력이 팽팽히 균형을 이뤄야만 추락하지도, 우주의 미아로 사라지지도 않는 인공위성과 같았다. 하지만 그 팽팽한 균형을 유지하기란 여간 힘들고 피곤한 일이 아닐 수 없다. 청년이 인공위성으로 마을살이를 해내기 위해서는 혼자는 외롭고 힘들다. 그 인공위성이 쉴 수 있는 베이스캠프와도 같은 우주 정거장이 필요하다.

언젠가 일본 전역에 버블경기의 붕괴로 부동산이 반 토막 난적이 있었다. 오사카 도심에 건물 여러 채를 소유한 건물주가 부동산을 팔 수도, 임대할 수도 없게 되자 예술가들을 대거 불러들여 관리비만 받고 건물을 쓰게 했다. 손톱만 한 공간조차 아쉬웠던 젊은 예술가들이 몰려들어 단숨에 청년, 문화, 축제의 거리로 탈바꿈시켜놓았다. 청년 예술가들 덕에 상권이 다시 살아나자 부동산 가격이 다시 오르고 건물주는 예술가들을 내쫓았다. 눈물을 머금으며 다시는 기업 돈 받지 않으리라 다짐하며, 한 젊은 스트리트 댄서가 인근의 주택가로 흘러들었다. 동네 골목 1층 빈 점포를 맴돌던 젊은 댄서는 주인을 졸라 헐값에 공간을 얻어 몇 개월에 걸쳐 동네 버려진 물건으로 꾸민 뒤 카페로 변모시켰다. 동네 골목 한복판에 자리 잡은 작은 카페는 동네 사랑방이 됐다.

그 후 10년, 갤러리, 채식 식당, 마을 공연장, 영화관, 레지던스하우스 등이 하나씩 문을 열었다. 곳곳마다 청년들이 사장으로 일했다. 청년들은 카페나 식당, 극장을 운영하며 마을 주민이 되어 마을과 깊이 연결되어갔다. 하지만 그들은 마을에 깊이 뿌리내림과 동시에 자신들만의 독특한 소통 방법과 의사 결정, 운영 원리를 유지했다. 가게마다 독자적인 운영 원리로 운영되고 지역 통화가 통용되며 원하면 함께 살 수 있는 공동 숙소가 있었다. 다른 지역이나 외국 공연을 가기 위해 가게를 비우면 빈 가게를 다른 친구가 운영해줘 각자의 활동을 서로가 보장해주었다. 물론 수익은 가게를 봐준 운영자가 가져갔다. 자기들끼리의 문화를 유지하며 지역과도 밀착된 생활이 가능할까 우려했지만 오히려 그들만의 문화가 있었기에 가능했다. 이들은 우주 정거장을 구축하면서 마을에 뿌리를 내린 인공위성들이었던 것이다.

결코 만만치 않은 세상에서 마을로 잠시 내려볼까 마음먹은 청년들. 가진 것 없지만 '새 길' 내보겠다는 깡도 좋지만 네트워크를 활용하고 이용할 줄 알아야 한다. 가진 게 없고 가는 길이 낯설수록 함께하는 동행인들이 필요하다. 함께 나설 길동무는 둘이어도 족하다. 그래서 낯설고 힘겨운 순간들을 하소연하며 위로 받고 다시 추스를 수 있는 우주 정거장과 같은 관계망을 염두에 두며 마을살이를 하면 좋겠다. 아지트 같은 그들끼리의 장소가 있었으면 좋겠다.

마을의 아이들

어제 오전, 마을 아이가 사무실에 다녀갔다. 페북에서 뭔가 심상찮은 낌새가 보이기에 댓글로 슬쩍 놀러오라 했더니, 냉큼 만나달라는 거다. 생글거리며 들어서는 녀석은 의외로 표정이 밝았다. 그런데 자리에 앉자마자 슬금슬금 풀어놓는데, 엄마랑 크게 한판했나 보다. 메고 온 가방이 제법 배가 부른 것을 보니 정말 심상치 않은 모양이다.

"대학에 가라는 거예요. 안 가겠다는 게 아니라 대학에 왜 가야 하는지, 가서 뭘 배울 건지 정해지면 가겠다는 거죠. 저는 인권에 관심이 많아요. 영상에도 꽂혀 있어요. 이 두 가지를 연결하고 싶어요. 영상이 기술로만 하는 게 아니잖아요. 그런 기술을 익히는 것보다 저는 지금……."

꽤 오래전부터 밀양을 오가며 밀양 할머니들과 정이 들 정도로 마음을 써왔던 것 같다. 동네 마을기업에서 하는 주말 알바로 번 돈, 왕복 교통비 등 밀양 오가며 드는 비용에 탈탈 털어넣으며 나름 애를 써온 것이다. 밀양에 가서는 영상을 찍는단다. 어른들은 험한 몸싸움까지 벌어지는 상황에 어린아이가 끼는 걸 염려하시지만, 영상 기록은 현장 상황과는 약간 거리를 둘 수 있어 안전하단다. 상황 판단이나 처신이 제법이다.

"그렇구나, 너 헷갈리겠다. 대안학교에 보내놓고선 자꾸 대학 가라고 채근하시니 말이다."

역성을 드니 톤이 올라간다.

"그러니까요. 학교에서는 마을이다, 생태다, 인권이다 이런 거 배우고 토론하는데…… 차라리 대안학교에 보내지 마시지, 이제 와서 왜 헷갈리게 하는지 모르겠어요."

엄마랑 벌인 실랑이가 수위가 좀 높나 보다.

"부모란 원래 모순적이야. 이중의 욕망을 가지고 자식을 바라보거든. 근데 그게 부모 잘못은 아니야. 세상이 그렇거든. 그리고 부모라서 그래."

제 부모를 감싸고 도는 듯한 내 말에 쫑긋하며 약간 치켜 뜬 눈이 되묻는다 '뭔 소리? 웬 세상 탓?'

"세상이 너무 어처구니가 없으니 제 자식은 그런 세상에 휩쓸리지 말고 인간답게 살게 하고 싶어서 대안학교도 보낸 거야. 그런데 또 그놈의 세상이 만만치가 않거든? 그러니까 내 새끼가 만만찮은 세상에서 무시당하고 홀대 받지 않았으면 하는 거지. 그러니 일류대는 아니더라도 남들 다 가는 대학도 가고, 밥벌이 할 정도의 실력은 갖췄으면 싶고 그런 거야. 엄마가 널 헷갈리게 하는 건 세상이 만만찮아 그런 거니 어쩌겠니?"

이해를 해보려는 눈치인데 아직은 좀 떨떠름하다.

"원래 부모 눈에는 남의 집 애들은 잘 크는데, 우리집 애는 부실한 것 같거든? 모든 부모가 다 그래. 남의 집 애들한테는 쿨 하면서 내 아이한테는 그게 잘 안 되는 거야. 그런데 진짜 엄마가 너한테 힘들어 하는 게 뭔지 아니? 네가 대책없이 허송세월 보내는 것 같은 때일 거야. 엄마가 너에 대한 모순적인 맘을 거둬들이려면 시간이 좀 걸려. 그리고 너에 대한 신뢰가 쌓여야 그 시간이 앞당겨져. 그러고 나서야 너와 엄마 사이에 평화가 찾아올 거야. 지금 네가 할 수 있는 일은 부모의 욕망에 대한 네 입장을 분명하게 알리고, 동시에 신뢰를 주는 거야. 그런데 이것도 작전이 필요해. 막연히 신뢰가 생기지 않거든. 어차피 부모라서 자식인 너에 대한 신뢰는 기본이야. 지금 필요한 신뢰는 대단히 구체적이고 체감적이어야 해……."

결국 '꼰대질'을 하고 말았다. 순간 떠오른 수습책으로 한 가지 제안을 했다.

"네가 1년 후에 어떻게 되고 싶은지 써봐. 그리고 그 모습에 도달하기 위한 구체적인 계획을 세워서 메일로 보내줘. 그럼 나도 답장을 할게. 참, 엄마한테도 편지를 써봐. 너 글 잘 쓰잖아."

"제가 좀 쓰긴 하죠."

"그리고 엄마한테 글로 답해달라고 부탁해봐."

"맞다. 그래야겠어요. 말로 하면 자꾸 싸움이 돼요. 저도 싸우기 싫은데, 저도 엄마도 감정적이 되거든요."

'그래, 말을 하면 할수록 싸우는 시대니, 모녀지간이라고 별수 있겠니'라고 속으로 되뇌며, "그래도 난 네가 부럽다. 우리집에 서식하는 '자식님'하고도 이런 얘기 해보고 싶다" 했더니 그 녀석, 위로(?)의 눈인사를 건네고 나간다.

'그래, 자식이야말로 스와핑 해야 돼, 쩝!'

아이는 엄마 걱정 못지않게 마을 걱정을 털어놓았다.

"마을이 걱정이에요. 예전 같지 않아요. 엊그제 마을 지신밟기에 갔었는데요. 글쎄, 산에 올라온 사람들이 열 명도 채 안 되는 거예요. 너무해요."

"그야 뭐, 다들 바쁘니까……."

"성미산학교만 해도 그래요. 학교 사람들끼리는 북적대면서 마을하고는 단절되어 있어요."

"그래, 그건 나도 그렇게 생각해. 오래전부터 너처럼 걱정했거든. 맞아. 그런데 성미산마을의 관계망이 전 같지 않게 규모가 커졌잖니. 그래서 서로 다 알고 지내거나 자주 만나기도 어렵잖아. 어린이집은 어린이집 조합원끼리, 학교는 학교 사람들끼리…… 이렇게 서로 익숙하고 편한 사람들끼리 가까이 지내는 게 당연하지 않겠니? 마을이 각각 따로 돌아가는 것 같지만, 그래도 잘 들여다보면 그 덩어리들을 연결하는 사람들이 있지 않니?"

"음, 그렇죠…… 꽃다지, 딱풀, 사슴, 타잔……."

"그래, 맞아. 마을이 따로 돌아가는 것 같지만 그런 오지랖 넓은 사람들이 알게 모르게 서로를 연결시키면서 소통하고 있는 거야. 그러다 마을에 위기가 찾아오거나 축제나 마을잔치 벌일 때 다 모이면 돼!"

"그런데 그 축제도 요새는 싱거워요. 매년 똑같아 식상해요. 제가 축제를 기획해보고 싶어요. 예전에 했던 것처럼 길 막고 해보고 싶어요."

"그래? 그럼 네가 한번 해봐!"

이 아이에게 마을은 뭘까?

우리 아이들은 나이 스물이 되면 마을을 뜰 거다. 30여 년 전 미아리 세탁소집 막내아들이 그랬던 것처럼 꿈과 희망을 찾아 마을을 떠나 객지로 나설 것이다. 누구는 어처구니없는 세상에 다른 길을 내보겠다고 객지로 나설 것이고, 누구는 만만찮은 세상에 남보란 듯 잘 살아보고 싶다고 마을을 떠나 이른바 주류 세상의 경쟁판에 뛰어들 것이다. 아니, 더 많은 아이들이 이 어처구니없고 만만찮은 세상에서 자리 하나 차지하기 위해 파란 청춘을 바치고 있을지도 모른다.

마을은 베이스캠프다. 꿈과 희망을 찾아 객지로 간 녀석들이 지치고 힘들고 상처 받아 아파할 때 한숨 돌리고 위로 받고, 그러다 돌아볼 힘이 생기면 추스르고 충전해 다시 세상에 나가 맞설 마음을 내는 곳. 아득한 설산을 멀리 올려다보며 지난 등정의 경로를 반성하고 다시 오를 길을 마음으로 내면서 지친 몸과 마음을 버리는 곳이 베이스캠프다. 그래서 부모들은 마을에서 계속 살아야 한다. 바람과 눈비에 불안하게 흔들리고, 좁고 낮은 지붕 아래 궁상맞게 복닥거릴지언정 지쳐 돌아올 그 아이들을 기다려야 한다. 그래서 마을에서 계속 두런두런 살아내야 한다.

어쩌면 마을에서 그 길을 내려는 아이도 더러 생길 거다. '마을이 이미 세계'일진대 굳이 객지로 나설 일 없지. 어린 시절 휘젓고 다니던 익숙한 골목과 거리, 낯익고 다정한 이웃 어른들, 이제는 제법 까부는 동네 동생들이 '그대로' 살고 있는 마을에서……다른 세상을 꿈꾸며 어디로 사라졌는지 온데간데없는 세상의 어처구니를 다시 찾아내겠다는 아이들도 있을 것이다. 만만찮은 세상, 누그러뜨리고 긴장 풀어도 살 만한 세상으로 만들겠다고 나서는 아이들도 있을 것이다.

벌써부터 그런 '녀석'들이 생길 징조가 보인다. 마을에서 자란 제일 큰 아이, 올해 스물여섯 살 된 머슴아가 중 3부터 거의 10여 년간의 객지 생활을 청산(?)하고 마을살이를 시작한단다. 그래서 마을에서 해볼 만한 일거리를 찾는단다. 마을에 잔잔한 파문이 인다. "상현이가 마을로? 와우!" 여기저기서 이거 해보라 하면 어때? 저건 어떨까? 조심스레 수선을 피운다. 몇 해 전 마을에서 자란 제일 큰 놈들의 성인식 때 "이 마을은 엄마 아빠들의 프로젝트였어요. 저는 엄마 손에 이끌려 성미산마을의 어린이집에 온 거지 제가 선택한 게 아니에요" 해서 일순 좌중을 싸하게 했던 아이들 중 하나가 마을에 살러 온단다.

"하지만 제가 이 성인식에 주인공이 되어 나온 것은 이제 제가 이 마을을 선택한다는 거예요. 호호호."

짜릿하고 뭉클한 순간이었다. 아직도 그 순간만 떠올리면 눈물이 난다. 얼마를 살지는 중요치 않다. 어린 시절을 보낸 마을을 떠올리고 여기서 살겠다 마음먹고 행동에 옮긴 것만으로도 됐다. 작당하듯 즐거운 관심을 갖는 동네 어른들의 심정이 다 보인다. 내 입가에도 미소가 번진다.

주민의 '나서기'와 '설치는' 주민

1994년 성미산 자락에 아이들을 함께 길러 보겠다고 모여든 젊은 맞벌이 부부들은 '마을을 만들겠다'고 모인 '활동가'들이 아니었다. 이들은 단지 생태적이고 수평적인 환경 속에서 제 아이를 우리 아이로 함께 키워보자는 데 뜻을 모은 맞벌이 부부들이었다. 나 역시 내 아이를 어떻게 좀 잘 키워보고 싶은 마음에 성미산으로 이사 왔을 뿐이다. 솔직히 말하면 나 살기도 바쁜데 마을을 만든다고? 엄두도 나지 않았다. 하지만 아이들을 함께 키우면서 다른 문제들이 슬슬 눈에 들어오고, 함께 해결해가는 과정에서 친밀한 이웃들과 협동적인 생활 관계망을 키워온 것이 지금의 성미산마을이 된 것이다.

성미산마을 주민들은 '당사자'로서 육아든 먹거리든 자신들의 문제를 해결하면서 이웃과의 관계를 쌓아왔다. 그래서 단체가 중심이 되어 이루어진 주민 활동에 비해 마을을 형성하기가 비교적 쉬웠다. 마을의 일꾼 역시 단체의 실무자가 아니라 주민들 속에서 자연스레 발굴되고 차차 역량을 갖추며 주민 스스로 문제를 해결하는 마을로 성장할 수 있었다.

생활인으로 활동하기

주민 스스로가 자신의 생활 문제를 들고 나와 이웃과 함께 해결해보겠다고 마음먹는 '나서기'가 중요하다. 풀뿌리 단체가 제공하는 프로그램의 소비자가 아니라 문제의 당사자로서 해결 주체로 등장할 때 비로소 주민들의 생활 관계망이 만들어진다. 그렇게 만들어진 관계망이 마을로 성장하는 것이다. 그러다 보면 '설치는' 주민이 나타나고, 오지랖 넓은 주민이 나선다. 술자리에서 말한 마디 잘못 거들었다가 그 일 떠맡게 되는 경우가 비일비재하다. 이튿날 후회도 해보지만 어차피 마음 없이 뱉은 말도 아니니 이왕 맡은 것 잘 해보고 싶다. 어쩌면 그 문제에 대해 누구보다 가장 많은 생각을 했고, 그러다 보니 술김에 의견을 냈을 것이다. 그 문제만큼은 마음과 품을 내도 가장 많이 낼 사람이다. 마을에서 설치는 사람은 이렇게 나오고, 마을활동가는 이렇게 나타난다.

설치는 사람은 '말 거는' 사람이고, 분위기를 '흔드는' 사람이며, '배치를 바꾸는' 사람이다. "어제 생협 앞을 지나가다 봤는데 민식이 얼굴 많이 좋아졌더만, 아토피는 좀 괜찮아진 거야?" "아니야, 얼굴은 그만한데 종아리 허벅지 쪽은…… 어제도 잠 한숨도 못 잤어 휴." 어색한 분위기를 깨듯 자연스레 하소연을 끌어내고, 개인의 하소연을 여럿이 공감하는 공통의 과제로 올려놓고, '되겠어?'를 '해볼까?'로 바꾸는 사람이다. 해결책을 준비하고 있다가 탁 내놓는 게 아니라 뭉친 어깨처럼 찌뿌둥한 기운을 한순간 별 것 아닌 걸로 전환해내는 사람이다. 뾰족한 대책은 나서지 않았지만 누구나 마음이 가는 만큼 형편 되는대로 나설 용기를 내도록 판을 벌이는 사람이다. 그는 '활동가로서 생활하기보다 생활인으로서 활동하는 사람'이다.

마을활동가는 한동안 설치다가도 언제 그랬냐는 듯 다시 생활로 복귀한다. 첫째가 사춘기인데 둘째마저 초등학교에 입학한다. 한 달에 한두 번 들여다보던 시댁도 시어머니 병환으로 더 마음을 써야 한다. 마을이 뭔 대수라고 집안까지 팽개칠 수는 없는 일이다. 그러다 형편이 좀 나아지면 다시 설치는 주민으로 복귀한다. 이렇게 마을활동가는 일상과 활동을 오간다.

마을은 하소연과 궁리와 협동으로 돌아간다. 마을에는 하소연에 능한 사람, 궁리가 그럴 듯한 사람, 협동이 자연스런 사람들이 섞여서 산다. 마을활동가는 이 사람들 속에서 좀 더 설치고 다니는 주민이다.

활동가, 두 번의 실망과 '주민 되기'

시민단체의 활동가로 청년기를 다 보낸 후배, 어렵게 결혼도 했고 아이도 생겼단다. 돌도 안 된 딸아이 예쁜 짓에 하루의 피로를 다 씻는다며 "이래서 결혼하나 봐요?" 하며 (딸바보 얼굴로) 웃는다. 하지만 그 웃음 뒤로 걱정이 태산이다. 시민사회에서 오랜 숙원이던 '꿈의 백만 원'을 누린 지 이제 몇 해 되지도 않는다. 아이까지 생겼으니 함께 활동하던 부인도 육아 때문에 다니던 풀뿌리 단체를 그만둬야 할지 걱정이란다. 아내마저 활동을 그만두면 아이 보육료 내기도 빠듯하니 셈으로만 쳐도 여의치 않다. 친정이든 시댁이든 잠시라도 아이 맡길 형편조차 안 된다. 첫 아이라 그런가, 아이

떼놓고 나갈 때마다 마음이 저린다. 그런데 그 아내가 다니는 단체에서 하는 일이 주민들의 마을도서관 운영을 지원하는 일이란다. '사회복지사에게 복지 없고 마을활동가에게 마을 없다'는 씁쓸한 푸념이 들어맞는 부부다. 나는 이 부부에게 애 엄마가 다니던 단체를 그만두고 아이에 전념하라고 조언했다. 그리고 지금 사는 동네에서 또래 엄마들과 친해지고, 그 엄마들과 같이 품앗이 육아를 해보라고 권했다.

마을에서 열심히 활동하는 단체의 실무자들을 보면 때로는 안쓰럽고, 때로는 걱정스럽다. 자신들의 생활은 항상 뒷전이기 때문이다. 처녀 총각 시절이야 그렇다 쳐도 이제 엄연한 생활인임에도 불구하고 자신들의 생활은 없고 몸담은 단체의 미션과 대의가 있을 뿐이다. 마을활동이 주민의 한 사람으로서 일을 나누어 맡는다는 정도면 어떨까? 자신이 하는 일이 동네 주민들을 위한(for) 일이라기보다 모두의 일이고, 자신 역시 그 모두에 속한 한 사람의 주민으로서(of) 그 일을 수행하면 어떨까? 자신의(of) 일을 이웃과 함께(with) 하는 것과 자신의 생활상의 맥락 없이 이웃을 위해(for) 하는 일은 다르기 때문이다.

활동가들에게는 '두 번의 실망'이 찾아온다. 첫 번째는 그토록 위하고자(for) 애쓰는 바로 그 주민들에 대한 실망이다. 주민들과 친해지기도 쉽지 않고, 오랜 시간을 투자(?)해서 좀 친해졌다 싶어 프로그램을 제안하고 참여를 독려하지만 다들 바쁘단다. 처음 말을 건넨 면전에서는 흔쾌히 승락하지만 정작 당일 아침 몇 차례 전화를 돌리면 깜빡했다, 급한 일이 생겼다, 애가 아프다는 등 미안한 인사만 돌아오기 일쑤다. '내가 이걸 왜 하고 있지?' 하루에도 열두 번씩 회의가 든다. 내 뜻을 몰라도 너무 몰라주는 주민들이 실망스럽다. 이 실망을 넘어서는가 싶다가도 어김없이 찾아오는 두 번째 실망, 이번에는 자신에 대한 실망이다. 여전히 성과가 더디고 나만 소진되는 듯한 일상에 주저앉고 만다. '내가 못나서 그런가 봐.' 이번에는 그 탓이 주민들이 아니라 자기 자신으로 향한다.

결국 두 차례의 실망은 생활세계에서 매일매일 살아가는 주민들의 고단하고 번거로운 일상을 이해할 때 비로소 넘어설 수 있다. 그들이 때론 고통스럽게, 때론 아무 일 아닌 듯 가볍게 남 일처럼 털어놓는 하소연이 해결해보자는 궁리로, 협동적인 나서기로 전환하는 모습을 눈으로 봐야 가능하다. 일상에서 벌어지는 공감과 협동의 호흡을 몸으로 터득해야 한다. 그러기 위해선 '함께' 살아야 한다. 그래야 생활세계의 감수성이 몸에 들어온다. 하지만 과도기를 겪어야 한다. 모두가 각자 사는 곳에서 자신의 문제를 이웃과 함께 해결하면서 활동가로 인정받으면 좋겠지만, 그게 그리 간단치 않다. 그러기 전까지는 마을이라는 생활세계의 감수성과 리듬을 자연스레 몸에 새기는 '주민 되기' 수련이 필요하다.

풀뿌리 단체들의
성장통

얼마 전 마을살이에 재미를 붙인 엄마들의 모임으로부터 점심식사 초대를 받았다. 12시 정각에 들어섰는데 좁은 집이 북적북적 소란했다. 엄마들이 벌써부터 점심을 준비하고 있었다. 갖가지 먹거리와 왁자지껄 수다에 배가 부를 무렵, 긴 한숨으로 시작된 하소연이 구구절절 펼쳐졌다. 몇 년간 보금자리가 되어준 풀뿌리 시민단체와의 갈등이 문제인데 상황이 예사롭지 않았다. 조금 더 듣고 있자니 '안 봐도 비디오'다.

그동안 자신들을 보살피고 이끌어준 것은 고맙지만, 이제 자기들끼리 뭔가 도모해보고 싶은데 자꾸 단체의 틀로 담으려 해서 갈등이 생기고 있었다. 이 엄마들은 자신들의 처지에서 그간 속상하고 서운했던 여러 가지 불평과 불만을 털어놓았다. 한편으로는 이해가 되면서도 그 반대편에서 감당하고 있을 끌탕 역시 불 보듯 훤해 착잡했다.

적지 않은 세월 동안 척박한 환경에서 마을에 씨를 뿌려온 풀뿌리 단체들은 최근 서울시 마을공동체지원정책으로 마을살이가 활성화되면서 이런 예상치 못한 곤경에 종종 처하게 된다. 그동안 단체가 애지중지 보듬어왔던 작은 마을모임들이 정부 지원에 힘입어 활성화되면서 스스로 결정하고 집행해보고 싶은 욕구를 갖게 된다. 단체 입장에서 보면 '아직 이른데……' 싶어 걱정이 앞설 것이다. 아이 키우는 엄마의 심정이 떠오르는 상황이다.

어찌어찌 전쟁 치르듯 육아기를 보내고 초등학교 보내놓고 한숨 돌리려니 아이는 곧 사춘기다. 슬슬 부모 곁을 맴돌더니 이내 겉돈다. 심지어 엄마 말 무시하는 건 예사고, 노골적으로 귀찮아 한다. 뭐 하나 제대로 하는 것 없이 그냥 냅두란다. 서운하고 괘씸하지만 도리가 없다. 결국은 부모 둥지 떠나 세상과 맞서 스스로 살아가야 할 테니 말이다. 이제 그 외롭고 힘겨운 세상 연습을 시작하는 거다. 언젠가 내가 자식놈 때문에 축 처져 있을 때 동네 한 엄마가 무심코 던진 말이 여전히 남아 있다. "세상으로 나가려는데, 부모 둥지를 떠나는 게 자기도 힘들고 겁이 나서 정 떼려고 못되게 구는 거야." 그런데 이 말이 풀뿌리 단체 활동가들에게 위로가 될른지…….

풀뿌리 단체들의 위상과 역할

성장통이다. 마을운동의 큰 흐름에서 보면 기쁘게 여기고 넘길 성장통이다. 60~70년대 시작된 대규모 이농, 밀집공단 취업, 무허가 빈민 주거 지대 형성, 도시 재정비 강제철거…… 70~80년대의 주거 생존권 투쟁은 제 살 곳을 지키고, 서럽지만 살갑게 살아온 이웃을 잃지 않으려는 생존의 몸부림이었다. 우리 주민운동의 시초라 할 수 있는 주거 생존권 투쟁은 대부분 임대 아파트에 흡수됐지만 일부가 남아 맥을 이어오고 있다. 그 후 80년대 민주화운동과 노동운동의 대세에 밀려 잠잠해진 주민운동의 흐름은 90년대 경실련을 필두로 제도 개선으로 나아간 시민단체들이 이어갔다. 이들은 좀 더 생활세계에 밀착한 운동으로 진화해야 한다는 방향 정립 아래 풀뿌리 운동을 전개했다. 지금 마을살이의 크고 작은 실마리들의 상당 부분이 이 바로 이 풀뿌리 운동의 성과라 할 수 있다.

한편 이런 시민단체의 흐름과는 별도로 비슷한 시기인 1994년 성미산마을에 최초의 공동육아 협동조합이 설립되고, 그 후 전국적으로 확산된다. 이는 시민단체가 중심이 된 풀뿌리 운동과는 달리 주민 주도형이라 할 수 있다. 어쩌면 70~80년대 주거 생존권을 지키려 했던 주민운동과 마찬가지로 당사자들이 나선 주민운동의 흐름이 다시 이어진 것이라 할 수 있다. 물론 그 당사자의 사회·경제적 지위와 성격은 달라졌다. '도시 빈민'에서 '도시 중산층'으로, 우리 사회의 격변의 속도만큼 변한 것이다.

지금은 90년대 풀뿌리의 성과로 등장한 지역 주민활동과 공동육아로 전개된 도시 중산층 주민들의 자발적인 생활운동이 서로 합류했다. 여기에 서울시 마을지원정책이 가세해 새내기 주민들의 등장이 활발해지면서 당사자가 중심이 되는 주민운동의 흐름이 다시 두각을 나타내기 시작하는 국면으로 볼 수 있다. 그러니 앞서 든 갈등의 사례는 '단체' 중심적 주민활동에서 '당사자' 중심적 주민활동으로 전환되는 변곡점에서 나타나는 성장통이라고 이해하면 어떨까?

이제 풀뿌리 단체는 주민의 등장과 연결이 더욱 활성화되도록 지원하되 그 귀결이 주민들의 자발적인 생활 관계망의 형성으로 나아가도록 그 위상과 역할을 재조정해야 할 것이다. 주민활동의 목적과 성과는 단체의 활성화가 아니라 주민 그룹의 형성과 주민 내부의 리더십 형성으로 귀결되어야 하기 때문이다.

이제 풀뿌리 단체들은 위상을 좀 이동시키고 역할을 바꾸면 어떨까? 주민을 '계몽하고 지도'하는 위치에서 내려와 '함께 살아가며 돕는' 동반을 촉진하는 역할을 하면 좋겠다. 그리고 마을에서 활동하고 있는 복지, 자원봉사, 자활, 사회적 경제, 문화 등 다양한 영역의 활동과 협업하고 융합하는 일에 촉매로 나서고, 구청을 상대로 주민을 대변하며, 구청의 협력을 끌어내는 믿음직하고 경험 있는 거버넌스 파트너 역할을 하면 좋겠다. 이제 나서기 시작한 주민을 지켜주고 지역사회의 생활정치의 기틀을 다지는 일 또한 중요한 역할이다. 나아가 마을이 가장 필요하지만 가장 여력이 없는 취약 계층 주민들을 나서게 하는 일, 맨 땅에 마중물 부어 스스로 나서도록 지원하는 일은 여전히 이들 풀뿌리 단체들의 역할이다. 자활과 복지의 재구성, 마을지향 복지의 개척자 역할이 여전히 남아 있다.

돌아볼 경험과 내다볼 안목

활동가들이 직면하는 가장 큰 문턱은 '고집'이다. 고집에도 종류가 있는데, 경험주의 고집과 관념론적 고집이 있다. 전자의 고집은 활동 경험이 많고 몰입도가 높을수록 심하다. 자기가 경험한 것이 세상의 전부라 믿는다. 그래서 자신의 경험을 넘어서는 입장이

나 견해에 대해 비타협적이다. 자기 경험이 옳으니 고집하는 거다. 반면 후자의 고집은 세상을 경험보다는 이론과 추상적인 개념으로 이해하고 설명하는 일에 능숙한 사람들에게 나타나는 증세다. 자신의 이론에 세상을 우겨넣는 통에 억지가 심하다. 이 두 가지 고집을 이겨내는 처방은 '성찰'이다. 성찰은 경험과 안목이 만나야 한다. 돌아볼 경험이 쌓여야 하고, 내다볼 안목이 있어야 비로소 가능하다.

성찰은 자기와의 '대화'라고 한다. 그리고 자기와의 대화는 다른 사람과의 대화가 내면화될 때 가능하다. 그러니 성찰에 앞서 타자와의 대화가 우선인 셈이다. 하긴 나라는 것이 본디 다른 이와의 관계에서 비로소 실감이 나고 그 존재감이 드러나는 것 아닌가? 다양한 경험세계와 그 속에서 비롯되는 다양한 사유의 세계와 만나야 한다. 호기심을 갖고 만나다 보면 나와 비슷하고 또 다른 점이 하나둘 눈에 띄어 신기하고 즐겁다. 그러다 서로를 연결하는 어떤 끈이 보여 긴장하며 손을 내밀고, 내민 그 손끝에 마침내 끈이 잡혀 통쾌하다. 비로소 나의 경험세계는 우주로 솟아오른다. 타자와의 접속, 다른 것들과의 융합, 나와 타자를 가로지르며 연결하는 통쾌한 끈의 발견이 아닐까?

일상에서 만나고 융합할 수 있는 판, '네트워크'가 필요하다. 강한 연결의 관계, 약한 연결의 위치 등 그 관계의 강도가 다양한 여러 주체들과의 관계망 안에 내가 들어와야 한다. '아, 너는 이렇구나' 차이가 드러나고, 그 차이를 일상의 감수성으로 의식하는 관계, 서로 영향을 주고받는 상호 관계가 작용하는 관계망이 있어야 한다. 그래야 나와 너를 넘어서는 다른 세계가 빛을 발한다. 다른 차원이 보이고 의식되고 실감이 나야 그동안의 내(너)가 다시 보이고, 갑갑했던 전망이 뚫린다. 이른바 비전이 나온다.

그런데 네트워크에 들어 있어도 그 안에 머물고 마는 경우가 많다. 서로의 차이를 인식하지만 다른 목표와 우선순위, 심지어 서로 충돌하는 이해관계 앞에서 한 치도 진전하지 못하는 경우가 많다. 그러다 타협적 조정에 이르면 다행이지만 별로 새롭지도 신 나지도 않고, 다들 별 수 없다는 김빠지는 공감만 허전하게 남는다. 그래서 다른 것들과 연결되어 있는 것만으로는 부족할지도 모른다. 남의 위치로 이동해야 남이 의식되고, 타자와의 대화가 가능하고, 나아가 '타자 되기'가 가능할지 모른다. '순환 근무'를 해보면 어떨까? 서로 다른 부문, 다른 영역의 활동가들이 아예 자리를 이동해서 일정 기간 동안 활동하는 거다. 그래야 다른 차원이 비로소 실감으로 다가올 것 같다. 한번 해보자.

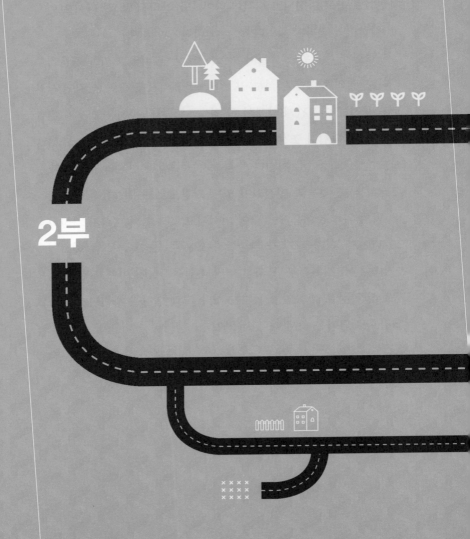

2부

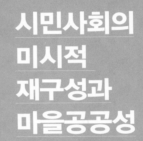

시민사회의
미시적
재구성과
마을공공성

■ **일러두기**
　2부에 제시된 통계와 자료는 모두 '서울특별시 마을공동체종합지원센터'에서 제공받은 것입니다.

1장

행정 혁신과
협력적 거버넌스

서울시 마을공동체정책의 원칙은 '주민 주도'이다. 하지만 정부가 마을을 만들겠다고 나선 마당에 주민 주도형으로 하자는 것은 어쩌면 형용모순일 수 있다. 성미산마을은 공공의 재정 지원 없이 주민 주도로 마을을 형성한 대표적인 상향식(bottom-up) 사례이다. 반면 새마을운동은 전형적인 하향식(top-down) 사례이다. 지금 박원순 시장이 추진하는 서울시의 마을공동체정책은 성미산마을도 새마을운동도 아니다. 양자의 절묘한 결합이다. 즉 자원은 행정에서 지원하되(top-down), 그 결과는 주민 주도적인(bottom-up) 성과로 내자는 것이다.

이 모순적인 마을공동체정책의 전략을 성공적으로 이루기 위해서는 두 가지 실행 전략이 필요하다. 첫째는 '톱다운(top-down)의 방법이 달라져야' 한다는 것이고, 둘째는 '보텀업(bottom-up)의 주체를 형성'하는 것이다. 전자는 이른바 행정 혁신이고, 그 목표는 '마을지향 행정'이다. 마을지향 행정의 가장 중요한 이슈 중 하나가 정부 보조금을 어떻게 지원하는가이다. 정부의 지원금이 독이 아니라 약이 되도록 하려면 주민의 주도성과 자율성을 최우선으로 삼아야 한다.

공모제는 정부가 보조금을 지원하는 가장 대표적인 행정 절차이나 행정 편의 위주의 집행으로 일반 주민의 접근성이 떨어지고, 나아가 마을살이의 흐름과도 부합하지 않아 최우선 혁신 대상이 되었다. 하지만 공모제를 아무리 개선한들 기본적으로 시민을 바라보는 관점이 바뀌지 않는 한 행정의 어떠한 혁신도 제대로 작동할 수 없다. 과연 "시민이 시장인가, 아니면 정부의 용역업자에 불과한가?"라는 다소 도발적이지만 근본적인 질문이 필요하다.

관 주도와
'마을지향 행정'

"박 시장이 마을만들기를 시정의 핵심으로 삼겠다네? 참, 시장을
잘 뽑으니 이런 일도 다 있어."

"일벌레 박 시장이 자타가 공인하는 엄청난 추진력으로 서울
시의 어마어마한 관료 조직을 동원해 마을을 만들겠다고 나서면
어쩌지?"

마을정책, 기대와 우려

2012년 초, 박원순 신임시장이 취임한 이후 서울시가 발표한
마을공동체정책에 대해 시민사회가 보인 반응을 요약하면 '기대
와 우려'였다. 박 시장에 대해 기대하는 측과 우려하는 측이 반반
으로 나뉘었다는 뜻이 아니다. 시민사회의 대다수, 특히 이미 오랫
동안 풀뿌리 활동을 해온 사람들이 기대와 우려를 동시에 가졌다.
서울시장이 마을공동체에 깊은 관심을 보인 건 20년 가까이 동네
에서 힘겹게 일궈온 풀뿌리 주민활동을 의미 있게 평가해준 것이
기에 무척 고마운 일이었다. 나아가 메트로폴리탄 국제도시인 서
울특별시의 수장이 가지고 있는 시대에 대한 문제의식과 그 대안
에 대한 고민이 마을에 닿아 있다고 생각하니 놀랍고 반가웠다. 동

시에 그만큼 우려도 깊었다. 서울시의 그 거대한 관료 조직이 박원순 시장의 추진력을 업고 '마을을 만들겠다'고 나서면 무슨 일이 벌어질지 감당이 안 될 거라는 우려를 이구동성으로 하고 있었다. 이는 그동안 정부 주도의 마을공동체정책이 야기한 부작용을 경험해왔기에 타당한 우려였다. 그 우려는 크게 세 가지로 압축되었다. 칸막이 행정, 형식적 거버넌스, 조급한 성과주의다.

시장이 강조하는 정책이니 모든 실국이 각기 마을공동체정책을 수립하고, 예산을 앞세워 마을로 향할 것이 불 보듯 뻔했다. 이를테면 복지 관련 부서는 복지 마을을, 문화 관련 부서는 문화 마을을 만든다고 할 것이다. 하지만 정작 그 현장인 마을에서는 문화와 교육, 복지와 경제가 따로 돌아가지 않는, 그 모든 것이 한데 엉켜 돌아가는 종합판인 것이다. 더욱 큰 문제는 이들 관련 부서들이 경주마들처럼 모두 칸막이를 치고 경쟁적으로 각개약진할 거란 점이었다. 그야말로 관료사회의 고질적인 '칸막이 행정'이 제일 큰 우려였다. 그럴 경우 공무원이 열심히 일을 하면 할수록 마을현장은 골치만 더 아프게 된다.

서울시가 부처별로 공모사업을 통해 예산을 풀어대면 구청은 실적을 위해서라도 주민들을 독려하고 풀뿌리 단체들을 닦달해서 사업을 따내려고 한다. 마치 '못 따오면 무능'하다는 식으로 간주하며 사업을 수행할 준비가 되어 있는지, 마을에 꼭 필요한 사업인지 면밀히 검토하기보다 실적에 목을 맨다. 마을별, 추진사업별로 적절한 자금을 요청하기보다 많으면 많을수록 좋다는 식의 실적주의가 오히려 마을을 돈에 휘둘리게 할 수 있다.

거버넌스가 대세다. 민관 거버넌스, 협치(協治), 즉 민과 관이 대등하게 협력하여 행정의 목적을 달성하는 것이다. 하지만 현실에서는 관 주도의 관행이 여전하고, 민간은 그저 행정전달체계의 말단부에서 정부 정책에 참여한다는 명목으로 동원되거나 공무원의 업무를 대행하는 정도에 머무는 경우가 허다하다. 그 수를 셀 수 없을 정도로 각종 전문가 자문위원회가 열리지만 사실 의사(擬似) 공공성⁴ 창구에 불과한 경우가 많다. 민간의 전문가를 불러들여 의견을 듣지만 그 의제는 공무원이 정하고, 자문의 방향과 내용이 모두 공무원이 미리 강구한 대로 진행되기 일쑤다. 어쩌면 공무원들이 수립한 계획에 단지 면피용 보증을 얻기 위한 요식 행위는 아닐까 싶은 경우도 비일비재하다. 어쩌다 공무원이 수립한 내용과 다른 자문이라도 하게 되면, 참 공손하고 예의바르게 "잘 알겠습니다. 좋은 말씀 감사합니다. 검토하겠습니다"라고 말하지만 그걸로 끝이다. 자문회의 이후 그 일이 어떻게 진행되었는지조차 알려주지 않는 경우도 많다.

마을공동체정책이 이렇게 된다면 큰일이다. 다른 정책 분야는 몰라도 마을만큼은 마을에 사는 주민들이 주도해야 한다. 공무원이 마을에서 아쉽고 절실한 요소가 무엇인지 어찌 알까? 마을에 사는 주민들도 새벽에 나가 밤에 들어오니 제집이 여관과 크게 다르지 않은 경우가 태반인데, 하물며 살지도 않는 공무원이 마을

---

4 각종 자문위원회가 다양한 이해관계의 사람들과 다양한 분야에 정통한 전문가들이 모여서 종합적이고 심도 깊은 숙의를 거쳐 의사 결정을 하는 공공적인 정책협의 및 의사 결정 공간인 것 같지만, 외관만 그러하고 실제로는 관료들의 주도하에 진행되는 일련의 공공적 요식 절차에 그치고 마는 경우를 말함.

공동체정책을 세우고 집행한다는 건 어불성설이다. 교통정책이나 주거정책처럼 거시적이고 비교적 표준정책이 용이한 영역이라면 몰라도 최소한 마을공동체정책만큼은 난센스다. 실제 살고 있는 주민들이야말로 자기 마을에 필요한 게 뭔지 가장 잘 알고 있으며, 그 해결 방향 역시 잘 안다. 아니, 알고 말고는 차치하더라도 주민들 스스로가 필요를 인식하고 해결 방향을 직접 모색하는 과정에서 스스로 주체가 되고, 그 일에 책임과 열의를 가지게 된다. 그래야만 진정한 의미의 거버넌스가 실현될 수 있다.

행정은 항상 가시적인 성과에 집착한다. 물론 공무원이 성과를 추구하는 걸 탓할 수만은 없다. 시민의 세금을 헛되이 쓰는 일이 없도록 해야 하는 공복으로서 당연한 책무이기 때문이다. 하지만 그 성과를 정책의 진정한 효과에서 따지기보다 계량이 용이한 가시적인 양적 지표에 매달리게 된다는 점이 문제다. 그래서 누가 봐도 금방 표가 나는 공간을 짓거나 참여자 숫자 등에 집착하다 보니 정작 챙겨야 할 정책의 질적 효과는 뒷전으로 밀리게 된다.

또한 정부의 살림은 연말의 예·결산을 매개로 해서 1년 단위로 운영하고 성과 역시 1년 단위로 측정하게 된다. 하지만 실제로는 6개월도 안 되는 경우가 일반적이다. 연초에 사업 집행을 위한 방침을 수립하고, 3~4월에 공모 절차를 밟고, 4~5월에 사업 지원금을 집행하며, 10~11월이면 벌써 평가를 위한 성과를 증명해야 하기 때문이다. 결국 정부의 지원금을 사용해서 실행하는 기간은 길어야 6개월 남짓이다. 하지만 마을은 5년 내지 10년 정도는 꾸준히 지속되어야 비로소 그 성과가 드러난다. 1년 단위의 하루살이식 성과 측정은 도리어 마을의 호흡을 거슬러 일을 그르칠 수 있다. 그렇다면 정부의 1년 단위 호흡과 마을의 10년 호흡을 어떻게 양립시키고 조화를 이루게 할 수 있을까?

주민 주도형 정책과 행정 혁신

이렇게 세 가지로 집약된 관 주도 정책이 야기할 부작용에 대해 고민하며 약 3개월여 동안 3차에 걸친 민간 풀뿌리 활동가들의 집담회와 집중토론이 이루어졌으며, 박원순 시장과 3차에 걸친 협의를 진행했다. 논의의 결론은 '주민 주도'였다. 관이 주도해서 생기는 부작용이 문제니 주민이 주도하는 원칙을 견지하자는 거다. 그래서 '주민 주도형 마을공동체정책'은 서울시 마을정책의 핵심을 한마디로 가장 잘 설명하는 명칭이 되었다.

우리 현대사에서 전형적인 '하향식(top-down)' 마을정책은 1970년대 새마을운동이다. 어려서부터 줄곧 도시에서만 살았던 나로선 주로 '내 집 앞 청소', '국기에 대한 맹세' 정도가 떠오르지만, 새마을운동은 5·16 군사쿠데타로 집권한 박정희 대통령이 근대화 정책의 일환으로 국가적으로 강력하게 추진한 마을정책이었다. 당시 새마을운동의 정책적 공과는 차치하고라도, 40여 년이 지난 지금 전형적인 관 주도 방식을 대한민국에서 사용하는 건 시대착오적이다. 반대로 '상향식(bottom-up)' 마을정책은 어떠할까? 아마도 성미산마을이 스스로의 필요를 스스로 조달하여 성취했다는 점에서 자발적인 상향식 마을정책의 성공 사례로 평가된다.

그렇다면 서울시의 마을정책은 성미산마을을 모델로 해야 할까? 아니다. 진정으로 자발적인 '상향식'을 강조한다면 어쩌면 서울시는 아무것도 하지 않고 가만히 있어야 한다. 사실 관이 나서서 주민 주도를 외치는 건 사뭇 어색한 일이다. 하지만 그 어색함에 서울시 마을공동체정책의 핵심이 들어 있다. 즉 자원은 정부가 제공하되(top-down) 그 성과는 마을스럽게(bottom-up) 나왔으면 하는 것이다. 시민사회의 자원 동원력이 극히 취약한 한국의 현실에서 정부의 공공적 재정 지출은 아주 큰 힘이 되는 마중물이다. 하지만 정부의 재정 지출이 야기하는 관 주도의 부작용을 어떻게 제어할 것인가가 관건이다. 여기서 '주민 주도'라는 정책 방향이 나온 것이다.

하지만 이 정책 방향은 논리적으로 모순된다. 자원은 하향식으로 하되 그 성과는 상향식으로 내보자는 것인데, 수단과 목표가 서로 모순되어 부딪히는 것이다. 그래서 주민 주도 마을공동체정책이 이러한 상충되는 모순을 극복하고 성공하려면 별도의 실행원칙이 필요했다. '행정 혁신'이다. 자원을 '하향식'으로 지원하는 방식 자체를 마을스럽게 그리고 주민 친화적으로 혁신하지 않는 한 그 성과가 절대로 '상향식'으로 나올 수 없기 때문이다. 이렇게 해서 '행정 혁신'은 주민 주도형 마을공동체정책의 불가결한 실행 원칙이 되었다. 우리는 행정 혁신의 목표를 '마을지향 행정'으로 삼았다.

당사자주의와
보충성의 원리

정부가 마을공동체활성화정책으로 마을에 직접 돈을 지원할 때에
는 매우 신중해야 한다. 대체로 돈이 앞서면 주민 스스로의 주도력
이 발휘되지 않고, 그러다 정부 지원이 중단되면 그 사업(활동)도
중단되어버리고 마는 고질적인 문제가 있다. 심지어 평온하게 잘
살던 마을이 정부가 돈을 지원하면서 황폐화된 경우도 있다. 농촌
의 한 마을 사례다.

> 40~50호가 오랜 세월 마을을 이루고, 형편은 뻔하지만 그런대로
> 도란도란 잘 살아왔다. 어느 날, 이 마을이 정부의 농촌마을 살리기 정
> 책의 모범사례로 꼽혀 자금을 지원받게 되었다. 면장은 물론이고 군수
> 까지 다녀가고, 도시의 젊은 전문가들이 들락거리는가 싶더니 나라에
> 서 이 마을을 발전시키려고 30억 원이나 되는 어마어마한 돈을 지원하
> 기로 했다는 것이다. 동네 어르신들은 영문은 잘 모르지만 마을의 '큰
> 일'이라고 들뜨고, 객지로 나간 자손들도 별안간 큰 관심을 보이더란
> 다. 하지만 정작 나랏돈이 풀리자 마을은 순식간에 갈등으로 치닫는다.
> 그 돈이 어디에 쓰이는지, 누가 이득을 더 보는지, 내게는 왜 적게 돌아
> 오는지 납득할 수가 없다. 더구나 이 모든 것이 동네에서 말 잘하고 읍
> 내에 아는 사람 많은 몇몇에 의해 결정되니 도대체 뭐가 어떻게 돌아가
> 는지 알 수가 없어 불안하다. 나만 손해 보는 것 같아 안달이 난다.

나랏돈은 독일까 약일까?

사실 정부가 지원하는 '돈'은 '독'과 같다. 아파서 먹는 약도 일종의 '독' 성분이지만 약효 때문에 부작용을 감수하고서라도 쓰는 것 아닌가? 그것도 제때 정량을 먹어야 약효가 있다. 하지만 그 약도 자꾸 먹으면 내성이 생겨 결국엔 약발도 안 듣고, 체질도 약해지므로 가급적 약을 먹지 않는 것이 나은 것과 같은 이치다. "목마른 놈이 우물 판다"라는 옛말이 있다. 필요를 느끼는 주민들이 우선 '돈'이든 '품'이든 자신들의 자원을 내놓고, 주변 이웃들로부터 필요한 자원을 끌어오는 것이 순서에 맞다. '자기 것'을 내놓아야 '자기 일'이 된다. 자기 일이어야 그 일에 성취감을 느끼고, 궁극적으로 그 일의 지속성이 담보되는 법이다. 이를 '당사자주의'라 부른다.

하지만 주민이 스스로 돈이든 품이든 조달한다 해도 충분할 리 없다. 흥부네 자식들이 누룽지 긁어내듯 아무리 박박 긁어 모아도 늘 부족한 법이다. 바로 이때 정부가 나서야 한다. 주민들이 애를 써도 안 되는 부분을 메워주듯 보충적으로 지원해줄 때 주민 주도의 토대가 만들어진다. '요만큼만 더 있으면' 싶을 때 딱 그만큼 도와주면 생색도 나는 법이다. 더욱이 나랏돈은 시민의 피 같은 세금이니, 당연히 생색이 나도록 써야 한다. 이런 것을 '보충성의 원리'라 부른다.

지속가능성과 자발성

한편 정부가 아무리 모자란 돈을 보충해주어도 애초 자신들의 마음과 품과 재물을 들여 시작한 경우에는 자신이 주인이라는 사실을 절대 잊지도 포기하지도 않는다. 이러한 주민의 주인의식은 정부가 정책을 실효적으로 추진하는 데 결정적인 조건이 된다. 정부 관료가 아무리 열심히 일을 추진해도 현장의 주민이 <u>스스로</u> 나서지 않는 한 그 일은 성과는커녕 진행조차 되기 어렵다. <u>스스로</u> 나서서 자기 일로 알고 챙기는 주민이 있을 때 진행도 잘되고 정부의 지원이 성과로 이어지며, 정부가 기대했던 정책 목표도 달성될 수 있다. 사업의 지속가능성은 주민들의 자발성이라는 토양에서 피어나는 꽃과도 같다.

한편 공공 및 정부의 지원이 무조건 2차적이고 보충적이어야 할 필요는 없다. 마중물 차원에서 먼저 약간의 지원이 들어가면, 주민들의 자발적인 참여가 싹틀 것 같은 경우에는 선차적으로 지원하는 것이 필요하다. 특히 조달할 자원이 부족하고 사회적 자본이 취약해 마을이 더욱 필요한 이른바 취약 계층의 경우 마중물의 역할은 더욱 크다. 이렇듯 '당사자주의'와 '보충성의 원리'는 정부 지원이 민간의 자립적 기초를 형성하고 지속 가능한 토대를 마련하는 데 꼭 지켜야 할 원칙이다.

맞춤형
지원

정부가 보충적 지원을 할 때에도 세심할 필요가 있다. 지원을 원하
는 마을이 무엇을 필요로 하는지, 마을 주민들의 준비와 열의, 스
스로 조달 가능한 자원은 어느 정도인지 살펴서 맞춤으로 지원해
야 한다. 그래야 지원의 효과가 제대로 나오고, 불필요한 재정 낭
비도 막을 수 있다. 맞춤형 지원의 유형은 크게 세 가지로 구분할
수 있다. '마중물' 지원, '불쏘시개' 지원, '다지기' 지원이다.

'마중물' 지원

마을의 토대가 거의 없거나 있어도 아직은 취약한 경우 필요
한 지원이다. 펌프로 물을 길어 올리려면 먼저 마중물 한 바가지를
부어야 되는 것과 같은 이치다. 마을의 씨앗을 처음 뿌려야 하거나
취약 계층의 마을공동체에 해당하는 지원 유형이다. 잘나간다는
성미산마을이나 삼각산재미난마을도 처음에는 아주 소소하고 작
은 마을 프로젝트에서 비롯되었다. 몇몇 주민들의 작은 시도가 '마
을 씨앗'이 되어 이러저러한 프로젝트로 파생되면서 오늘의 풍성
한 마을이 된 것이다. 서울은 물론 전국적으로 20여 년 이상 마을
공동체 활동이 이어지고 있지만 아직 초기 수준이다. 그만큼 '마을

의 씨'를 많이 뿌리는 것이 중요한 단계다.

씨 뿌리기의 핵심은 다양성과 우연성이다. 우선 흩뿌리듯 씨를 뿌려야 한다. 너무 치밀한 계획을 앞세우기보다 씨가 움틀까 싶어도 막연한 가능성을 믿고 뿌리는 것이다. 당연히 미리 성과를 예측할 수 없음에도 다양한 영역에 씨를 뿌린다. 그리고 뿌린 씨 모두가 움틀 거라 기대하지 말아야 한다. 예상치 않은 곳에서 뿌린 씨가 움틀지 모른다. 생태계가 초기일수록 움트는 비율이 낮아 이른바 성과 효율이 상대적으로 낮다. 그래서 정부가 마중물 지원을 할 때는 소액을 지원하는 게 좋다. 성과에 대한 기대를 낮추고 다양한 곳에 지원할 수 있으려면 금액이 작아야 주는 자(공무원)나 받는 자(주민)나 부담이 없다. 이렇게 주민 누구라도 가볍게 여기고 도전할 수 있어야 다양성이 확보된다. 정부의 마중물 지원이 '작고 만만한' 사업이어야 하는 이유이다.

씨 뿌리기에서 중요한 또 하나의 핵심은 움텄다고 너무 소란 피우지 말아야 한다는 점이다. 겨우내 언 땅 뚫고 나온 보리를 밟아주듯 느긋하게 기다리는 태도가 필요하다. 가까스로 움을 틔웠다 해도 뿌리 내리고 든든한 줄기까지 올려 세우려면 추위와 더위도 거뜬히 이겨내고, 물기와 햇빛도 온전히 받아내야 한다. 지원의 성과로 성공 사례에 목매는 행정이 이제 막 움튼 싹을 주무르다 망치는 경우가 허다하다.

취약 계층은 누구보다 마을살이가 절실히 필요하다. 하지만 이 계층은 마을공동체를 일굴 여력이 없다. 다들 살기 바쁘고 고단한 살림살이에 지쳐 이웃과 관계 맺고, 뭔가 도모할 여유가 없기 때문이다. 이 경우에는 끈기를 가지고 마중물 지원을 해야 한다. 역시 당장의 성과를 기대하면 금물이다. 시민사회의 풀뿌리 활동가들이 취약 계층의 마을공동체 활성화에 마중물 역할을 열심히 한다고 하지만 빤한 인력과 재정 여건으로 항상 역부족이었다. 그럴수록 정부가 공공성의 이름으로 적극 나서서 역할을 해야 한다. 복지가 생활자원의 일방적인 전달로 그치지 않고 주민들의 협동적이고 자립적인 생활 관계망 형성이라는 결실을 맺으려면 취약 계층의 마을공동체 형성을 위한 마중물 지원이 최우선으로 필요하다.

'불쏘시개' 지원

이미 씨앗이 뿌려지고 주민 스스로의 힘으로 활동이 제법 이루어지고 있는 마을에 대한 지원 유형이다. 아궁이에 불이 붙기 시작하면 불쏘시개로 조금만 들쑤셔도 불길이 열려 불이 잘 번지고 금방 나무에 벌건 불씨가 붙는 것과 같은 이치다. 또한 불쏘시개 지원 유형은 정부 지원의 투입 대비 산출 효과가 가장 높다. 이미 마을살이의 동력이 생긴 터라 조금만 지원을 해도 탄력을 받아 속도가 생기고 성과를 내기 때문이다. 정부 지원의 원칙인 '당사자주의'와 '보충성의 원리'가 가장 잘 적용되고 그 시너지가 잘 드러나는 영역이다. 그만큼 정부의 마을공동체정책에서 차지하는 비중 역시 가장 클 수밖에 없다.

그런데 같은 불쏘시개 지원이라도 마을마다 필요한 지원의 내용이 다르다는 점에 유의해야 한다. 마을만들기에 표준 모델은 없다. 표준을 잡아 그 틀에 끼워 맞추려 할 때 마을은 바로 삐거덕댄다. 마을살이는 마을에서 벌어지는 다양한 일들이 서로 연결되면서 나름의 방식과 호흡으로 성장하므로 각기 고유하고 다르다. 하지만 그 중 공통의 지원 요구가 있다면 바로 공간이다. 마을살이가 어느 정도 시작되어 이것저것 활동이 다양하게 이루어지면 어느 마을이나 예외 없이 공간이 절실히 필요해진다. 마을살이가 결국은 이웃과의 관계망이고, 그 관계의 허브, 만남과 사연의 장소, 활동의 거점이 바로 마을의 공간이 된다. 특히 도시에서는 부동산 비용이 엄청나 마을에서 십시일반 감당하기엔 문턱이 너무 높다. 따라서 마을공간에 대한 지원이 정부가 하는 지원 중 가장 효과가 높다.

'다지기' 지원

이미 마을의 형태를 어느 정도 갖추고 있고, 여러 모임과 활동들이 서로 얽히며 이제 막 시너지 효과를 내려는 마을에 필요한 지원이다. 예를 들면 마을 주민들 몇몇이 품앗이로 시작한 어린이집이 마을 방과후교실로 이어지고, 마을의 관계망도 초기와는 달리 복잡해지고 다양한 사람들이 마을살이에 접속하기 시작하면서 마을이 풍성해진다. 하지만 마을이 이후에도 지속적이려면 중학생을 위한 대안이 마련되어야 한다. 대안학교가 아니더라도 '중딩'들이 방과 후에 동아리 활동을 할 수 있도록 도와주거나 장래의 꿈과 희망을 구체적으로 탐색할 수 있는 프로그램이 필요하다. 그래야 그동안 아이 키우며 맺어온 마을의 관계망이 지속될 수 있기 때문이다.

공동육아, 방과후교실에 이어 중·고등 대안학교를 만들어낸 마을이라면 대단한 공력이 쌓였다고 볼 수 있지만, 그런 마을에도 어른들을 위한 프로그램이 필요하다. 아이 키우는 일이 끝나가고 인생 후반전을 목전에 둔 주민들이 이제 자신들의 삶을 돌아보고 노년을 대비하도록 돕는 일을 마을의 주요 관심사로 챙겨야 한다. 어른들의 보람 있고 윤택한 여가를 위한 문화예술 활동을 지원할 수도 있고, 장년기 건강 돌보기, 자녀들의 독립을 대비해 주거 형태를 재설계하거나 현재의 직장을 은퇴한 이후 노후까지 이어갈 수 있는 적합한 일거리를 마련하는 등 다양한 의제가 있다.

그 중에서 특히 관심을 가져야 할 의제가 있다. 마을기금이다. '다지기' 단계에 들어선 마을들은 그런대로 마을살이도 풍성하고, 함께 해온 이웃들의 협동 내공도 만만치 않아 웬만한 일은 어렵지 않게 꼴을 갖춘다. 그럼에도 버거운 것이 돈이다. 소소한 십시일반과 품앗이가 일상화되어도 마을의 장래를 대비하는 사업은 목돈이 필요한 경우가 많다. 개별 사업들도 매장 공간을 넓히거나 시설 개보수 등 사업을 확장하려면 목돈이 필요하다.

마을은 여러 세대가 함께 어우러지며 미래 자신의 모습을 비춰볼 수 있어야 한다. 어린 시절 동네 형들이 롤 모델이며, 동네 아저씨들의 다양한 재능과 역할을 보며 자신의 미래를 꿈꾼다. 노인이 마을 어른으로 대접 받고, 나도 저렇게 늙어야지 생각하며 노년을 준비하고……, 이런 게 마을의 모습 아닐까? 하지만 좀 된다 싶은 마을도 길게 보면 준비하고 시도해봐야 할 것들이 참 많다. 도시에서 마을공동체를 일군다는 것은 좀 길게 내다보면서 차근차근 다져가야 하는 일이다.

▎서울시 마을사업 지원 3대 원칙

원칙	유형	내용
맞춤형 지원	마중물 지원	• 마을의 기초가 없거나 취약 계층이 사는 마을살이 지원
	불쏘시개 지원	• 주민 스스로 마을 씨앗을 뿌리고 마을활동을 할 경우의 지원
	다지기 지원	• 마을 관계망이 이미 형성되어 있어 장기적인 마을 인프라가 필요한 경우의 지원
자립 지원	당사자주의	• 주민 스스로 자원 조달
	보충성의 원리	• 주민 당사자의 자기 조달 이후 부족분에 대한 정부 지원
인큐베이팅 지원	사전 지원	• 사업 신청 전 '찾아가는 상담제' 운영
	실행 및 사후 지원	• 마을활동가와 분야 전문가의 합동 컨설팅 시스템
	평가 모니터링	• 자기 주도적 평가, 상시적 모니터링 시스템

마을지향 행정 ver1.0
공모제 개선

주민 주도형 마을공동체정책의 실행 원칙은 행정 혁신이다. 행정을 혁신하지 않고서는 주민이 주도하는 바람직한 마을의 형성은 불가능하다. 행정 혁신의 방향으로 설정한 마을지향 행정은 대표적 보조금 지원 제도인 '공모제' 개선부터 시작하기로 했다. 공모제는 정부가 민간에 재정 지원을 하기 위해 사용해온 대표적 제도이고, 당시 이를 대체할 만한 다른 대안을 마련하지 못한 상태였다.

수시 공모제

우선 1년에 딱 한 번 하는 공모제를 '수시 공모제'로 바꾸었다. 공모를 1년에 한 번만 하면 사업을 수행할 준비가 덜 된 경우에도 신청하게 된다. 그 기회를 놓치면 1년을 기다려야 하기 때문이다. 그러니 무리를 해서라도 서둘러 신청하게 된다. 제대로 준비가 되어 있어도 쉽지 않은 사업을 준비가 부족한 상태에서 추진해 소정의 성과를 증명하려다 보니 무리하게 사업을 집행하게 되고, 필연적으로 부실이 발생한다. 1년 단위의 사업이라도 현실적으로 사업비를 받아 활용할 수 있는 기간은 길어야 6개월을 넘기기 어렵다. 서둘러 공간을 지어 성과를 보이거나 참여 숫자를 채우는 식으로 형식적인 성과에 집착하게 된다. 그런데 그나마도 '선수들'이나 할 수 있는 일이다. 동네 주민들에게는 언감생심, 그림의 떡이다.

그래서 우리는 서울시가 재정 지원을 하는 마을공동체주민제안사업에 한해 원칙적으로 수시 공모를 실행했다. 주민들이 사업 실행을 감당할 수 있을 만큼 준비되었을 때 자유롭게 지원 신청을 하게 했다. 주는 대로 받아먹는 구내식당의 '배식창구'가 아니라 먹고 싶은 음식을 자유로이 가져다 먹는 '뷔페식'으로 전환한 것이다. 처음 수시 공모제를 시행할 때에는 1차 시기에 지원할 자금이 모두 소진되어 나중에 지원하면 재정이 바닥이 나 지원받을 수 없지 않느냐는 의구심이 있었다. 하지만 예상되는 공모 횟수별로 지원금을 나누어 안배한다는 사실이 알려지면서 의구심은 이내 없어졌다. 즉 아무 때나 지원 신청을 해도 지원 받을 수 있다는 믿음을 준 것이다. 주민들은 수시로 원하는 시기에 사업 신청서를 내고 접수 건수가 어느 정도 쌓이면 신청서를 모아 심사하고 지원자를 선정하게 된다. 사업의 성격이나 주무부서의 형편에 따라 다소 차이가 있지만, 지원금의 액수가 비교적 소액이고 일반 주민이 참여할 만한 사업을 중심으로 연간 많게는 서너 차례, 보통은 상·하반기 두 차례 정도 공모를 진행했다. 접수에서 현장 조사, 상담, 심사에 이르기까지 공모 절차 전반을 지원하는 마을지원센터의 입장에서는 그만큼 업무가 늘고 번거롭지만 주민의 입장에서는 아주 편리하게 개선된 셈이다. 그만큼 행정 문턱이 낮아지고 주민의 접근성이 높아졌다. 이렇게 개선된 주민친화성만큼 마을지향 행정이 달성된 것이다.

| 수시 공모 통계[5]

구분		2014년 공모 횟수	사업지원 선정 건수
마을공동체주민제안사업		3	431
우리마을프로젝트		2	100
부모커뮤니티 활성화		2	130
마을기업 활성화	임대 보증금	2	30
	사업비(안행부 지원)	1	35
마을미디어 활성화		2	60

2014년 10월 기준

그럼에도 꼭 개선이 필요한 사항이 하나 있다. 수시 공모에서 하반기에 선정된 경우, 사업 선정일로부터 1년(최소한 6개월 이상)의 사업 기간을 확보할 수 있어야 한다. 상반기 선정자든 하반기 선정자든 모두 연말에 정산을 완료해야 한다면 하반기 사업 선정자는 사업 수행 기간이 턱없이 부족하게 되어 수시 공모제 자체가 유명 무실해진다. 따라서 명시이월·사고이월[6] 등의 제도를 활용해 1년 이라는 사업 기간을 안정적으로 확보해 수시 공모제가 실질적으로 안착되도록 해야 한다.

---

5 연간 2~3회 선정하는 경우는 대부분 소액 지원이고 선정되는 건수도 30건, 많게는 140여 건에 이른다. 그 외 연간 1회만 공모 실시하는 사업은 선정 건수가 5건 미만인 경우가 대부분이고 지원 금액도 큰 편이어서 상반기에 선정되어야 한다.
6 이월이란 회계에서 올해 사용하기로 한 예산을 다음 연도에 넘겨 사용하는 것을 말한다. 명시이월은 경비의 성격상 당해 연도에 모두 사용하는 것이 불가능하다는 것이 예측되어 미리 의회의 의결에 따라 다음 연도에 사용하는 경우고, 사고이월은 지출원인행위를 하였으나 불가피한 사유로 연도 내 지출을 하지 못한 경비를 다음 연도에 이월하여 사용할 수 있는 제도다.

기존 공모제는 지원 여부를 공정하게 심사하는 것을 중요하게 여긴다. 그래서 지원 제도를 설계할 때 선정 요건을 명확히 정하고, 그 요건에 부합 여부를 공정하게 심사하여 가장 근접한 지원자를 뽑고 나머지는 탈락시킨다. 공정한 심사 절차는 당연히 중요하지만 마을 사업의 경우 무엇보다 주민이 준비하는 과정 자체를 중요시해야 한다. 공모사업에 선정되기 위한 것이기는 하지만, 그 과정은 이웃 간 마을 관계망을 만드는 과정과 다르지 않다. 우선 가까운 이웃들이 모여 함께 마을 일을 궁리하면 마을에 무엇이 필요한지를 따지게 되고, 함께 동참할 이웃들을 더 살펴보며 함께하는 사람들과 팀워크를 다지게 된다. 그러다 보면 그동안 알지 못했던 서로의 면모를 알게 되며 각자의 장기와 능력을 새롭게 발견할 수 있다. 이는 다름 아닌 마을살이의 과정이고, 마을일꾼이 발굴되고 성장하는 과정 그 자체다. 그래서 공모제에서의 당락 그 자체보다 공모를 준비하는 과정이 곧 마을살이의 동력이 되도록 지원하는 일이 더 중요하다.

깔때기 지원

마을 사업에 의욕이 있으면 일단 등록을 권하고, 등록 이후 사업 신청을 원할 시 교육 및 상담 등의 사전 지원을 한다. 설령 등록 후 준비 과정이 길어지거나 도중에 포기해 신청 단계에 이르지 못하는 경우가 생겨도 이는 자원 낭비가 아니라 주민 참여를 넓히는 효과를 거둔다. 왜냐하면 준비하는 과정에서 주민들의 관계망이 만들어지고, 언젠가는 이 관계망이 마을 일을 하는 데 중요한 자원으로 쓰일 것이기 때문이다. 즉 입구는 넓게 하되 출구는 좁게 하는 이른바 '깔때기 지원'이 필요하다. 물론 입구 단계에서의 지원 예산은 아주 미미하며 출구 단계는 엄격한 심사를 거치므로 전체적으로 예산 낭비의 우려는 없다. 오히려 넓은 입구 전략은 '문턱'을 낮추는 효과를 가져와 마을공동체정책을 널리 알리고 주민의 참여를 쉽게 한다. 결국 마을 일에 관심을 갖는 주민들의 잠재력을 널리 확보하는 결과를 가져올 것이다. 대표적으로 마을기업이 이런 지원 절차를 가장 체계적으로 제도화해 실행하고 있으며, 대부분의 마을지원사업에 상담원 제도를 활용하여 사전·사후에 상담받을 수 있도록 했다.

패자부활전 지원 제도

탈락한 주민들에 대한 사후 지원 역시 중요하다. 이미 강조한 대로 마을 사업에서는 입구를 넓게 벌리고 출구를 좁히는 깔때기 정책을 기본으로 한다. 따라서 출구에서 탈락한 주민들이 다시 보완하여 재도전할 수 있도록 지원하는 '패자부활전'[7]을 지원 제도로 안착시키는 것이 매우 필요하다. 한두 번의 실패를 통해 마을살이의 원리와 마을 사업의 성공 요건을 충분히 이해하게 되고, 함께 준비해온 이웃 주민들과 팀워크가 좋아져 단번에 선정된 팀보다 실행 단계에서 더 훌륭한 성과를 내는 경우가 많다. 패자부활의 지

---

7   대표적인 소액지원사업인 우리마을프로젝트(약칭 '우마프')의 경우를 보면, 1차 신청의 경우 약 3:1의 경쟁률을 보이며, 35%가 1차에 바로 선정된다. 재수의 경우 경쟁률이 2.5:1로서 신청자의 40% 정도가 선정되는데, 3수의 경우는 1.2:1의 경쟁률로 신청자의 80% 이상이 선정되는 셈이다.

원 제도는 기본적으로 구(區) 단위에서 진행되는 것이 바람직하다. 아무래도 접근성이 좋고 일상에서 자연스럽게 자주 대면할 수 있는 지역에서 이루어지는 것이 좋기 때문이다. 현재 18개 자치구에서 마을지원센터 및 자치구생태계지원단이 활동하고 있는데, 선정된 주민은 물론 탈락한 주민들의 현황을 주시하면서 필요한 도움을 주고 있다.

포괄예산제도

포괄예산제도는 정부가 용도를 미리 정해놓고 그에 해당하는 사업 신청에 대해서만 지원하는 꼬리표 예산제가 감당하지 못하는 빈 곳을 채우는 지원 제도다. 진정한 거버넌스란 민관이 함께 의제를 설정하고 계획을 수립하며, 집행 및 평가의 책임과 권한을 공유하는 것이다. 특히 마을공동체사업이 '민간 주도형' 거버넌스라 할 때 의제 설정과 계획 수립의 민간 주도성이 보장되고 장려되는 것이 그 핵심이다. 그런데 꼬리표 예산은 행정이 세운 계획의 범위를 벗어날 수 없다. 따라서 포괄예산은 미리 용도를 정해놓지 않고 일정 규모의 예산을 따로 떼어놓아 언제든 필요한 용도에 따라 바로 보조금 지원을 요청할 수 있게 한 '바구니 예산'이다. 과목명이 쓰여 있지 않은 무제 공책처럼 주민들의 창의와 상상력을 담아내기 위한 혁신적인 예산 제도다.

물론 시민의 세금을 사용할 때 사전의 치밀한 계획과 검증은 반드시 필요하다. 초기에는 시범적으로 일정한 전제를 두고 그 규모도 일정한 범위 내에서 제한적으로 운영했다. '우리마을프로젝트'와 '부모커뮤니티', '주민제안사업' 등이 그 예이고, 마을지원사업 예산의 2% 남짓에서 출발해 계속 늘려가고 있다.

| 포괄예산 비중의 연도별 추이

		2012	2013	2014	비고
우리마을 프로젝트	지원센터	276	382	299	
부모 커뮤니티	여성가족 정책실	1,000	1,000	546	(단위: 100만 원) * 주민에게 보조금으로 지원되는 마을사업 의 예산액 합계임
주민제안 사업	마을담당관	–	2,430	4,048	
합계		1,276	3,812	4,893	
전체 예산*		58,007	17,390	13,307	
비중		2.2%	21.9%	36.7%	

사실 서울시에서는 이미 주민참여예산제가 시행되고 있기 때문에 포괄예산제가 제도상 느닷없거나 낯선 제도는 아니다. 지금은 주민참여예산제가 민원성 자원 배분의 성격을 크게 넘지 못한다는 평가가 있지만, 이러한 마을공동체정책의 포괄예산제도를 통해 경험을 쌓아 주민참여예산제를 실효적으로 개선할 수도 있을 것이다. 주민자치란 '스스로 참여하여 결정하면 실현된다'는 경험을 직접 해봄으로써 주민 참여의 중요성과 효과를 널리 확장해 갈 때 정착된다.

| 마을지향 행정 ver1.0

구 분	내 용	
절차	• 맞춤형 수시 공모 지원 • 배식에서 뷔페식으로 인큐베이팅 지원 • 입구는 넓게 출구는 좁게 '깔때기 지원'	• 연중 수시로 공모할 수 있도록 함으로써 주민이 준비된 수준(성장 단계)만큼 자원을 활용할 수 있도록 해 성장을 유도하는 '인큐베이팅식' 전략(마을기업 사례 참조)
예산	• 포괄예산제 도입	• 꼬리표 예산에서 바구니 예산으로 • 기금 형식도 고려
평가	• 과정 평가 • 사람성장 평가 • 질적 평가지표	• 행정의 지원이 마을 차원의 사회적 자본을 강화시키는 것으로 귀결되었는가? • 마을에 지속가능한 주민들의 관계망이 형성되고 있나? • 활동가, 리더가 등장하고 성장하고 있나?

용역업자 vs.
시정 참여자

"시민이 시장이다." 2011년 서울시장 보궐선거 때 박원순 후보가 주창한 슬로건으로, 시장에 당선된 후에도 줄곧 이 원칙을 강조했다. '시민이 곧 시장'이라는 박 시장 시정철학의 핵심은 '시민의 참여'다. 그동안 전문 관료 조직이 독점해온 행정에 '시민이 참여한다'는 것이다. 좀 더 엄밀하게 말하면 '행정이 시민을 초대하겠다'는 것이다. 이는 시민을 시정의 주인으로 여기는 '인식'의 전환에 머물지 않고, 시민을 행정의 주체로 초대하는 적극적인 '행위'다. 초대에는 초대의 예가 따라야 한다. 찾아오는 이에 대한 반가운 환대와 처음 찾아오는 이가 느낄 낯섦에 대한 배려가 필요하다.

주민이 주도하는 마을공동체사업에 주민(시민)이 초대되는 것은 아주 당연하다. 진정한 환대와 배려는 마을공동체정책의 목표를 공유하고, 각자의 역할을 인정하며, 그에 따라 권한과 책임을 나누는 것이다. 목표의 공유는 계획 수립 과정을 공유할 때 비로소 실현된다. 특히 마을공동체사업은 마을살이 당사자인 주민들이 계획 수립 단계부터 참여해야 한다. 주민이 스스로 필요를 제기하고 해결의 의지를 드러내며, 실행 계획을 궁리할 때 비로소 '시민의 참여'가 시작되는 것이므로 초대의 예는 이 모두를 담아내야 한다. 다시 말해 시민을 초대한다는 것은 시민을 시정의 주체로 여기고 그에 상응한 계획 수립과 실행, 평가에 이르는 일련의 과정에 대한 권한과 책임까지 부여하는 것이다. 책임과 권한을 나누지 않는 한 시민 참여는 구호에 지나지 않을 것이다.

무슨 일이든 평가는 중요하다. 특히 정부가 사업을 할 때는 시민의 소중한 세금을 쓰는 일이니 그 쓰임의 과정이 적절한지, 쓰인 결과에 성과가 있는지를 따지는 건 당연하다. 하지만 마을공동체사업으로 주민들에게 보조금을 지급하는 공모사업에서는 그 방식과 전제가 사뭇 달라진다. 즉 용역 업체에 과업을 맡기고 그 성과를 따지는 것과는 분명 다르다. 서울시 마을공동체공모사업에 참여하여 보조금을 지원받아 마을에서 활동을 시작한 어떤 주민은 무려 네 차례나 평가와 관련한 방문 인터뷰를 받았다고 한다. 처음에는 정부 돈을 받으니 그런가 보다 했지만, 계속되는 방문과 질문에 대답하려다 보니 마치 자신이 잠재적인 범죄자라도 된 기분이 들더란다. 혹은 과업을 제때 납품할 수 있는지 증명해야 하는 하청업자라도 된 것 같다며 푸념했다.

마을사업지기, 능동적 시민성의 표상

정부가 보조금을 지원하는 공모사업에 선정된 사업자를 뜻하는 '보조 사업자'의 진정한 의미는 무엇일까? 보조 사업자는 정부의 소중한 세금으로 지급되는 보조금을 대가로 소정의 과업을 달성해야 하는 이들일까? 아니다. 이들은 서울시의 주인으로서 시정에 참여하는 주체다. 자신의 생활에 기반하여 지역 이웃들과 함께 계획하고 해결 방안을 직접 실천에 옮기려는 시민이자 그 일에 필요한 행정적·재정적 지원을 받는 이들이다. 따라서 보조 사업자가 된다는 자체가 정부가 할 일을 시민이 나서서 하는 대단히 적극적인 시정 참여 행동이고, 시정 체감 과정이다. 최근에는 보조 사업자라는 명칭보다 '마을사업지기'란 명칭을 사용한다. 사업에 대한 평가 역시 지원금을 적절히 사용했는지 따지거나 과업을 제대로 달성했는지 여부를 확인하는 식의 '감시와 추궁'이 되어선 안 된다. 시민이 시정에 참여하면서 느낀 경험과 성취의 보람을 드러내게 하고, 주인된 시민의 입장에서 그들이 마주한 애로점과 개선 사항을 가감 없이 청취해야 하는 것이다. 즉 '발견'과 '청취'여야 한다.

마을은 생활의 장소를 매개로 일상을 공유하는 이웃들의 관계망으로 시민사회보다는 하위의 영역이며, 시민사회의 토대가 되는 구체적인 단위라 할 수 있다. 그간의 시민사회가 선거로 주권을 위임 받은 정치인과 대변(advocacy)을 자임한 시민단체들의 정치 활동으로 움직이는 '대리정치'의 공간이었다면, 마을은 자신의 생활을 직접 결정하는 '자율정치(주민자치)'의 공간이다. 마을은 시민사회에 비해 '미시적이고 직접적인' 정치 공간이라 할 수 있다. 마을에서 주민들이 삶의 필요와 문제를 해결하기 위해 직접 나서는 행위는 주민자치의 출발점이자 지역자치의 근간이 된다. 마을 공동체사업에 참여한 시민(마을사업지기)은 정부의 지원을 통해 시정의 주체로서 주민자치의 토대를 쌓아가는 능동적인 시민성(citizenship)의 표상으로 여겨져야 한다. 마을사업지기는 평가의 대상이 아니라 평가의 주체다.

■ 보충1: 평가 시스템

자기주도 평가

마을사업은 주민들의 생활에서 필요로 하는 요소들을 해결하는 일이므로 그 해결 방식과 경로가 백이면 백 모두 다르다. 또한 그 과정에서 주민들이 관계망을 형성함으로써 마을이 형성되므로 주민들이 스스로 행하는 평가가 매우 중요하다. 정부가 정하는 일률적이고 결과적인 성과지표가 아니라 사업에 참여하는 주민이 스스로 정하는 상대적이고 과정 중심의 평가가 이루어져야 한다. 즉 참여 주민이 사업 참여에 앞서 스스로 달성하려는 목표를 정하고, 사업 종료 이후 스스로 그 달성 여부를 진단해야 한다. 그래야 참여하는 마을과 사람마다 각기 다른 특수성과 개성을 살리게 되고, 무엇보다 참여 주민들이 스스로 성장해갈 수 있다.

평가 자료의 수집

평가의 지표는 산출지표(output)와 성과지표(outcome)를 동시에 추출해야 한다. 평가를 위한 데이터 역시 정량적인 것과 정성적인 것을 균형 있게 수집해야 한다. 사업 신청 접수 과정에서 자동으로 수집되는 정보, 설문이나 인터뷰를 통해 수집되는 양적·질적 자료, 마을사업지기와 사업의 수혜자, 컨설턴트 등 다양한 관계인의 입장에 따른 정보가 포괄적으로 수집되어야 한다. 따라서 평가 자료의 수집은 마을 아카이빙의 과정과 연동되어 이루어져야 한다.

상시적 모니터링

평가 활동은 시즌별로 이루어지는 행사가 아니라 일상적인 정보 수집 활동으로 이루어져야 하므로 상설 모니터링단을 운영해야 한다. 모니터링 활동은 사전 지원과 실행 지원 그리고 사업 종료 후 이루어지는 사후 지원 과정에 고르게 투입되어야 하며, 사업의 계획 과정에서 자문을 하고 사업지기를 직접 지원했던 활동가들이 주로 담당하게 함으로써 사업의 맥락을 고스란히 담은 모니터링 데이터를 수집하도록 한다. 한편 마을지원센터는 직접적인 마을사업을 수행하는 기관이 아니라 민과 관을 연결하는 중간 지원 조직으로 설계되었고, 모니터 요원의 역할을 수행할 활동가들을 관리하기 때문에 모니터링 프로세스를 총괄적으로 관리하기 적절한 주체다.

연구 기능 강화

상시적 모니터링을 통해 수집된 양적·질적 데이터를 분석하고 이를 토대로 정책 개선안을 마련하기 위한 연구 기능이 강화되어야 한다. 평가 툴(tool)을 지속적으로 업그레이드 시키고, 모니터링 프로세스를 개선하기 위한 연구 활동 역시 중요하다. 아울러 평가 텀(term)을 유연하게 적용해야 한다. 마을살이의 호흡을 고려할 때 단기적인 평가를 지양해야 할 뿐 아니라 사업 추진 시기와 정산 시기의 불일치를 고려할 때 유연한 적용이 필요하다. 행정에서 예산안 입안이 시작되는 시기가 6월이고, 이 시점에 평가안이 나오려면 당해 연도 사업이 개시된지 6개월도 안 지난 상태에서 평가를 완료해야 하기 때문이다.

협력적 거버넌스,
통역이 필요한 사이

'행정'은 시민을 시정의 참여자로 인식하고, 마을살이의 흐름에 맞는 장기적이고 통합적인 지원을 위한 마을지향 행정 시스템을 만들려 노력한다. 민간에서는 '주민'이 스스로 생활의 문제를 이웃들과 함께 해결하려 나선다. '활동가들'은 앞서서 대변하기보다 함께 살아가며 경험을 나누는 촉진자의 역할을 한다.

관과 민간, 주민과 활동가가 각기 제몫을 할 때 서울시의 주민 주도형 마을공동체정책은 현실의 성과로 드러날 것이다. 관과 민의 이러한 혁신은 궁극적으로는 참여행정의 길을 내는 것이며, 협력적 거버넌스의 경험을 축적해가는 과정이 된다. 또한 협력적 거버넌스의 경험이 참여행정의 수준을 결정하고, 서울시의 주민 주도형 마을공동체정책의 성과를 좌우하게 될 것이다.

하지만 우리 사회는 협력적 거버넌스를 해본 경험이 참으로 빈약하다. 1948년 정부 수립 이후, 박정희 정부의 개발독재 시대를 경과하면서 오랫동안 위계적이고 권위적인 거버넌스가 일반적인 통치문화로 이어져왔다. 중앙집권적인 정치권력과 전문화된 엘리트 행정관료의 '하향식(top-down)' 일방 행정이 지배적이었고 심지어 효과적이라 여겨졌다.

1980년대 중반 이후, 정치적 변화에 힘입어 권위주의적 통치 체계가 다소 누그러지면서 권위적 거버넌스는 계약적 거버넌스로 전환한다. 또 명령적 통치는 쌍무적 계약 관계로 대체된다. 그런데 외관상으론 계약 관계의 평등성이 존중되는 듯하지만 실질적으로는 위계적 통치문화가 부드러운 옷을 갈아입은 정도를 넘어서지 못한 것 같다. 법률상 평등한 주체 간의 자유의사에 기초한 쌍무적 계약 관계가 요사이 사회적 이슈가 되고 있는 이른바 '갑을 관계'로 귀착되어버리고 말기 때문이다. 갑을 관계에서는 겉으론 수평적 계약 관계이지만 하청을 주는 갑과 그것을 받아야만 하는 을 사이에 불평등한 관행이 일반적이다. 위계적 환경에서는 거버넌스라는 명목으로 행정에 참여한 시민(또는 시민단체)이 결국은 갑을 관계의 을로 전락하는 경우가 많다. 대등한 파트너인 동반자가 아니라 행정이 요구하는 과업을 수행해야 하는 하청업체가 되어버리는 것이다. 더 심각한 문제는 갑이나 을 모두 이 갑을 관계에 길들여져 갑을의 정체성을 스스로 내면화하고 있지는 않은가 하는 점이다.

협력적 거버넌스, 신뢰와 위험 감수

협력적 거버넌스는 이미 세계적인 흐름이다. 국가의 역할에 의문이 제기되고 시민의 참여를 끌어내지 않는 한 국가가 제구실을 하기 어렵기 때문이다. 그런데 거버넌스가 관이 민을 포섭하여 이용하는 것으로 귀착되지 않게 하려면 민의 주도성과 자율성이 기본으로 깔려야 한다. 그러려면 관이 자신의 위치를 먼저 바꿔야 한다. 행정 혁신이란 바로 행정이 자기 위치를 스스로 변화시키고, 민이 자신의 자율성을 바탕으로 주도적으로 참여하면서 창의적 에너지를 극대화시킬 때 가능하다.

설령 관이 자기 혁신의 의지가 있다 해도 만만찮은 장애물이 있다. 민과 관 사이의 소통이 어렵다는 것이다. 각기 사용하는 언어가 다르고, 일하는 방식과 조직의 성격과 운영 원리도 판이하다. 비슷한 게 별로 없을 정도다. 함께 무엇인가 해볼라치면 '통역' 없이는 불가능할 지경이다. 그런데 우리 사회는 협력적 거버넌스의 경험이 척박한 탓에 유능한 통역사가 별로 없다. 이 대목에서 민도 관도 상호 협업과 소통의 경험을 조금이라도 쌓아가려는 노력이 절실히 필요하다. 바늘허리 매어서 쓸 수는 없는 법, 민관 모두 상대의 언어를 충분히 익히기까지는 시간이 필요하다. 서로 신뢰가 쌓여 비로소 소통이 터질 때까지 민관 모두 끈질긴 노력이 필요하다.

신뢰의 핵심은 당사자가 모두 위험 감수(risk taking)의 의사를 가지고 있느냐 하는 점이다. 즉 상대방의 관행적 행동이나 실수로 인해 발생할지 모르는 피해를 감수할 용의가 있는지 여부가 중요하다. 민은 관과의 협업에 나서게 되면서 복잡한 행정 절차와 행정 서식 등 소모적인 절차상의 비용과 부담을 감수해야 한다. 나아가 협업 과정에서 드러날 관 주도의 부작용에 대해서도 일정 정도 위험을 감수해야 한다. 관 역시 민에 대한 염려를 내려놓고 실험과 도전이 허용되는 진취적인 협업의 문화를 만들기 위해 위험을 감수해야 한다. 통상 관은 예산 제약과 성과에 대한 강박 때문에 민에 '노파심'을 가지기 쉽고, 새로운 시도에 대해 대단히 보수적이기 때문이다.

관이 이제껏 시민사회가 축적해온 경험과 주민이 마을에서 발휘해온 창의를 존중하고, 마을의 호흡과 감수성에 예민하게 반응할 때 진정한 거버넌스, 주민 주도의 협치가 결실을 맺을 수 있다. 그래야 비로소 주민(시민)이 '시정의 주인'으로서 관과 대등한 민간 파트너로서 참여할 수 있게 된다. 이것이 바로 참여행정의 참모습이고, 협력적 거버넌스가 작동하는 원리다. 더불어 "시민이 시장이다"라는 박원순 시장의 시정철학의 핵심이 비로소 구현되는 지점이다.

■ 보충2: 민과 관의 역할 분담

<u>민과 관의 역할 분담 명확화</u>

현재 서울시 마을공동체정책에서 사업의 기안과 집행의 주체는 서울시의 각 부서다. 각 부서가 독립적인 사업 예산을 편성해서 집행한다.[8] 마을지원센터는 서울시 사업부서에서 집행하는 공모사업의 '접수 업무'를 일원화하여 담당한다. 접수 전 상담 업무와 심사 시 현장 조사 업무를 센터가 담당할 뿐이다. 그 외 센터가 직접 집행하는 사업은 활동가 교육사업과 우리마을프로젝트 정도다. 즉 주민을 대상으로는 직접 공모사업을 거의 하지 않는다.

---

8 2013년 서울시 마을공동체지원사업은 14개 사업, 200여 억 원의 사업비를 14개의 과 단위 부서가 집행했다. 참고로 마을지원센터의 예산은 인건비 등의 관리비를 제외하고는 10억 원이 채 안 된다.

2부 시민사회의 미시적 재구성과 마을공공성

물론 마을지원센터는 각 부서와 상시적으로 사업 설계와 집행에 관해 협의하고, 사전 지원과 실행 및 사후 지원에 필요한 민간의 활동가와 전문가를 연결하는 역할을 한다. 센터는 서울시 전 자치구에서 민간이 스스로 만든 네트워크(마을넷)와 정기적인 연석회의를 통해 현장의 요구와 제안을 수렴하고, 이를 서울시 각 사업 부서에 반영하려 노력한다. 하지만 사업의 주체가 각 부서이므로 센터의 입장을 관철하는 데에는 근본적인 한계가 있다. 센터의 역할이 자문 방식의 일시적인 의견 제출 수준은 넘어섰다 해도 최종 결정과 집행의 권한은 각 부서에 있기 때문이다.

이러한 한계는 마을담당관의 경우도 유사하다. 마을담당관이라는 부서는 서울시의 마을공동체를 전담하는 담당부서로서 센터보다는 행정 내 협의와 개입의 통로가 원활하겠지만,[9] 기존의 부서별 관행을 허물고 통합적으로 재구성하기엔 역부족이다. 결국 주민 주도성이 실행되는 데에는 넘어야 할 구조적인 한계가 있다. 즉 센터 또는 마을담당관이 각 사업 부서에 대해 '정책적 종합'을 유도해내지 못하면 '협의하고 제안하고 마는' 제한적 역할에 그치고 말 것이다. 민간 주도성이라는 서울시 마을공동체정책의 대원칙은 공염불이 되고, 거버넌스는 형해화(形骸化)되며, 심지어 이른바 '갑을 관계'로 퇴행해버릴 위험도 있다.

한편 행정 입장에서도 초기에는 애매한 지점이 있었다. 마을사업이 처음 제기될 때 강력한 원칙으로 '주민 주도'가 강조되면서 공무원들은 '나서지 말라. 주민이 주도하고 행정은 단순히 지원하는 역할이다'로 인식되면서 행정 스스로 능동적 행동에 제동을 건 측면이 있다. 그렇지만 실질적으로 사업을 실행하는 과정에서 행정이 움직이지 않으면 집행이 곤란하며, 예산이 투입되는 사업은 행정이 대부분의 의사 결정을 한다. 더욱이 일의 진행 과정에서 당연히 공무원들도 제대로 하고

---

9 마을담당관은 시장 직속의 사회혁신기획관의 하위부서로서 기획관(국장)의 지휘를 받는다.

싶어지고, 학습 능력이 탁월한 서울시 공무원들은 시간이 지나면서 마을사업에 대한 입장과 방향 감각을 가지게 되었다. 마을사업 2년 동안 얻어진 중요한 성과다. 따라서 민과 관, 행정과 센터의 명확한 역할과 책임을 구분하고, 상호 협력 지점을 구체화할 필요가 있다. '주민 주도' 원칙이 갖는 의미가 진전된 현실로부터 새로이 정립되어야 한다.

자치구마다 마을 관련 담당부서가 만들어졌다. 민간 역시 자치구마다 마을네트워크가 형성되어 정기적인 회의를 개최하고, 25개 마을넷 대표 연석회의가 개최되고 있다. 자치구 차원에서도 민과 관의 주체가 형성됨으로써 서울시 마을공동체종합지원센터, 서울시 마을공동체위원회, 마을담당관과 더불어 마을사업에서 거버넌스의 중심 주체가 모두 등장한 셈이다. 2012년 초에 비하면 광역·기초, 민관, 사업 부문 간 교류와 협의가 꾸준히 이루어지며 '사람들 사이에' 상당 수준의 소통 기반과 협동의 토대를 마련해왔다고 평가할 수 있다. 마을사업 2년여 동안 상당한 경험치가 쌓여 정책과 사업을 개선할 만한 근거가 마련되었다. 민관 거버넌스의 획기적인 도약의 기회를 맞이했다고 할 수 있다.

민과 관의 현 단계 역할 분담의 모습

행정은 엄연한 주체다. 그리고 실질적인 주체다. 사업을 기획하고 집행하며 평가하는 사업 주체로서 행정 프로세스를 운영한다. 주민 주도라는 원칙이 더 이상 행정의 주체성과 능동성을 저해해서는 안 된다. 다만 과거와는 달리 '혁신 행정', '마을지향 행정'의 주체가 되어야 할 뿐이다.

마을지원센터는 행정의 집행 과정 내내 함께 '동행'하면서 집행 과정을 지원하는 역할을 수행한다. 먼저 행정이 정책을 기획하는 단계에서는 실험적인 사업을 구상하고 시범사업을 하면서 행정의 정책 기획 및 사업 구상에 대한 여러 가지 제안을 한다. 다음 정책 집행 단계에서는 사전 지원과 실행 및 사후 지원 역할을 수행하며, 이 역할을 담당할 활동가와 전문가를 사전에 발굴하고 양성하여 투입한다. 끝으로

| 마을공동체사업 절차와 민관 협력 프로세스

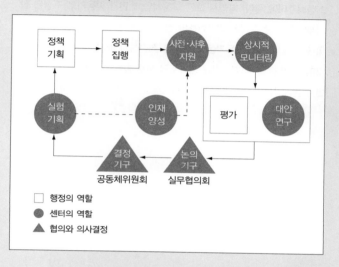

평가 단계에서는 사전 지원–실행 지원–사후 지원 과정 동안 상시적으로 모니터링하면서 수집한 데이터를 분석하고 대안적인 정책 개선안을 마련한다. 집행과 평가가 이루어지고 나면 행정과 센터는 실무협의회에서 만나 각기 준비한 평가 및 개선안을 내놓고 협의한다. 여기서 조정된 논점은 공동체위원회에서 최종적으로 확인을 받고, 미조정된 쟁점을 결정하게 된다. 이렇듯 행정과 센터는 하나의 마을지원 프로세스를 '따로 또 같이' 동행하는 동반자다. 따라서 행정과 센터는 주민 주도 마을공동체정책의 독립적 주체로서 행정 혁신과 시민사회 혁신의 과제를 추구하며 '참여행정=협력적 거버넌스'를 이루어가는 동반자로 성장해가야 한다.

행정은 각 단계마다 실제 지원 역할을 담당하는 센터를 포함한 민간 활동가들을 용역 수행자가 아니라 협력적 파트너로 초대해야 한다. 또한 이들 활동가들이 사업의 기획과 실행 전반에 직접적이고 상시적으로 참여하여 시민 사업지기들에게 밀착하여 지원할 수 있도록 여건을 조성해주어야 한다. 따라서 모든 마을사업에 민간 활동가로 구성된 상시적인 지원단 구성을 의무화해야 한다. 물론 센터는 지원단에서 활약할 민간 전문가와 활동가를 발굴하고 적절하게 배치하는 역할을 담당하며, 사업 종료 후 참가한 활동가들의 지원 활동을 성찰적으로 돌아보면서 활동가들의 역량을 높이고 수준을 향상시키는 역할을 해야 한다.

2장

시민사회 재구성의 열쇠,
마을공공성

행정 혁신이 톱다운(top-down)의 방법을 개선하는 것이라면, 시민사회 혁신은 보텀업(bottom-up)의 주체를 명확히 하는 일이다. 한마디로 시민(주민)의 '나서기'이다. 일상을 살아가는 주민이 자신의 생활상의 필요와 욕구를 해결하기 위하여 스스로 나서는 것이다. 그렇게 되려면 무엇보다 주민들이 마을살이에 쉽게 접근할 수 있도록 문턱을 낮추고 접근성을 높여야 한다.

주민 세 명이면 마을공동체 사업을 신청할 수 있도록 조례를 만들어, 상당수의 일반 주민들이 마을공동체에 등장하였고, 이들이 서로 연결되기 시작하였다. 아울러 이미 마을살이 경험이 있는 주민이나 활동가 들은 막 등장하기 시작한 새내기 주민들을 맞이하여 상담과 컨설팅을 통하여 주민 나서기를 지원하는 인큐베이팅 시스템을 구축해가고 있다. 이렇게 정부의 지원을 통해 등장하고 연결되기 시작하는 주민모임들이 과연 마을 관계망으로까지 나아갈 수 있을까? 마을 형성의 과정은 마을활동가 발굴과 양성의 과정이기도 하다. 즉, 주민의 등장과 연결은 마을 형성과 활동가 양성이라는 과제로 옮겨가게 된다.

정치인에게 선거를 통해 위임했건만 그들의 기득권으로 변질된 주권을, 시민단체의 운동으로 대변된 주권을, 이제는 시민이 직접 사용하자는 것이 마을공동체 운동이다. 이는 시민사회의 미시적 재구성 과정이고, 시민사회의 새로운 주체 형성의 과정이다. 생활세계에 기초한 주민들의 협동적 생활 관계망의 구축이 다름 아닌 마을이고 보면, 마을이 곧 혁신이다.

주민의 등장과
연결

2012년 당시 시민사회가 '기대와 우려'라는 상반된 판단을 앞에 두고 이 상황을 타개할 묘책을 궁리하고 있을 때, 행정은 신속하게 지원(top-down)할 채비를 갖추었다. 마을담당관실을 신설하고(2012. 4), 마을공동체 조례를 제정했으며(2012. 5), 마을공동체사업 전반을 지원할 관설민영(官設民營)의 중간지원조직인 마을공동체 종합지원센터를 설립했다(2012. 8). 또한 2011년 10월 선거 직후 신임 시장의 시정방침에 따라 편성된 예산에 기초해 각종 마을 관련 지원사업이 이미 설계되어 있었다. 이로써 행정은 2012년 상반기를 지나며 마을공동체 지원을 실행할 법제도적 준비를 완료한 셈이다. 참으로 신속한 준비 과정이었다. 새삼 행정의 힘을 확인할 수 있었다.

한편 민간은 3차에 걸친 풀뿌리 집담회와 박 시장과의 3차에 걸친 협의를 통해 주민 주도형 전략을 확정했다. 그 뒤 크고 작은 집담회를 개최해 이후 서울시의 마을공동체정책을 견인하고 주민들의 등장을 지원할 방안에 대한 지역별 공론화를 추진했다. 그 결과 마을네트워크('마을넷')가 구 단위로 구성되었고, 민간 차원의 공론장이자 민관 거버넌스의 민간 측 파트너로서의 역할을 자임하게 됐다. 현재는 25개 구 모두에 마을넷이 구성되어 활동하고 있으며, 그동안 월 1회 연석회의가 개최되어 서울시 정책의 전반을 검토하고 대안을 강구하는 역할을 수행해오고 있다. 이런 과정으로 민과 관은 각기 본격적인 마을공동체정책의 실행을 위한 준비를 완료한 셈이다.

주민의 등장과 문턱 낮추기

드디어 2013년 본격적으로 사업이 집행되었다. 본격적인 사업 실행의 첫해라 할 수 있는 2013년의 화두는 '등장과 연결'이었다. 이른바 '선수'가 아닌 일반 주민이 등장하도록 노력한 것이다. 초기부터 풀뿌리 단체나 시민단체들이 앞서 등장하기 시작하면 일반 주민들은 나서기 어려워진다. 그러면 이른바 선수들끼리의 자원 배분 경쟁터로 전락할지도 모른다는 점을 가장 우려했다. 누구든 자신의 생활상의 필요를 가지고 맘 맞고 뜻 맞는 이웃들과 함께 쉽게 나설 수 있는 사업이 되어야 했다. 그러려면 서울시 지원사업이 일반 주민들에게 '만만한' 사업으로 다가가야 했다. 그래서 지원사업의 규모를 잘게 나누었다. 지원금의 크기가 40만~50만 원에서 300만~400만 원을 넘지 않는, 작고 소소한 지원사업을 전면에 배치해 일반 주민들이 부담 없이 쉽게 참여할 수 있도록 문턱을 낮췄다. 2013년의 경우 소액지원 건수가 공모사업으로 지원한 전체 건수의 50%를 차지하는데, 지원금의 비중은 7%에 불과했다. 그만큼 작고 만만한 사업의 비중이 압도적으로 컸음을 알 수 있었다.

구분	주민		단체		합계	
	지원 건수	비율	지원 건수	비율	지원 건수	비율
2012년	161	14%	1,026	86%	1,187	100%
2013년	649	84%	127	16%	776	100%

주민: 개인 3인 이상 연대서명, 단체: 비영리민간단체 및 비영리법인
2012년에는 환경개선사업(한뼘마을공원, 마을뒷산공원 등) 단체만 신청 대상이 되었으며, 작은도
서관 지원 300곳이 신청 대상이었음.

| 주민의 등장

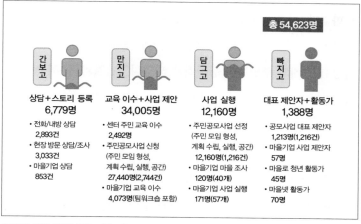

2013년 12월 기준(자치구 단위 교육, 공모사업 제외)

　　그런데 무엇보다 결정적인 문턱 낮추기는 마을공동체조례
였다. 즉 서울에 사는 3인 이상의 주민이면 누구나 사업을 신청할
수 있도록 조례로 정한 점이다. 그동안 사단법인이나 비영리민간
단체등록이 있는 단체가 아니면 사업 신청이 불가능했는데, 그 문

턱을 단숨에 없앤 것이다. 사실 공무원 입장에서는 정부 지원금을 제대로 사용하고, 마무리 정산까지 책임 있게 진행해줄 파트너가 필요하다. 그래서 법인이나 비영리단체라는 공신력 있는 단체들만 사업 파트너로 상대해왔다. 그러니 평생 이런 법인이나 단체와는 인연이 없는 일반 주민들은 처음부터 정부 지원사업의 자격을 얻을 수 없었다. 그런데 조례의 '3인 이상' 조항으로 이 벽을 단번에 허물어버린 것이다. 참으로 혁신적인 조치였다. 또 주소가 서울이 아니어도 일터가 서울이면 가능하도록 해 서울에 사는 일반 시민 누구라도 3인 이상 모이면 서울시의 지원을 받을 수 있도록 제도화했다. 이로써 일반 주민의 자유로운 등장을 가로막은 장벽이 사라지고, '작고 만만한' 재미있는 사업을 통해 그야말로 남녀노소 다양한 동네의 주민들이 등장하게 되었다. 그 결과 두 해 동안 대략 7만여 일반 주민들이 사업에 참여했고, 2,500여 개의 주민 모임이 만들어졌다.

주민의 연결, 자랑질과 하소연

등장한 주민들은 자연스레 연결되었다. 각기 하는 일의 성격이 비슷하거나 사는 동네가 비슷한 주민 모임들이 서로 모여 자랑도 하고 하소연도 하면서 나누고 배우는 관계를 만들어갔다. "너무 힘들어. 우리만 잘 안 되나 봐." 맘과 뜻이 맞아 함께 시작했다고는 하지만 막상 일이 진행되면 별의별 일이 다 생긴다. 뭐든 손발이 척척 맞을 것 같았지만 크고 작은 갈등에 바람 잘 날이 없다. "마을에서 좋은 일 하려다가 잘 지내던 우리들 의만 상하는 거 아냐?" 갑자기 불안하고 후회가 몰려온다. 또 우리만 부진하고 뒤처지는 것 같아 속상하다. 다른 팀은 어떤지 궁금하다. 진짜 우리만 그런지 확인하고 싶기도 하지만 "저 팀도 뭐 별 수 있겠어?" 위로라도 받고 싶다. 이럴 때 하소연과 자랑질이 필요하다. 비슷한 사업을 하는 주민 모임들이 함께 모여 힘든 점을 털어놓다 보면 "우리만 그런 게 아니구나" 위안도 받고, "아, 저렇게 하는구나" 해결의 실마리가 잡히기도 한다. 잘하고 있는 팀을 보면 괜히 힘이 솟는다. "우리도 조금만 더 버티면 저렇게 되겠지?" 주민들은 전문가들의 강좌식 교육을 통해 성장한다기보다 하고 있는 실천의 내용들을 서로 교류하고 견주며 자기주도적 학습을 통해 함께 성장하게 된다. 부러워하며 기대를 품고, 위로 받으며 힘을 내며, 돌아보며 깨닫는다.

서울시 마을지원센터 역시 주민들의 이러한 자발적인 연결을 촉진하도록 자치구 마을넷과 협력하여 자랑질대회, 하소연대회의 판을 벌이는 역할을 했다. 연결의 판을 벌이는 데에는 축제가 최고다. 축제는 온 동네 사람들이 다 나와 노는 것이라 부담도 없고 신나고 즐겁다. 평소 못 보던 사람도 만나고, 그동안 뭐 하고 사나 궁금했던 사연도 듣게 된다. 그야말로 장날 반상회 하듯 별의별 소식과 사연들이 한꺼번에 만나 섞인다. 마을에서 이만한 연결의 장이 없다. 뭔가 야심찬 작당이라도 하는 모임들은 이 기회를 결코 놓칠 수 없다.

2013년 하반기에 지원센터가 시범적으로 도입한 '주민참여심사제도'는 주민들의 '연결'에 아주 탁월한 기여를 했다. 이는 사업 신청서를 낸 팀들이 모두 모여 적절한 규모로 조를 편성해 각자 자기 사업을 발표하고, 이어서 신청자들이 직접 투표에 참여해 최종 지원 대상자를 선정하는 심사 제도다. 이 방법은 경쟁자 모두가 참여하여 공개적으로 함께 결정하니 심사의 투명성이 높아진 것은 물론이고, "아, 저렇게 하는구나. 우리도 따라 해보면 좋겠다." "어? 저 청년들, 우리 동네 사네? 사업 내용도 우리랑 비슷한데 같이 합쳐서 하면 좋겠다." 벌써부터 마을에서 함께할 '동지'들도 자연스레 찜한다. 그야말로 주민들이 처음 등장하는 새내기 등용문에서부터 서로 연결되는 계기가 만들어지는 것이다. 2014년에는 '부모커뮤니티사업'과 '주민제안사업'에도 주민참여심사제도가 확장되어 적용됐다. 기대보다 많은 주민들이 등장해 자연스럽게 연결되고 마을살이 선배 주민(활동가)들의 네트워크도 구마다 만들어지고, 선배 주민들과 새내기 주민들이 동네에서 멘토링으로 연결되고…… 짧은 2년이었지만 나름 알찬 결실을 맺었다.

인큐베이팅
시스템

마을사업은 건물을 짓거나 제품을 만드는 것처럼 사전에 성과물을 예측하기가 쉽지 않다. 설계도나 과업 지시서로 성과치를 미리 명확하게 정해두기 어려운 것이다. 따라서 마을사업은 연말에 숙제 검사하듯 해서 될 일이 아니다. 더욱이 마을사업의 주체가 일반 주민인 만큼 누구나 덤벼볼 수 있는 만만한 사업이 되게 하려면 사전 단계는 물론 사업 실행 단계와 사업 종료 이후 단계에도 세밀하고도 대면적인 컨설팅 지원이 꼭 필요하다.

찾아가는 상담

일반 주민의 입장에서는 시가 지원하는 사업이 무엇인지 일일이 알기 어렵고, 마을 일에 적합한 지원 사업이 무엇인지 판단하기도 쉽지 않다. 신청 서류를 작성하는 일 역시 엄두가 나지 않는다. 가뜩이나 관공서 출입이 어색한 이들에게 나랏돈 요청하기가 만만한 일이 되려면 사업 신청 단계에서부터 세심하고 친절한 상담이 필요하다. 특히 찾아가는 상담 제도가 절실하다. 서울시 마을지원센터는 마을사업을 해본 경험이 있는 주민들이나 활동가들을 미리 뽑아 상담원 풀을 운영했다. 주민이 상담을 요청하면 그 주민과 같은 구에서 활동하고 있는 상담원을 바로 연결해줘 원하는 사업의 상담은 물론 서울시가 지원하는 사업 정보를 안내하고 신청서 작성 요령 등을 안내하도록 했다.

사업 신청이 이루어지면 선정 심사를 하는데, 상담원과 마을활동가 혹은 분야별 전문가들을 현장 조사원으로 위촉해 신청자 전부를 대상으로 대면 혹은 현장 답사를 했다. 이는 신청 사항의 진실성을 확인해 심사의 엄밀성을 높이기 위한 방안이었지만, 더욱 중요한 것은 '선배' 주민(혹은 활동가와 전문가)들과 직접 만나 자연스러운 관계를 맺는 것이었다. 그래서 심사라는 다소 부담스럽고 딱딱한 만남으로 시작했지만, 이렇게 맺어진 관계가 동네에서 지속되는 경우가 많아졌다.

대면 컨설팅과 자기주도평가

평균 3대 1의 경쟁률을 뚫고 사업이 선정되면 실행 지원이 들어간다. 세상사 계획대로 되는 일이 얼마나 되나. 더욱이 마을 일이란 언제 어떤 일이 생길지 모르게 우연성이 큰 사업이다. 따라서 사업을 진행하며 생기는 문제를 상시적으로 체크하고, 얼굴을 마주하며 토론을 통해 솔루션을 함께 찾아가는 컨설팅 지원이 뒤따라야 한다. 컨설턴트는 해당 분야의 전문가뿐만 아니라 해당 지역의 마을활동가가 꼭 필요하다. 해당 분야 전문가라 하더라도 마을살이의 원리에 익숙지 않거나 마을의 다양한 자원과 네트워크를 모를 경우 실질적인 해결책을 찾기 어렵기 때문이다. 그래서 사업의 영역별 전문가와 마을살이에 정통하고 경험 많은 마을활동가

| 마을기업 상담 및 컨설팅 현황

(단위: 건수)

구분	2012년	2013년	합계
일반상담	–	4,625	4,625
팀 워크숍	154	1,428	1,582
합계	154	6,053	6,207

| 마을공동체사업 상담 및 컨설팅 현황

(단위: 건수)

구분	2012년	2013년	합계
전화	654	2,154	2,808
내방	14	71	85
현장 방문	30	813	843
현장 조사	524	1,666	2,190
컨설팅	–	592	592
합계	1,222	5,296	6,518

| 관련 인력 현황

마을상담원	47명	자치구별 2명
마을기업 인큐베이터	25명	자치구별 1명
마을기업 멘토	40명	자치구별 1~2명
마을공동체사업 컨설턴트	88명	사업별 필요에 따라 구성

2014년 5월 기준
*중복 역할을 수행하는 마을활동가 존재

가 짝을 이뤄 팀 티칭(team-teaching) 방식으로 컨설팅을 하도록 했다. 장밋빛 결말을 이미 알고 있다는 듯 일러주려는 사람보다 코앞에 닥친 문제의 해결책을 이리저리 의논하며 스스로 방법을 찾도록 도와주는 사람이 필요했다.

끝으로 지원 사업이 종료되면 평가가 뒤따른다. 마을사업은 주민들이 생활의 다양한 필요를 직접 해결해가는 과정이므로 사업에 참여하는 주민들이 스스로 목표를 정하고, 사업 종료 이후 스스로 그 달성 여부를 진단하도록 해야 한다. 그래야 참여한 주민들이 스스로 성장해갈 수 있다.

이렇게 서울시의 마을사업은 사업 선정 시기를 기준으로 사전 단계(상담과 현장조사)와 사후 단계(컨설팅과 평가)에 따른 4개의 지원 방식에 따라 선배 주민(활동가)들의 대면적인 상담 컨설팅이 따라붙는다. 선배 주민 및 활동가들의 대면적이고 일상적인 멘토링 시스템은 일반 주민들의 참여와 연결을 촉진하는 데 결정적인 역할을 한다. 보통의 풀뿌리 시민단체들은 정부의 공모사업에 대한 정보에도 밝고, 계획서 작성은 물론 사업 수행과 이후 사업 정산까지 능숙하지만 일반 주민들은 이러한 세세한 지원이 따라야만 비로소 가능하다.

마을지원센터는 선배 주민(활동가, 전문가)들의 풀을 운영하는데 마을상담원, 마을기업 인큐베이터, 마을 멘토, 경영 멘토가 그들이다. 마을지원센터는 주민의 요청에 따라 혹은 자동으로 이들을 현장의 요청에 연결하는데, 가급적 구별로 매칭함으로써 이후 지속적인 관계가 이어지도록 하고 있다. 2014년 현재, 충원된 마을

| 마을지원센터의 단계별 지원활동

행정	정책수립		▶ 사업집행		▶ 사업평가	
마을지원센터	실험기획	인력양성	사전지원	실행 및 사후지원	모니터링	분석과 대안 연구
	시범사업 기획·실행	분야별 활동가 발굴·양성	상담/현장 조사/마을 강사	분야별 컨설팅 마을 컨설팅	양적·질적 데이터 상시수집	데이터 분석/정책 개선

상담원의 절반 가량이 지난 2년간 사업에 참여한 일반 주민 중에서 발굴되었다. 이분들은 이미 해봐서 뭐가 필요한지 말 안 해도 이미 다 안다. 또 제 일처럼 절실하게 느끼고 친근하니 훨씬 밀착된 멘토링이 가능하다. 강학(講學)이라 했던가? 새내기 주민을 상담하면서 자신의 지난 과정이 주마등처럼 떠오르고, 그동안의 활동을 돌아보게 되니 오히려 배우고 깨닫는 것이 많다. 가르치면서 배우는 것이다. 이렇게 주민은 활동가로, 리더로 성장해간다.

섬세한 손길과
예리한 눈

2012년의 준비기와 2013년의 본격적인 사업 실행 1년차, 두 해 통틀어 가장 주목할 만한 성과는 주민의 등장이다. 동네 일반 주민들이 서울시의 마을공동체지원사업을 만만하게 여기고 참여했다는 점이다. 이는 지원사업의 형식을 수시 공모제로 전환하고, 신청하는 사업 내용에 제한을 없앴으며(포괄예산제), 소액 지원금으로 주민 참여의 부담을 덜어내는 등의 제도적 개선이 큰 역할을 했다. 행정의 작은 변화가 현장에서는 큰 혁신을 촉발한다는 점을 분명히 보여주는 예다. 이렇게 각기 등장한 다양한 주민 모임들이 몇몇 오지랖 넓은 주민들을 통해 서로 연결되고 있다. 이들은 정보를 교환하고 품을 나눌 뿐만 아니라 좀 더 '큰' 마을활동을 작당하는 관계로까지 나아가고 있다는 점에서 주목된다.

마을인문학 강좌를 준비하는 모임, 초등 품앗이 방과후교실을 운영하려는 주민 모임, 마을카페를 준비하는 주민 모임, 각 모임의 대표 격 엄마들이 한자리에 모인다. 동네방네 사통팔달 왕언니의 오지랖으로 서로 소식만 듣다가 한자리에 모인 것이다. 이 엄마들은 한동네 살지만 서로 모르고 지내던 사이라 인사 겸 각자 하고 싶은 일을 돌아가며 얘기하는가 싶더니, 어느새 불이 붙는다. 각자 필요한 공간과 그 공간을 어떻게 마련할지 궁리하다가 이내 공동으로 사용하는 '마을공간 프로젝트'를 하자고 결론을 짓는다. 내친김에 공간 마련을 위한 조합원 모집 방법으로 사람들이 많이 다니는 동네 어귀에서 작은 골목축제를 열어보기로 의기투합한다.

이렇게 이제 막 등장한 작은 주민 모임들은 서서히 연결되면서 좀 더 통합적인 마을의 의제를 논의하고, 그 의제를 함께 해결하며 관계망을 확장하고, 확장된 관계망에 들어 있는 더욱 다양하고 풍부한 자원에 힘입어 또 다른 '마을 작당'을 꿈꾸게 된다. 마을이 형성되는 과정이다.

자치구생태계지원단

등장한 주민 모임이 마을 형성 단계로 나아가게 하려면 참으로 '섬세한 손길'이 필요하다. 일상적인 지원과 관리가 근거리에서 밀착해서 이루어져야 한다. 이미 광역의 마을지원센터가 감당하기엔 역부족이다. 등장한 주민들의 수가 많고 일일이 돌아보며 세심하게 챙길 수 있는 수준을 넘어섰기 때문이다. 기초(區) 차원의 관리와 지원 체계를 시급히 꾸리지 않으면 이제 막 등장한 주민들을 마을 관계망으로 연결시키는 데 실패할 확률이 높다.

2014년에는 18개 구에서 등장한 주민들을 지원하고 이들 간의 연결을 촉진하는 지원 체계(인큐베이팅 시스템)가 만들어졌다. 이른바 자생단(자치구생태계지원단)이다. 이미 설립되어 활동 중인 성북, 도봉, 금천에 이어 하반기에 종로, 서대문, 은평이 지원센터가 설립되었다. 그 외 12개 구에서는 민간 차원의 자생단이 꾸려졌다.

| 자생단 현황과 기본업무 내역

■ 2014년 목표

사업	• 주민 간 실질적 상호 부조적 관계망 형성 • 동네 마을넷 기초 마련
조직	• 자치구 마을 생태계 구축을 위한 민간 지원 역량 강화 • 자치구 마을 생태계 중간지원조직 효과 검증

■ 운영 현황

유형	운영	예산	자치구
센터형	구청 설립 후 직영/민간 위탁	서울시 매칭 지원 (1개소 1억 원 이내 매칭)	성북, 금천, 도봉, 강동, 서대문, 은평
민간 네트워크형	민간 네트워크 운영	서울시 지원 (1개소 4,000~5,000만 원)	서초, 광진, 관악, 종로, 강북, 노원, 성동, 양천, 강서, 마포, 구로, 영등포

■ 세부 사업 내용

구분	기본사업	자체사업
주민 등장	내방(전화) 상담	공모사업 설명회, 마을기업 기본교육 등
	찾아가는 마을 강좌(모니터링)	
	자치구청 교육 사업 협조	
주민 연결	주민모임형성 공모사업[10](심사/컨설팅/평가)	민간 마을넷 운영 지원, 다양한 의제 마을넷 구성, 자치구 집담회, 활동가 교육 등
	의제 마을넷(청년, 마을경제 등)	
	마을사업지기[11] 합동 행사	
	공모사업 종료자 현황 조사	
	자치구 마을지원활동가[12] 협업체계 구축	
	마을사업지기 촉진교육	
	자치구청 공모사업 협조	
마을 성장	동네 마을넷 기초 조사	동네 마을넷 활성화, 마을 계획 수립 등
거버넌스	마을공동체위원회 민간위원 워크숍	자치구의회 간담회, 민관 워크숍 등

---

10 주민모임형성공모사업: 우리마을프로젝트(서울시 마을지원센터), 부모커뮤니티(서울시) 등 주민모임형성 공모사업

11 마을사업지기: 서울시 및 자치구 마을공동체 공모사업을 수행 중인 주민

12 자치구 마을지원활동가: 주민 주도의 마을공동체 형성을 위해 서울시 및 자치구 정책사업과 관련하여 자치구 내에서 활동하는 자(마을기업 인큐베이터, 커뮤니티 전문가, 보육반장, 마을상담원 등)

2부 시민사회의 미시적 재구성과 마을공공성

그동안 마을넷 활동을 통해 형성된 신뢰와 경험을 바탕으로 연결된 민간 활동가들이 주민들의 등장과 연결을 근거리에서 촉진하는 역할을 담당하게 된 것이다. 광역 마을지원센터가 수행해온 상당 부분의 지원 업무는 이들 자생단으로 순차적으로 이관될 것이며, 자생단은 자치구 마을지원센터로 발전해가는 것을 목표로 삼게 된다.

자생단을 통해 주민들의 '등장과 연결'은 더욱 촉진될 뿐만 아니라 그 과정에서 '마을 씨앗'이 발견되고, 그 씨앗은 '마을 형성'으로 움트고 뿌리내리게 될 것이다. 동시에 마을 씨앗에서 '설치는' 주민들이 속속 나타나고 그들의 활동이 마을의 관계망 형성을 자연스럽게 이끌 것이다. 이렇게 일반 주민들의 등장과 연결이라는 관계망 안에서 발굴되는 주민 활동가라야 마을 관계망 속에서 제 역할을 하고, 마을 형성의 핵심 동력으로 활약할 수 있다.

이제는 성장, 마을 씨앗과 지역 생태계 조성

서울에서는 그동안 마을공동체지원사업으로 형성된 40여 개의 유의미한 '마을 씨앗'이 발견되었다. 하지만 말 그대로 마을로 발전할 '개연성'만을 지닌 씨앗일 뿐이다.

이들 마을 씨앗이 어떻게, 어떠한 속도와 경로로, 어느 계기를 발판으로 마을로 구성되어갈지 예리한 눈으로 관찰해야 한다. 이는 '톱다운(top-down)을 통해 보텀업(bottom-up)을 이뤄내겠다'는 서울시 마을공동체정책의 기본 목표에 대한 평가의 시금석이 될 것이다. 지원센터는 2014년부터 모니터링 업무를 신규로 시작했다. 지원사업을 통해 등장한 주민 모임이 연결되는 경로를 따라 적정한 온도와 습도를 측정하고, 꼭 필요한 자원이 무엇이고 예산이 얼마인지, 언제 지원되는 것이 효과적인지 등을 살피게 된다. 그러면서 정부 지원정책의 효과를 검증하고 개선점을 발견해낼 것이다. 이로써 행정 혁신의 이정표인 마을지향 행정이 업그레이드 될 것이다.

2013년에는 '등장과 연결'을 슬로건으로 삼아 일반 주민들의 적극적인 등장과 자발적 참여를 이끌어내는 데 주력했고, 그 결과 25개 구 전역에서 비교적 고르게 많은 주민들이 참여했다. 이제는 '성장'이다. 등장과 연결을 통한 주민들의 '나서기'가 활발해지면서 마을의 씨앗이 잉태될 것이고, 정부 지원정책의 효과로 마을이 형성될 것이다. 작은 주민 모임이 서로 얽히면서 마을 관계망으로 발전하는 데에는 활동가의 역할이 필수적이다. 따라서 성장의 두 번째는 활동가의 성장에 초점을 둬야 한다. 기존 활동가들의 성장은 물론 일반 주민 중에서 리더로 성장하면서 활동가로 자리매김되는 과정을 잘 들여다봐야 한다. 아울러 마을의 형성과 활동가의 성장이라는 쌍생적 과제가 효과적으로 달성되도록 정부와 마을 현장을 잘 연결하는 중간지원 기능제대로 작동되어야 한다. 서울시 지원센터는 물론이고 자치구 수준의 중간지원기능이 활성화되어야 한다. 특히 자치구 수준의 중간지원기능 활성화는 민간 차원의 지원 역량이 그 역할을 중심적으로 담당해야 한다. 그래서 성장의 최종 귀결점은 '마을로 성장-활동가 성장'과 함께 '지역 생태계'의 조성에 있다.

■ 보충3 : 왜 자치구 마을지원센터인가?

초기 논의

2012년 초 중간지원조직의 설립을 검토할 때, 광역 차원의 마을지원
센터보다는 자치구 차원의 마을지원센터를 만들어야 한다는 데 의견
일치를 보았다. 마을활동이 실제로 이루어지는 곳을 지원하려면 자치
구 차원을 넘어서지 않아야 하기 때문이다. 물론 동(洞) 단위가 마을
의 규모에 가깝기는 하지만 민관 거버넌스의 주체로서는 미흡해 자치
구 수준의 거버넌스에 기초한 지원센터의 설립이 필요했다. 하지만 당
시 바로 자치구 마을지원센터를 설립하기엔 민관 모두 준비가 미흡하
고 상호 협업의 경험과 기반이 없어 혼선이 올 것이고, 불가피하게 관
이 일률적으로 주도하는 행정적인 절차로 진행될 가능성이 크다고 판
단했다. 따라서 광역 마을지원센터를 먼저 설립하되 자치구의 형편과
역량, 각기 특수한 조건을 고려하여 자치구 마을지원센터의 설립을 '지
원'하는 것이 필요하다고 보았다. 물론 자치구 마을지원센터를 설립하
는 데 핵심 변수는 자치구 마을넷의 역량강화와 민관 거버넌스의 성숙
정도다.

깔때기의 중요성, '길목'

이미 칸막이 행정의 부작용에 대해 지적한 바 있듯, 서울시 부서별 칸
막이와 각개약진은 마을공동체사업에 치명적인 결과를 초래한다. 따
라서 부서별 각개약진을 통합하는 장치가 필수적이다. 광역정부 내에
서 여러 부서에 흩어져 있는 마을 사업을 마을 전담부서 하나에 통합
하는 것은 마을사업을 하나의 특정한 정책사업으로 전락시킬 우려가
있다. 설령 통합되더라도 그 내부에서 다시 칸막이가 작동할 우려가 있
다. 따라서 정책과 자원의 최종 귀착지인 마을의 가장 가까운 곳에 정
책과 자원이 모이고, 다시 마을 단위로 분배되는 '깔때기' 같은 장치가
필요하다. 그곳이 바로 자치구 차원이다. 그동안 한국 사회 마을공동

체의 모범적인 시도와 성과들은 대부분 기초 시군구 단위에서 만들어졌다. 진안, 완주, 안산, 강릉, 수원 등 민과 관이 함께 나서서 마을사업을 한 경우는 역시나 시군구 단위였다. 아마도 인구 천만 수준의 광역정부가 나서서 마을공동체사업을 추진한 예는 세계적으로도 드물 것이다. 따라서 정부가 적극적으로 나서는 경우일수록 기초 단위의 권한과 역할이 중심이 되어 돌아가도록 기초 시군구 차원의 마을 생태계와 지원 시스템을 구축하는 데 정책 목표를 두어야 한다.

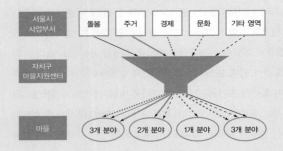

| 자치구 마을지원센터의 '깔때기' 기능

민간 마을넷의 성장

2012년 초, 서울시 마을공동체정책의 쟁점 중 하나가 지역에서 마을사업을 담당할 민간 주체를 어떤 방식으로 형성할 것인가였다. 마을에서는 이미 오래전부터 다양한 마을사업을 해오던 풀뿌리 단체들이 있었고, 취약 계층을 중심으로 주민사업을 펼쳐온 복지단체들도 마을공동체에 관심을 가지고 있었다. 한편으로는 주민자치위원회를 중심으로 마을공동체를 구성해 상당한 성과를 낸 곳도 있었다. 그래서 '개인을 기본으로 하는 열린 공론장'으로 마을네트워크(약칭 '마을넷')가 제안되었다. 지금은 준비 중인 곳을 포함하여 서울 전체 25개 구 모두에 마을넷이 구성되어 운영되고 있으며, 매월 마을넷 연석회의가 열리고 서울시 마을사업 전반에 대한 정책협의를 하고 있다.

마을넷은 세 가지 역할을 한다. 첫째, 자치구 차원에서 마을사업과 관련한 민간 대표 역할을 하는 것으로, 지역의 다양한 활동들을 포괄하고 그 주체들의 참여를 높여 실질적인 대표성을 갖추는 것이다(대표성). 또한 활동의 경험이 다양한 참여자들 간에 민주적인 소통의 수준을 높이고(민주성), 그를 토대로 자치구 차원의 마을사업의 전망과 계획을 만들어가는 것이다(전문성). 둘째, 자치구 공무원들과의 공식적인 파트너로서 역할하는 것이다. 마을공동체사업에서 민관 거버넌스가 이루어지려면 민간의 주체가 굳건히 서야 한다. 그래야 관도 파트너로서의 신뢰를 갖고 함께할 수 있기 때문이다. 그러기 위해서는 민관이 스킨십을 늘리고 동반자적인 관계를 쌓아가야 한다. 현재 자치구별로 상당한 신뢰 기반을 쌓아가면서 마을공동체의 현황을 공유하고 상호 협업의 수준을 높여가고 있다. 셋째, 주민들의 '나서기'를 촉진하는 것이다. 일반 주민들이 쉽고 부담 없이 참여할 수 있도록 격려하고 지원하는 것, 호명된 마을들이 쑥쑥 성장할 수 있도록 지원하는 일이 가장 중요하다. 실제로 2012년 하반기부터 마을넷에 참여한 활동가들이 마을지원센터와 서울시가 집행하는 여러 사업에 대한 현장조사, 상담, 심사, 컨설팅 등의 역할을 수행하고 있다.

자치구 마을지원센터의 필요

이렇듯 자치구 마을넷은 자치구 차원의 마을활동을 지원하고 대표하는 역할을 수행하지만, 일종의 회의체여서 독자적인 집행력을 가지고 있지 못하다. 참여하는 단체들과 주민들 역시 자신이 속한 단체(모임)의 활동을 하기에도 허덕이는 경우가 대부분이다. 따라서 향후 본격적인 마을사업을 지원하려면 독립적인 집행 체계를 갖출 필요가 있다. 즉 자치구 마을지원센터가 설립되어야 한다. 마을넷은 자치구 마을지원센터를 설립하는 데 민간 주체로서 주요한 역할을 할 것이다.

국가적 공공성에서
마을공공성으로

서울시 마을공동체정책의 의미는 무엇일까? 시민사회의 부정적인 우려도 만만치 않았다. 우선 보수 진영에서는 단도직입적으로 '박원순 부대 만들기'로 단정지었다. 한편 진보 진영에서는 '낭만적이고 한가한' 행보로 치부하기도 했다. 심지어 마을공동체에 대해 가장 적극적인 이해를 가진 그룹에서조차 '관 주도'의 문제를 가장 심각하게 걱정했다. 하기야 천만 대도시에서 마을을 만들겠다는, 그것도 정부가 나서서 정책으로 하겠다는 경우가 동서고금 통틀어 있을까 싶다.

마을공동체정책은 '공공성(公共性)의 회복'을 위한 정책이다. 이미 무너진 공공성을 다시 세우는 일이다. 우리 사회는 신자유주의 정책이 강화되면서 국가가 나서서 버텨주어야 할 공공성의 안전망을 시장에 내어줌으로써 경쟁을 통한 승자독식, 아니 이미 경쟁이 무의미할 정도로 강한 자가 모든 것을 차지하는 '강자독식'이 만연해졌다. 생계형 자살이 빈발하고, 학교는 일찌감치 붕괴되었다. 친구는 제쳐야 할 경쟁자이고, 촘촘히 서열화된 대학에서 한 칸이라도 높은 서열에 끼려 버둥댄다. 부모들은 자식들과 소통이 안 돼 발을 구르고, 노인들은 방치되고 겉돈다. 아직 한창인 장년들 역시 조기 퇴직으로 설 곳이 없다. 사회는 개인으로 분리되고, 경제적 능력이 떨어지면 바로 내쳐지고 배제된다.

함께 살아가는 공동체로서 최소한의 안전망조차 무너지고 있는 이 현실, 국가도 재정상의 제약을 탓하며 공공성의 보루 역할을 내려놓고 있는지도 모른다. 우리 사회의 양극화 현상이 더욱 가속화되고 있다는 심증이 대다수 시민들의 가슴에 대못으로 박혀 오늘 내일이 불안하다. 그 불안에 떠밀려 '내 자식만이라도' 잘 키우려 마음을 다잡아보지만 역부족이다. 불안이 좌절로 바뀐다.

공공성의 위기와 마을공공성

서울시 마을공동체정책은 최소한 '같은 하늘 아래 함께 살아가는 사람들의 안전망'으로서 무너진 공공성을 회복해보자는 데 그 취지가 있다. 하지만 공공성의 회복은 '시민의 주체화'를 동반해야 한다. 국가 혼자 공공성을 담지하기는 이미 힘들어졌다. 그렇다고 정치인들이 시민의 공공성을 지킬 거라 믿기도 갑갑하다. 이미 정치인들이 기득권자로서 자신들의 이해관계에 더욱 충실하니 말이다. 시민단체 역시 지난 20여 년간 우리 사회의 공공성을 사수하려 애써왔지만 역부족이다. 결국은 시민이 직접 나서서 각자의 요구를 드러내고 함께 해결해야 하는 시대다. 그래야만 정치인들이 위임 받은 권력을 허투루 쓰지 못할 것이고, 시민단체의 대변(advocacy)도 더욱 잘 반영될 것이다.

그런데 시민들의 사정은 너무나 열악하다. 살림 형편이 좀 되는 집이나 안 되는 집이나 하나같이 살기 바쁘다. 애 키우고 먹고 사는 데 하루 24시간을 쪼개 아등바등 정신없이 살아낸다. 시장을 통한 자원의 재분배 효과는 갈수록 기대난망이고, 오히려 부익부 빈익빈 양극화 현상이 가속화되고 있다. 그러니 시민사회의 자원 조달 여력은 갈수록 고갈된다. 그렇다면 대안은 무엇일까? 정부의 재정이 그나마 우리 사회 공공성 회복의 유력한 재원이다. 그런데 정부 자원은 관료들이 장악하고 있어 거버넌스를 통하지 않고서는 불가능하다. 위계적 또는 계약적 거버넌스가 아니라 시민사회와의 협력적 거버넌스 토대 위에서 시민이 주도하고 시민이 주체로 나서야 창의와 활력이 넘치는 공공성 회복이 가능하다. 따라서 행정 혁신이 불가피하다. 행정의 자원배분 방식이 마을지향적이고 주민친화적으로 혁신되어야 한다.

시민의 참여가 생활세계에서 출발할 때 시민의 자발성이 발휘되고 지속성이 확보된다. 시민의 자발적 참여는 '나의 생활상의 필요와 해결의 욕구'에 닿아 있어야 가능하며, 그래야 제도 개선으로도 나아갈 수 있다. 또한 생활의 문제를 이웃들과의 친밀한 관계를 토대로 하소연하고 궁리하며 방법을 모색할 때 일상성과 지속성이 생긴다. '시민 없는 시민운동'을 극복하고, 지속 가능한 시민사회의 역동을 만드는 일은 바로 생활의 필요에 기초한 주민들의 친밀한 관계로부터 비롯된다. 이른바 시민사회의 미시적 재구성이다. 국가적 공공성(public)은 마을공공성(common)으로 재구성될 것이다.

3장

동네 관계망에서
지역사회 공론장으로

주민의 등장과 연결, 3년에 걸쳐 나름 의미 있는 성과를 거두었다. 하지만 마을공동체, 사회적 경제 등에 대한 사회적 공감을 넓히려는 적극적인 노력이 여전히 필요하다. 이는 단순한 홍보로 해결되는 것이 아니고, 왜 마을인지, 마을이 무엇을 해결할 수 있는지, 마을이 어떻게 사회 혁신의 솔루션일 수 있는지를 증명하고 공감을 일으켜야 가능하다.

서울시 마을정책 1기 동안 다양한 서울의 주민들이 활발하게 등장하고 연결되었다. 이른바 점선의 전략이 어느 정도 성과를 본 것이다. 그렇다면 이제는 면의 전략으로 나아가야 한다. 복수의 주민 모임이 연결되면서 공통의 의제를 합의하고, 마을 차원의 공공 의제를 도출하는 과정에서 마을의 형성을 시도해야 한다. 나의 필요가 친밀한 이웃의 필요로, 나아가 동네와 마을의 필요로 전환될 때, 비로소 마을이 눈에 들어오고 실감이 난다.

1기에는 '동네에서 관계망을' 만들려 했다면, 2기에는 '지역에서 공론장을' 만들어 보는 거다. 마을살이는 '끼리끼리' 시작되지만, 그 '끼리끼리'를 넘어서야 지속 가능하기 때문이다. 공론장을 정책으로, 사업으로 추진하면 좋겠다. 주민 주도형 마을 계획과 공공적인 지역 의제를 통해 골목의 움직임들이 마을의, 지역사회의 대세로 확장되는 흐름을 만들어보자.

또한 마을공동체는 사회적 경제와 동전의 양면 관계이다. 마을살이의 관계망이 지속 가능하려면 경제적인 꼴을 갖추어야 한다. 자천타천으로 선의로 나선 사람들이 책임감을 가지고 안정적으로 일을 할 수 있게 하며, 이웃들도 가볍게 '이용(소비)' 하는 것으로 지지를 표할 수 있어야 한다. 마을의 과제를 해결하는 방식이자 해결의 주체가 마을기업이어야 한다. 그것이 본래 사회적 경제의 역할이다.

마을이
혁신이다!

혁신이 뭘까? 기업에서도 앞 다투어 혁신을 외친다. 좀 된 얘기지만 모 재벌의 총수가 '자식과 마누라 빼고 다 바꾸자'고 했다던가. 그만큼 기업의 살길로 혁신이 절실하단 얘기다. 세 모녀 자살 등 하나같이 가슴 아픈 사연을 지닌 생계형 자살이 빈발하니 복지정책의 혁신이 필요하다고 한다. 학교가 살벌한 입시경쟁의 전쟁터가 되어가고, 그 속에서 아이들이 괴물처럼 되어가는 현실을 두고 교육계 내부에서 교육 혁신이 필요하다고 주창된 지 오래다. 새누리당이 2014년 6·4지방선거와 7·30보궐선거에서 내건 슬로건 역시 혁신이었다. 혁신을 주창하는 영역도 다양해 사회·경제·정치·복지·교육 등이 망라되고 있으며, 그 정의도 다양하다. 누구는 문제를 해결하는 것보다 새로운 솔루션을 만들어가는 '과정', 즉 시민이 참여하는 과정을 중시하는 것을 혁신의 핵심이라 한다. 어쨌든 변화와 개혁을 원하고 있다. 우리 사회가 안고 있는 여러 문제에 대해 과거와는 다른 방식으로 해결하려는 것이다.

어떤 정의든, 무엇을 강조하든 다 의미가 있다. 그러니 혁신의 정의가 명확히 정해진 것이기보다 구성해가는 개념으로 보면 좋겠다. 그래서 나는 좀 다르게 이야기하고 싶다. '아, 저렇게 해도 되는구나' 또는 '아, 저렇게 살아도 좋구나' 하는 사회적 공감을 확산하는 실천이나 시도를 혁신이라 말하고 싶다. 혁신 자체가 우리 사회의 문제를 한꺼번에 해결해주지는 못한다. 하지만 해결의 가능성, 해결의 희망을 실물로 만들어내고 그것을 본 다수의 사람들이 그 효능과 가능성, 그리고 현실성에 공감하도록 하는 것이다. 이러한 공감이 사회적 반향(social impact)을 일으키면 정부가 제도로 해결하려 나서고, 기업이 그 방향을 수용하는 움직임을 보이며 종국에는 사회적 해법으로 자리 잡게 될 것이다. 바닷물은 4% 내외의 염분으로 그 건강함이 유지된다. 마찬가지로 혁신은 비록 소수의 미약한 움직임이지만 공감과 희망을 일으켜 궁극에는 대세가 되고 일반적인 해법으로 자리 잡게 되는, 태평양 해상을 나는 작은 나비의 날갯짓과도 같은 것일지 모른다.

마을은 혁신의 장소다

마을은 주민 자신이 느끼는 생활상의 아쉬움과 절실한 필요들을 함께 해결해가는 과정에서 맺는 이웃들 간의 관계다. 마을은 개인으로 뿔뿔이 고립되어 삶의 무거운 짐을 그저 제 책임으로만 떠안고 살아가는 도시에서 공동체의 일상적인 관계를 되살려준다. 또한 자신의 필요를 지역 공공의 과제로 풀어가면서 생활세계를 혁신하고 지역을 재구성하는 동력이 된다. 마을을 만들어가는 과정에서 쌓이는 협동의 경험은 협동의 위력을 깨닫게 하고, 협동하면 된다는 협동의 신화가 생활정치의 공간을 연다. 결국에는 정부의 제도를 혁신해 국가가 독점해온 공공을 재구성하기에 이를 것이다. 그래서 마을이 혁신이다.

　마을에서는 아이 기르는 30~40대, 청년과 청소년, 노인 등 다양한 세대가 함께 살아간다. 마을은 교육과 복지, 경제와 문화, 보건의료 등 다양한 영역에 걸친 생활의 필요와 자원이 요구되고 조달되고 충족되는, 그야말로 모든 것이 어우러지는 종합적인 삶의 장소다. 세대와 계층이 다른 주민들이 각자가 절실하게 필요로 하는 것들을 충족하기 위해 때론 갈등하고 때론 협력하며 때론 뒤섞여 서로 소통하며 살아가는 장소다. 마을은 개별적인 정책의 분과 영역으로는 제대로 설명되지 않는다. 다양한 분과별 요소들이 어우러지고 융합해야 비로소 제대로 작동하는 생활공간이기 때문이다. 그래서 마을은 교육·복지·문화·경제·의료 등이 융합하여 생활세계를 혁신함으로써 지역을 재구성하고, 생활정치의 공간을 확보해냄으로써 자치정치를 현실에 구현하는 장소다. 마을은 혁신의 장소다.

마을정책 1기의
성과

2012, 기대와 우려

마을공동체종합지원센터가 설립되어 활동을 시작한 지 어느덧 만 2년이 되었다. 민과 관이 협동하여 마을공동체정책을 짜고 지원센터 설립을 준비하던 2012년 한 해는 '기대와 우려'로 요약될 수 있다. 정부가 전면에 나서면 마을정책이 관 주도로 기울어버릴지 모른다는 우려와 정부가 적절히 지원하면 풀뿌리 활동이 활성화될 거란 기대가 교차하던 와중에 서울시는 정책을 실행하기 위한 채비를 서둘러 갖춰나갔다. 우선 마을공동체조례를 만들고, 서울시 고위 관료와 민간의 대표가 동수로 참여하는 마을공동체위원회를 구성했다. 마을정책을 실무적으로 총괄할 전담부서로 마을담당관실을 설치하고, 부서별로 마을지원사업을 설계해 예산을 편성했다. 그리고 마을정책의 민간 주도성을 실현하기 위한 장치로서 중간지원조직의 위상을 갖춘 마을지원센터를 설립했다.

다음으로 사업을 집행하는 절차로서 '공모제'를 개선하는 데 주력했다. 당시로선 공모제를 대체할 다른 방법이 딱히 떠오르지 않아 일단 그 실행 절차를 마을지향적으로 개선하기로 했다. 주민이 준비되었을 때 수시로 사업을 신청할 수 있도록 한 '수시 공모제', 참여하는 주민들을 인큐베이팅 할 수 있는 '간접지원체계' 구축, 지원사업의 요건을 미리 정하지 않는 일명 '바구니 예산'이라 부른 '포괄예산제' 등이 그 예시들이다. 무엇보다 서울시민 '3인 이상'이면 법인격이 아니어도 사업 신청을 할 수 있도록 한 조례가 가장 결정적이었다. 이 조례는 법인이나 시민단체가 아닌 일반 주민들도 서울시의 지원사업을 신청할 수 있도록 해 서울시 마을지원사업의 문턱을 대폭 낮추는 역할을 도모했다. 이렇게 2012년은 '기대와 우려' 속에 본격적인 마을공동체정책을 실행하기 위한 법과 제도, 그리고 조직에 대한 준비를 완료한 해였다. 그리고 마침내 그해 8월, 마을지원센터가 정식으로 활동을 시작했다.

2013, 등장과 연결

2013년은 본격적으로 마을지원정책을 실행한 원년으로, '등장과 연결'이 핵심 화두였다. 주민의 등장, 동네 아줌마, 아저씨, 어르신과 청년이 만만하게 등장하도록 하는 걸 최대 과제로 삼았다. 또 등장한 주민들이 스스로 연결되며 관계를 넓히고, 그러면서 마을로 발전해가는 계기를 마련하는 것을 주요 목표로 잡았다. 그 결과 지난 2년여 동안 약 7만여 명의 주민들이 마을지원사업에 연결되었고, 2,500여 개의 주민 모임이 사업에 참여했다. 물론 이들이 모두 마을에서 적극적인 활동을 한다고 볼 수는 없지만, 주민의 등장이라는 과제는 기대 이상으로 달성되었다. 더욱이 이들은 스스로 연결되기 시작했다. 활동을 하다 보니 한동네 주민들이어서 만나게 되고, 진행이 잘 되는 팀이라 일부러 찾아가 경험을 나누며 자연스레 연결되었다. 특히 주민참여심사제도는 주민들이 초기부터 서로 연결되는 장으로 기능해 흥미롭다.

2014, 성장과 마을 생태계

2년여의 짧은 기간 동안 서울 시민이 적극적으로 참여함으로써 더 이상 광역 차원의 마을지원센터로서는 제대로 된 지원 활동을 감당하기가 어려워졌다. 마을사업은 동네에서, 골목에서 이루어지는 일상 활동이다. 이러한 활동을 세심하게 살피며 지원하려면 현장에 밀착된 지원 조직이 필요했다. 하여 2013년부터 시범적으로 시도된 자치구생태계지원사업단(일명 자생단) 활동이 2014년부터는 18개 지역(센터형 6곳, 민간 지원단형 12곳)으로 확대되어 실행되고 있다. 나머지 7곳에서도 활동가들이 지원 네트워크를 만들고, 사업에 참여한 주민 모임들이 서로 연결되도록 지원하며 좀 더 체계적인 자생단으로 발전할 준비를 하고 있다.

자생단은 늘어난 주민 모임과 활발해진 마을활동들이 건강하게 지속될 수 있도록 필요한 자원을 연결할 뿐만 아니라 지역의 다양한 활동과도 연결하는 역할을 하게 된다. 즉 마을활동을 하는 주민 모임을 비롯해 복지기관, 문화기획자, 자원봉사조직, 청년 활동가, 베이비 부머(1955~1963년생)를 지원하는 기관과 연계해 지역사회의 민간 네트워크를 강화하는 역할을 하게 된다. 한편 자생단은 구청과의 협력적 거버넌스를 다지는 일도 한다. 마을활동에 나선 주민들이라도 아직 구청 공무원들과 협력하는 데 익숙지 않다. 자생단은 주민활동을 지원하는 입장에서 구청의 협력을 이끌어내고, 구청이 마을사업에 적극적으로 나서도록 촉진하는 역할을 하게 된다. 이렇듯 자생단은 구 단위의 지원 조직으로서 자리를 잡아가면서 자연스레 마을지원센터로 발전할 것으로 보인다.

주민들이 저마다의 절실한 생활의 문제들을 이웃과 함께 해결하려 나서고, 이를 지원하는 세심한 지원 조직이 구마다 자리 잡게 되면 지속 가능한 마을 생태계가 조성될 것이다. 정부의 지원은 잘나가는 시범마을 몇 개 만드는 경우에 국한해선 안 된다. 서울 곳곳의 골목마다 마을 관계를 복원하는 작은 움직임들을 살피고 지원한다면 다양하고 지속 가능한 마을 관계망이 형성될 것이다. 이럴 때 마을 생태계는 조성될 것이고, 비로소 자립적이고 자율적인 생활 공동체로 자리 잡게 될 것이다.

마을정책 1기의
한계와 과제

마을 주민들의 등장과 연결이라는 괄목할 만한 성과에도 불구하고 아쉬운 한계를 짚으라면 우선 사회적 공감의 부족이다. '마을이 대세인가'라고 할 정도로 서울시 정책에서 마을공동체정책의 우선순위가 높았지만 서울 시민 다수가 '체감'하기까지는 역부족이었다. 심지어 시민단체들이나 하는 활동으로 평가해버리거나 여유 있는 중산층의 자기만족적인 호사로 치부해버리는 시선도 있었다. 그만큼 마을공동체정책이 일반 시민의 눈높이에 맞게 쉽고 구체적으로 다가서지 못했다.

사회적 공감과 확장성
그도 그럴 것이 지난 2년은 마을 곳곳에서 '새내기' 주민들이 이제 막 등장한 시기라 할 수 있다. 시민이 사회의 문제를 정치인, 전문가, 시민단체의 전유물로 맡겨두지 않고 스스로 문제 해결의 주체로 나선 것이 이제 막 걸음마를 뗀 수준이다. 그러니 일반 시민의 입장에서는 몇몇 별난 사람들이나 혹은 의식 있는 소수가 설치는 행동 이상으로 보이지 않을 수도 있다. 하지만 그동안 등장한 새내기들의 대다수가 그야말로 일반 시민, 평범한 동네 주민들과 청년들인 걸 보면 의미 있는 시작이 아닐 수 없다. 따라서 이러한 평범한 주민들의 '나서기'가 지역으로 확대되고, 누구나 마을살이에 대수롭지 않게 참여할 수 있도록 정책을 보완할 필요가 있다. 이른바 마을공동체정책의 '확장성'에 대한 대안이 필요하다. 확장성은 일반 주민들이 더욱 쉽고 편하게 참여할 수 있도록 진입의 문턱을 낮추고, 지역에 거주하는 다수의 주민들이 관심을 갖는 공공의 의제를 마을공동체정책에 녹여내야 비로소 얻어진다. 마을공동체의 공공성, 마을공공성의 확보가 가장 중요한 과제다.

'지속가능성'과 사회적 경제

서울시의 마을공동체정책은 기본적으로 정부가 나서서 행정·재정적 지원을 통해 활성화하는 것이기에 항상 근본적인 질문이 따라붙는다. 즉 정부가 지원을 중단해도 마을활동이 지속되고 마을살이가 계속 주민의 자발적인 힘으로 이어지느냐 하는 지속가능성에 대한 문제다. 그간의 경험에 비춰볼 때, 정부가 지원을 하는 동안에는 활동도 활발하고 나름 성과도 나오지만 지원이 중단되면 위축되고 얼마 가지 않아 원상태로 돌아가는 경우가 다반사였다. 그러다 보니 정부의 지원정책이 지속가능성을 염두에 두고 점검되어야 하는 건 필수적이다.

지속가능성의 관건은 우선 사람이다. 마을살이를 하는 주체도 주민이고 마을살이를 활성화시키는 주체도 역시 주민이다. 따라서 주민의 성장에 지원의 초점이 맞춰져야 한다. 다음은 경제다. 초기에 마을활동이 제법 잘된다 해도 시간이 흐르면 예상치 못한 문제가 생기며, 열성적인 주민들도 점차 지치고 위기 상황에 자주 직면하게 된다. 따라서 마을활동이 안정화되려면 경제적인 꼴을 갖추어야 한다. 활동가의 헌신적인 노력을 어느 정도 경제적으로 보상함으로써 활동의 안정성과 책임을 부여하고, 참여 의사가 있는 주민들은 이용과 구매라는 방식으로 손쉽게 참여할 수 있도록 한다. 이는 매출로 연결되어 마을에 재정적인 기여도 하게 된다.

사실 마을 관계망과 사회적 경제는 동전의 양면이다. 마을이 품은 호혜적 관계망이 사회적기업의 든든한 거래망이 되고, 마을 살이가 든든하게 지속되기 위해서는 마을기업과 사회적 경제가 그 밑둥을 받쳐야 한다. 오로지 돈을 둘러싼 무한경쟁의 쟁투판이 아니라 사람이 보이고 생활이 연결되는 경제가 곧 '사회 속 경제' 아닌가? 이렇게 마을살이가 틀을 갖춤으로써 경제적 토대를 마련해갈 때 자립의 근거가 생기고, 자립이 물질적으로 가능해야 비로소 지속성이 확보된다. 역으로 사회적기업과 마을기업 및 협동조합 등의 주체들이 지역사회 주민들의 참여와 공감에 의지해야만 지역사회에 뿌리내릴 수 있고 생존이 가능하다. 관건은 마을 관계망의 사회적 경제화와 사회적 경제의 지역화다.

'행정 혁신'과 협력적 거버넌스

지난 2년은 협력적 거버넌스를 시도한 자체만으로도 소중한 성과며, 그 가능성을 발견한 기간으로 평가할 수 있다. 하지만 혁신이 사회적 문제를 그럴 듯하게 해결하기엔 아직 갈 길이 멀다는 걸 절감한 기간이기도 했다. 행정 혁신 없이는 사회 혁신의 추진이

어렵다는 것 역시 확인한 시기였다. 여전히 관은 민을 주어진(지시한) 과업을 사고 없이 수행하고, 한 치의 오차도 없이 보조금 정산서를 내놓아야 하는 하청업체(?)로 본다. 또 사업의 실행 과정에서 발생하는 현장의 유동성에 대해선 대단히 경직된 원칙을 적용하려 든다. 전례가 없고, 법적 근거가 없고, 감사에서 깨지고, 다음 연도 예산을 배정받기 어렵다는 등 조자룡의 헌 칼마냥 아무 때나 들이대면 먹히는 이유들이다.

해본 적이 없는 일을 하려니 조심스럽고, 성과 목표를 달성하지 못하면 예산이 삭감될 터이니 사업의 지속성을 위해서는 무리를 해서라도 목표를 달성해야 하고, 그 과정에서 조금이라도 삐끗하는 날에는 징계 사유가 되어 인사 이력에 흠집이 나 '직업인'으로서 감당하기 어려우니 매사가 조심스러울 수밖에 없다. 무엇보다 가장 안타까운 어려움은 칸막이 행정이다. 마을 사업은 그 성격상 종합적이고 부서 간 협업이 절실한 정책 분야다. 그러나 진짜 어려운 대목은 자치구와의 협력이다. 자치구마다 사정과 형편이 모두 다르기 때문이다. 마을정책에 대한 구청장의 의지도 다양하고, 담당 공무원의 마을정책에 대한 이해는 그야말로 천차만별이다. 그러나 상당 부분의 마을 예산은 자치구 경상보조금으로 편성되어 자치구를 경유하게 된다. 이 과정에서 필설로 말할 수 없는 우여곡절이 발생한다. 위탁 센터의 위치에서는 직접적으로 자치구와 협력사업을 추진할 수 없다. 그렇다고 시울시 마을담당관이 자치구를 적극적으로 다그치기도 버겁다. 그래도 2기에는 마을정책의 동력을 자치구 수준으로 정착시켜야 한다. 안 그러면 그동안 만들어낸 주체 역량을 감당할 수 없으며, 이제 막 시작된 마을활동에 탄력을 붙일 수가 없다. 하지만 서울시 행정 시스템 전체가 변하기는 참으로 쉽지 않다. 최소한 서울시 행정 내부에서 혁신기획관을 중심으로 하는 기획조정 기능이 강화되어야 하며, 마을지원센터가 자치구에 대한 주도력과 협상력을 강화하기 위한 방안이 시급히 강구되어야 한다. 2기의 새로운 도약을 위해 꼭 필요한 것은 서울시와 마을지원센터, 마을지원센터와 구청 간의 거버넌스를 위한 혁신적인 대안을 마련하는 일이다.

지역사회 생태계와 공론장

확장성의 과제는 마을 또는 지역사회의 생태계 조성과 공공성으로 확보해갈 수 있다. 생태계가 확장성의 필요조건이라면 공공성은 충분조건이다. 마을과 지역사회를 무대로 활동하는 다양한 장르의 주체들이 융합적인 협력 관계로 이루어지는 생태계의 조성은 확장의 근거지를 마련하는 길이다. 한편 지역사회에서 절실하고 시급한 과제가 뭔지 합의하고 실행하는 과정에서 공공성에 대한 감수성과 공공적 공감이 확산되고, 협력적 관계망도 확장된다.

지속성의 과제는 마을공동체가 당면한 지역사회의 문제를 해결해낸다는 사실이 증명되고, 또한 지속적으로 문제를 해결할 수 있는 장치를 갖췄을 때 해결된다. 따라서 지난 1기 동안 검토되고 시도된 공공 의제에 대한 성공적인 문제 해결 사례를 만들어내야 하고, 이를 마을기업(사회적 경제)의 틀로 담아내거나 행정의 제도로 확립해야 한다. 즉 성공 사례를 통해 문제 해결 능력을 사회적으로 인정받아야 한다. 동시에 지속 가능한 실행 모델의 매뉴얼을 만들어 행정의 정책으로 삼는 '제도화 전략'을 강구해야 한다.

마을 생태계 조성과
융합적 지원 시스템

지난 1기 동안 등장하고 서로 연결되기 시작한 주민들의 '나서기'
는 앞으로도 더욱 확대되어야 한다. 2년여 동안 7만여 명의 서울
시민이 서울시가 지원하는 마을공동체 활동에 참여했다고는 하지
만 천만 대도시에서 아직은 미미한 수준에 불과하다. 더욱 많은 주
민들이 다양한 생활의 의제를 가지고 마을살이에 나설 수 있도록
지원해야 한다. 물론 지원의 방향이 참여 시민의 양적인 규모에만
치중해서는 곤란하다. 즉 스스로 성장하는 생태계가 조성되도록
지원의 초점을 잘 맞추어야 한다. 이른바 마을 생태계가 만들어지
고 그 생태계가 스스로 작동할 때, 서울시의 마을살이는 더욱 풍부
해지고 지속 가능할 수 있기 때문이다.

생태계는 다양성과 불균등성을 그 속성으로 하며, 이러한 다
양성과 불균등성이 서로 어울리며 융합의 시너지를 낼 때 생태계
로서의 생명력을 가진다. 아이 돌봄에서부터 어르신 돌봄까지, 마
을동아리에서 마을축제까지, 주거와 안전, 마을경제에 이르기까지
실로 살아가는 데 필요한 모든 것이 마을살이의 의제가 되며, 이제
막 마을살이에 등장한 새내기 주민에서부터 10년 이상 마을활동
가로 활약해온 배테랑 주민에 이르기까지 각각의 이유와 방법으

로 참여한 주민들이 서로 연결되어 돌아가는 곳이 바로 생태계로
서의 마을이다.

지역사회와 생태계

그런데 생태계는 마을, 동네 정도의 미시적인 수준에서부터
서울, 전국, 나아가 글로벌한 수준까지 그 범위를 확장할 수 있다.
오늘날 통신 수단은 매우 발전하여 우리의 일상생활 곳곳에 스며
들어 있다. 반면 우리의 일상이 반복되면서 새로운 일상을 창출하
는 대면적인 생활세계는 가족을 넘어 마을 정도의 범위에서 이루
어진다. 그래서 이 글로벌한 세계와 마을이라는 일상적 생활세계
가 만나는 로컬(local), 즉 지역사회 정도의 위상에서 생태계 조성
과제를 조명하면 좋겠다.

지역사회는 마을보다는 넓고 구보다는 좁은 몇 개의 마을 관
계망이 서로 교류하며 연결되는 생활세계다. 그래서 생활세계의
직접성과 일상성이 감지되면서 동시에 글로벌한 세계의 정보와
흐름이 포착되고 손에 잡힌다. 지역사회에서 다양한 혁신의 주체
들이 각기 자생(自生)하면서 상생(相生)을 도모하는 융합적 생태계
가 만들어질 때, 혁신의 주체들은 자기조직력이 생겨 정부의 지원
정책이나 외부 환경변화에 대해서도 저항력을 갖고 스스로 조절
해가는 생명력을 갖추게 된다.

자조적인 주민 모임과 활동가들은 물론이거니와 복지·문화·
경제 등 분야별로 전문적인 정보와 자원을 가진 시민사회단체들,
동과 구청, 시청 단위의 공공기관 및 중간지원조직들이 모두 지역

사회의 생태계를 구성하는 주요한 참여자들이다. 이들 각자의 목표와 역할이 존중되면서 지역사회 차원에서 상시적으로 협력하는 관계가 바로 생태계의 현실적인 모습이 될 것이다.

그런데 시와 구 행정기관은 물론이고 시민사회단체들과 지역사회를 무대로 활동하는 중간지원조직들조차 칸막이 현상에선 예외가 아니다. 이미 따로 활동해온 조직의 관행, 분과적 사고방식과 타성에 젖어 있어 이를 뛰어넘으려면 대단히 미시적이고 일상적인 수준에서 그 융합적 활동의 문화가 만들어지고 작동해야 한다. 그런 수준에 이르려면 의식적인 노력이 필요하다. 조직이 통합되고 조직 운영의 규율을 잘 짠다고 해서 달성되지 않는다. 오히려 그럴수록 융합은 기능적인 분업으로 타협하려는 경향이 강해져 외관은 융합인데 내용은 분할점유와 현상유지적 협의로만 남게 된다. 이런 관행을 극복하려면 현장 생태계가 조성되어 제대로 운영되어야 한다. 현장의 생활세계는 이미 융합적이기 때문에 생태계가 일단 조성되면 생태계 안팎이나 경계에서 활동하는 조직들에게 융합을 유도하는 힘이 작용하기 때문이다.

마을 단위 기획 지원

'우리마을프로젝트'나 '부모커뮤니티' 같은 '작고 만만한' 지원사업은 더욱 확대하되 자치구 차원의 중간지원조직으로 이관해서 진행하는 것이 바람직하다. 그래야 좀 더 가까운 거리에서 마을의 특성과 주민 주체의 역량 조건에 맞춘 섬세한 지원이 가능하다. 방식 또한 공모제를 유지하되 주민참여심사제도를 적극 활용해 단지 탈락과 선정을 결정하는 경쟁적인 심사 제도가 아니라 교류하고 연결되는 축제의 장이 되도록 한다.

그 외 지원은 마을 단위의 기획지원 방식으로 전환해 집중한다. 지원 방식도 공모제를 탈피해 과제의 성격과 주민 주체의 역량에 걸맞게 맞춤형으로 이루어져야 한다. 그동안 형성된 주민 모임들을 연결해 공통의 의제를 추구하거나 개별 의제를 넘어 복합적인 마을 의제를 실행하는 데 집중 지원한다. 그럼으로써 마을 관계망의 연결과 확장을 촉진하고 마을의 공공적 과제를 임팩트(community impact) 있게 해결해나간다.

이러한 지원 방식에는 '경과(經過)적 실천과 누적(累積)적 플래닝 방식'이 적용되는 게 바람직하다. 여러 주민 모임이 힘을 합쳐 마을 차원의 공공적 의제를 실현하려 할 때, 관이 제시한 마스터플랜이나 실행 단계에 묶이면 말 그대로 '사업'이 되어버려 활력적으로 진행되기 어렵고, 결국 성과도 나오지 않는다. 함께하는 주민들의 자발적인 의견과 참여가 존중되고, 그것을 토대로 실행 계획을 내오며, 그 실행이 이루어진 이후 상황 변화에 기초해 다음 계획을 추진하는, 더디지만 참여 주민들이 직접 만들어가는 '과정'을 존중하고 보장하는 방식이어야 한다.

하지만 이러한 '우연적' 실천의 방법을 참아내기 어려운 행정의 입장도 고려해야 한다. 프로세스를 합리적으로 관리하기 위한 보안 장치로서 마을 단위의 활동을 관찰하고 지원하는 제3자적 시선과 손길이 필요하다. 전담 멘토, 일종의 PM(Project Manager) 제도를 도입할 필요가 있다. 전담 PM이 마을 단위 기획지원사업의 과정 전체를 지속적으로 책임지도록 함으로써 사업에 대한 일관된 지원을 가능케 하고 합리적인 관리를 해야 한다. 또한 지원 예산은 사전에 그 내용을 결정해두는 방식이 아니라 '포괄예산' 개념을 적용해야 하고, 나아가 담당 PM에게 지원 예산에 대한 유연한 사용(예산목 변경과 금액 변경)을 주민과 함께 결정할 수 있는 권한을 부여한다면, 주민 주도성과 행정의 관리책임을 적절히 담보할 수 있을 것이다.

자생단 강화와 세 가지 융합

2014년 현재 이미 18개의 자치구에서 자생단이 활동하고 있고, 곧 나머지 7개 자치구에도 자생단이 설립될 것으로 예상한다. 자생단의 강화는 민간 차원의 거버넌스와 민과 관 사이의 거버넌스가 강화되는 것을 의미한다. '민·민' 거버넌스의 강화는 마을을 무대로 활약하는 다양한 민간 주체들과의 융합적인 협력 관계를 증진시키는 일이고, '민·관' 거버넌스 역시 민과 관이 기능적으로 역할을 분담하는 수준을 넘어 공동의 목표를 공유하고 책임과 권한을 나누는 융합적인 협력 관계를 지향한다.

요약하자면, 마을에서는 세 가지 차원의 융합이 일어나야 한다. 첫째, 마을공동체와 사회적 경제, 그리고 청년, 베이비 부머, 나아가 자원봉사 조직, 복지기관, 각종 풀뿌리 단체 등 다양한 '활동 부문' 간의 융합이 일어나야 한다. 그러자면 각자 해오던 사업의 중복을 없애고 시너지가 나도록 융합적 설계를 해야 한다. 먼저 민관 거버넌스의 중간지대인 자치구 단위의 중간지원조직들이 융합하거나 통합적으로 활동을 재구성할 필요가 있다. 물론 무턱대고 조직을 통합한다기보다 자치구별로 형편과 조건에 따라 협력적인 공동사업을 해나가며 통합의 경로를 밟아가는 것이 좋겠다.

둘째, 영리가 보유하는 자원과 영리의 경험을 끌어다 쓸 수 있도록 '영리·비영리'의 융합이 적극 시도되어야 한다. 혁신이 공공의 재정지원의 한계를 넘어 자율적인 재정 조달 능력을 가지려면 영리 부문의 사회공헌 자원을 연결하는 것은 물론, 나아가 금융 시스템을 학습하고 혁신적으로 응용(전유, 專有)하는 노력이 절실히 요청된다.

셋째, '민관의 협력적 융합'이다. 지난 2년여 동안 쌓아온 협력적 거버넌스의 경험을 발판으로 그 성능과 스케일을 더욱 높여야 한다. 우선 행정 내 혁신 관련 부서들 간의 칸막이를 헐어내고 전략적인 조정 기능을 강화한다. 그래야 민간의 융합된 주체들과 민과 관 사이의 전략적 융합이 비로소 가능해진다. 특히 자치구청과의 민관 거버넌스는 시급한 과제다. 광역 차원에서는 그나마 정책적인 협의와 토론이 이루어지지만 자치구로 가면 구청장의 입장이나 의회의 태도에 차이가 있고, 광역에 비하면 대체로 소극적인 경향이 있다. 또한 구청이나 기초의회가 적극적이라 해도 민간 활동 그룹들과의 교류가 부족해 긴밀한 거버넌스를 기대하기 어려운 실정이다. 2기에는 마을정책의 동력이 광역보다는 기초로 전환되고 있는 상황을 감안할 때 자치구 차원의 민관 거버넌스를 강화하는 것이 대단히 중요한 과제가 된다.

특히 상이한 부문에서 활동해오던 지역 주민들이나 풀뿌리

조직들이 협업적 경험을 쌓도록 함으로써 융합적 리더십을 형성하도록 지원해야 한다. 처음 길을 내는 마당에는 활동 분야의 유사성, 비슷한 처지와 형편의 동질성이 서로에게 중요한 버팀목이 된다. 그래서 청년이라는 주체의 특성과 형편을 중히 여기고, 마을공동체와 사회적 경제 역시 각기 활동 분야의 독자성을 강조했다. 하지만 어느새 이들 사이에 칸막이가 쳐지고, 그 구분이 당연시되더니 문제 해결을 위한 통합적 조정 기능이 요구됨에도 불구하고 오히려 취약해져만 갔다. 이제는 혁신의 주체들이 '주체의 특성'에서 '문제 해결' 중심으로 재구성되고, '각개약진'에서 '협동적인' 활동 체계로 전열을 정비해야 한다. 요약하면 혁신동력의 결집과 혁신 역량의 강화다. 그래야 여전히 부문별로 각기 따로 구청과 교섭하고 있는 협상력을 통합해 보다 효과적이고 영향력 있는 협상이 가능하다. 이래야만 비로소 지역 차원의 민관 거버넌스가 터를 잡고, 지역사회 차원의 자치역량이 성장할 수 있다.

이렇게 세 차원에서 융합이 동시에 일어날 때 아카데미의 분과학문적 경계도 허물어지고 지식 정보의 융합적 생산과 활용이 가능해진다. 또 융합하는 각 부문 간 소통과 학습이 촉진되며 협력과 신뢰 수준도 높아진다. 그럴 때 비로소 우리 사회의 문제를 해결할 수 있는 실제적인 힘과 설득력이 생기게 되고, 나아가 사회적 공감도 불러일으킬 수 있게 된다.

지역사회의
공공적 재구성

글로벌한 세계와 마을이라는 일상적 생활세계가 만나는 지역사회 (local)에서는 다양한 주민 모임들이 함께 만나고, 다양한 마을활동들이 서로 연결되면서 협력하는 지역의 관계망을 만들 수 있다. 이해관계가 다르고 관심 분야가 달라도 각기 자유롭게 활동하며 언제든 만나 공동의 의제를 의논하고, 절실한 과제를 위해 협력하는 장이 바로 지역사회다. 그러다 보면 지역의 정치인들도 마을에 관심을 기울이게 되고, 지역사회의 움직임과 주민의 요구에 더욱 민감하고 적극적으로 나서게 될 것이다. 종국에는 우리 사회의 대면 관계가 확장되고, 그만큼 공공성도 부각되어 함께 살아가는 공동체 문화가 생활 속에 자리 잡을 것이다.

지역사회에서 가장 우선시하는 공동의 이익이 바로 공공 의제이며, 이를 공개적인 의사소통을 통해 공유하고 합의하는 마당이 공론장이다. 동네에서 아이들을 함께 돌보는 문제에서부터 지역 전체의 이슈가 되는 큼직한 문제에 이르기까지 누구나 자유롭게 안건과 해결 방안을 제안할 수 있다. 또한 지혜롭게 잘 해결한 사례를 초대해 함께 학습하고, 정치인과 행정 당국에도 요구사항을 전달할 수 있는 광장의 역할을 하는 공론장이 필요하다. 때론 마을축제로 공론을 벌일 수도 있고, 타운홀 미팅(town hall meeting)이나 티파티(tea party) 같은 비교적 가벼운 토론회를 할 수도 있다. 무엇보다 이러한 공론장을 통해 지역사회의 협력적 네트워크를 만들어갈 수 있다.

마을에서는 생활의 필요를 해결하기 위해 친밀한 이웃들과 함께 궁리하며 협동으로 실천하고, 지역사회에서는 이런 협동의 경험과 바람들을 공공의 의제로 올려 확장된 공론을 벌인다. 그 과정에서 마을에서는 친밀한 관계망이 더욱 깊고 넓어지며, 지역사회에서는 열린 공론장이 만들어진다. 동네 이웃들과 함께하는 마을모임들이 더욱 다양하게 등장하고, 자주 만나 아쉬움을 털어놓다 보면 공동의 과제도 나오고, 그러다 보면 함께 해보자 작당하기도 한다. 어느덧 내 문제가 마을의 공공 과제가 되고, 마을의 과제를 해결하려 씨름하다 보면 내 문제가 해결될 가능성이 더욱 커지는 것이다.

이렇게 마을살이를 하다 보면 자연스레 공론장이 만들어지기도 하지만 어떤 사건이나 계기로 인해 형성되는 경우도 적지 않다. 외부적인 계기로 공공성이 침해되는 사건이 생기거나 무엇이 지역에서 공공적인지 판단해야 하는 상황이 벌어진 경우다. 예를 들면 마을 중심에 교육적으로 유해한 시설이 설립된다거나 마을버스 노선이 느닷없이 변경되는 경우 등 주어진 사건을 통해 평소 고려하지 않았던 지역사회의 공공성을 생각해보게 된다.

성미산마을에서도 성미산 파괴의 위기가 마을 주민들로 하여금 지역사회를 고민하고 주민 모두의 공적 이익이 무엇인지 생각해보는 계기가 됐다. 성미산의 위기를 통해 지역사회와 공공성을 배우고, 지역사회 속에서 더욱 지속 가능한 방법을 고민하게 된 것이다. 외부에서 주어진 위기, 아니 그 위기가 만들어준 공론장이 성미산마을에서 확장성과 지속성의 토대를 만들어갈 수 있게 해준 셈이다. 이제 그 공론장을 우연한 사건이 아니라 기획을 통해 만들어보자. '주민 주도 마을계획'과 '공공적 기획사업', 두 가지 방안을 제안해본다.

주민 주도 마을계획: 시민·주민 주도권

'주민 주도 마을계획'이란 자신이 살고 있는 마을이나 지역사회에서 꼭 해결해야 할 문제가 무엇인지, 또 반드시 달성해야 할 시급한 과제가 무엇인지를 지역 주민들과 터놓고 토론하며 공동의 지역의제를 결정하고 실행에 옮기는 것이다. 진정한 주민 주도는 주민이 직접 계획하고 실행할 수 있는 권한을 행사할 때 달성된다. 물론 이 프로젝트는 참여 주민들이 각기 다른 욕구와 의견을 가진다는 사실을 전제로 하며, 각기 다른 의견을 가진 주민들이 공개적인 토론을 통해 합의에 이르게 하는 것이 핵심이다. 또한 지역사회 주민들 모두에게 유익하고 시급한 공공의 의제가 선정되면 이를 실행할 주체가 나서고, 필요한 자원이 조달되어야 하며, 계획을 실현시킬 실행 계획이 필요하다. 즉 마을계획을 통해 실행할 사람과 실행에 필요한 자원과 실행 계획을 만들어내는 것이다. 이때 민간형과 민관 협력형의 두 유형이 가능하다.

'민간형 마을계획'은 지난 마을정책 1기에 등장한 마을모임들이 연결되어 공통의 과제를 수행하거나 보다 복합적인 마을·지역의 의제를 실행할 경우 지원해주는 프로그램이다. 정부의 지원을 통해 등장한 주민 모임이 마을 관계망으로 진화하도록 지원하는 프로그램이라는 점에서 의의가 있다. 또한 이미 의제를 실행에 옮길 실행 주체가 있다는 점을 전제로 추진한다. 지난 1기에 등장한 주민 모임들의 규모와 그 역량 수준을 볼 때 대체로 동보다 작은 마을 규모 정도의 지리적 범위가 적당하다.

'민관 협력형 마을계획'은 동(洞) 단위로 진행하는 마을계획으로서 주민자치위원회가 기본적인 참여 주체가 된다. 따라서 관변 단체를 비롯한 풀뿌리 보수층 주민들이 적극 참여하게 함으로써 그동안 풀뿌리 단체나 적극적인 지역 주민들이 중심이 되어온 마을사업을 확장시키는 계기를 마련해준다. 하지만 이 유형은 의제의 범위가 동 단위로 넓고, 주민자치위원들의 마을살이 경험이 취약할 가능성이 높다. 그러므로 지역사회의 공공 의제에 관심을 갖고, 실제로 절실하고 시급한 지역의 의제가 무엇인지 토론하고 합의하는 과정에서 새로운 주민 주체를 발굴하고 참여시키는 것이 중요하다.

한편 마을계획의 경험이 계속 쌓이면 안전행정부에서 시범사업으로 추진하고 있는 '주민자치회'를 실질적인 주민 주도형으로 구성하는 역할을 할 수 있다. 나아가 서울시의 '주민참여예산제'를 아래로부터 혁신하는 계기가 된다는 점에서도 중요한 의의를 가진다. 한편 공통된 마을의 의제 중 '공간'에 대한 필요가 높다는 점을 감안할 때, 현행 주거환경관리사업을 활용하는 것도 바람직하다. 이렇듯 '주민 주도 마을계획'은 현행 행정 제도를 주민의 참여를 바탕으로, 주민이 주도하는 방향으로 혁신적으로 재편하는 유력한 수단이 될 수 있다. 특히 현재 동마다 구성된 주민자치위원회를 주민참여형으로 재구성함으로써 지역사회의 실질적인 중심이자 허브로 작동시킬 수 있다는 점에서 주목할 필요가 있다. 여기에 지역사회를 아우르는 미디어가 공론장의 성능을 높일 것이며, 지역사회의 민주적 소통 문화를 향상시킬 것이다.

공공적 기획사업: 혁신적 해결 사례와 '제도화' 전략

앞의 마을계획이 '무엇이 공공 의제인가?'를 토론하면서 합의해가는 방식으로 공론장을 만들어간다면, '공공적 기획사업'은 이미 지역에서 시급하고 절실한 공공 의제에 대한 합의가 있거나 요청이 있는 경우로, 이미 제출된 공공 의제의 해결을 내세워 공론장을 만들어가는 전략이다.

몇 가지 유형으로 예시를 들어보자. 첫째는 공공서비스의 지역경제화다. 광역 및 기초 정부가 직영 및 위탁 방식으로 수행하는 공공서비스를 지역사회가 마을기업이나 협동조합이라는 사회적 경제 모델로 직접 운영해 지역사회의 경제적 토대를 만들어가는 것이다. 마을버스와 재활용 분리수거, 마을보건의료센터, 국공립 어린이집의 부모참여형 전환 등이 유력하다. 둘째는 공공이 소유하고 관리하는 자산을 지역사회가 직접 관리하며 사용·수익하는 것으로, 마을 놀이터, 마을 공원, 마을 주차장 등이 검토되고 있다. 셋째는 필수적 생활재를 지역사회가 직접 생산·소비하는 순환경제로 해결하는 것으로, 마을학교, 에너지 마을, 마을 생활체육클럽, 마을 공동주택, 상포계와 대동계, 지역통화 등이 대표적인 예다.

이 외에도 기획사업으로 추진해볼 만한 공공 의제가 많이 있고, 이후에도 새롭게 제기될 것이다. 위와 같이 제출되고 검토된 공공 의제를 중심으로 실행에 옮겨보면 좋겠다. 사업의 추진 단위는 마을 또는 자치구 단위, 혹은 그 이상 몇 개의 구를 묶는 권역 차원일 수도 있는데, 이는 의제의 성격이나 실행 주체의 역량에 따라 다양하게 적용할 수 있다. 지금은 시범사업의 단계로 놓고 성공 가능성을 고려해 가급적 밀도 있게 사업 규모를 정하고 차차 확산해갈 필요가 있다. 더욱이 이들 중 상당수의 의제는 마을기업으로 추진되면 좋을 것들이다. 마을기업이 지역사회 문제 해결의 주체이자 문제 해결 방식으로서 자기증명을 해야 한다는 점에서 마을기업의 전환모델로 추진할 필요가 있다.

'공공적 기획사업'의 의의를 세 가지로 요약해볼 수 있다. 첫째는 성공적인 사례를 창출함으로써 지역사회의 문제를 해결해내는 능력을 인정받아 마을공동체정책에 대한 '사회적 신뢰'를 얻는 것이다. 동네의 몇몇 유별난 사람들의 관심사가 아니라 우리 사회가 안고 있는 절박한 생활의 문제를 마을공동체 방식으로 해결해 낼 수 있다는 구체적인 확신을 갖게 해 마을공동체정책의 공공성을 증명하고 확장하는 것이다.

둘째는 지역경제로의 전환이다. 지역 주민들이 함께 동의하는 의제를 만들어내고 이를 실행에 옮겨도 이것이 지속 가능하려면 경제적 시스템으로 진화해야 한다. 지역에서 필요한 서비스를 생산하고, 지역이 그 소비를 책임져주는 순환경제가 달성되도록 해야 하는 것이다. 그러므로 자원이 외부로 유출되지 않고 지역에서 순환되는 경제체계를 구축해야 한다. 그래야 마을 의제가 품은 공공성을 지속적으로 실현할 수 있으며, 정부의 지원이 중단되더라도 계속 유지될 수 있다. 이것이 지역경제이고, 진정한 의미의 사회적 경제이고 마을기업의 모습이다.

셋째는 마을정책 '제도화' 전략의 수정이다. 특정한 공공 의제를 성공적으로 실행함으로써 사업 추진의 매뉴얼을 얻어 행정이 제도를 이용해 대규모로 추진할 수 있는 가이드라인을 제공하는 것이다. 사실 지난 1기에는 서울시의 여러 부서가 각기 마을사업을 실행했는데, 서울시 행정이 모두 마을공동체정책의 의의를 고민하고 학습하는 계기가 되었다는 점에서 긍정적이지만 성과 차원에선 많이 아쉽다. 마을사업에 대한 경험과 준비가 부족한 상태에서 추진하다 보니 마을사업의 정확한 의미와 방향도 모호하고, 당연히 성과도 쉽게 나오지 않는다. 심지어 '이걸 왜 하나?' 하는 회의적인 태도를 갖게 되고, 민간(심지어는 마을지원센터)과의 소통도 원활치 않아 갈등이 깊어지는 경우도 있다. 따라서 확실한 성공 사례에 기초한 실행 매뉴얼을 만들고 나서 행정에 도입해야 공무원들도 나름 안정적으로 사업을 진행할 수 있다.

2기에는 중간지원조직에서 사례와 매뉴얼을 만들어 행정에 반영하는 제도화 전략을 사용할 필요가 있다. 여러 행정 부서에 분산된 마을사업을 압축하고 집중하여 성공적인 사례를 도출해야 한다. 1기가 '각개약진'의 형국이었다면, 2기는 '중강도 집중화' 전략으로 이동하는 것이다.

시민사회단체의 지역사회 접속

이렇게 지역사회에서 공론장을 창출하려는 전략이 실효성을 얻어 결실을 보려면 전문적인 지식과 정보의 도움이 필요하다. '주민 주도 마을계획'의 경우를 보더라도 어떠한 종류의 공공 의제를 다루든 그 분야의 전문적인 지식과 경험, 법과 제도적인 조건, 행정의 지원 가능성 등 따져봐야 할 대목들이 아주 많다. 이러한 쟁점들은 일반 주민들이 판단하기 어려운 경우가 많다. 따라서 해당 분야 전문가들을 초대하여 가능성과 현실성을 판단하고, 적절한 대안을 마련하기 위한 조언을 들을 필요가 있다.

우리 사회의 시민사회단체들은 지난 20여 년간 실로 다양한 분야로 분화되면서 그 전문 영역을 개척해왔다. 인권·여성·노동·환경 등은 물론이고, 교통·교육·복지·아동 청소년 등 다루지 않는 영역이 없을 정도로 대단히 세분화된 분야에 이르기까지 전문적인 정책개발의 노력을 기울여왔다. 이들은 특히 국가를 비롯하여 각급 자치정부를 상대로 정책을 모니터링하고, 미흡한 사항에 대한 제도 개선을 요구하며 대안을 제시하는 등 법과 제도를 포함한 정부의 정책을 다뤄본 경험이 많다. 무엇보다 행정당국과 교섭하고 심지어 대항하며 그 개선을 압박해온 경험이 풍부해 정부를 상대로 하는 일에 능숙하다.

따라서 이들 시민사회단체들의 전문성을 지역사회로 적극 초대할 필요가 있다. 물론 이들이 주로 중앙정부를 상대로 거시적인

2부 시민사회의 미시적 재구성과 마을공공성

정책에 주로 관여해온 까닭에 지역사회 차원의 문제를 다룬 경험이 상대적으로 부족할 수 있다. 또한 지역사회의 주민들과 관계 맺어본 경험이 부족하고, 주민들의 마을살이에 대한 이해가 부족해 다소 긴밀한 협동의 관계를 갖기 어려울 수도 있다. 하지만 특정 분야의 전문가로서 주민들이 스스로 문제를 해결해가는 과정에 밀착해 지원하다 보면 주민들로부터 신뢰를 얻을 수 있다. 이렇게 시민사회 단체들이 생활세계의 시민들과 자주 교류하고 지역사회의 과제를 해결하는 데 실질적인 역할을 하게 되면 '시민 없는 시민단체'라는 한계도 극복하는 계기를 맞이하게 되지 않을까?

지역사회의 공론장에는 마을활동가, 사회적기업가는 물론이고, 복지기관과 자원봉사 조직, 도시농업, 문화체육 등을 비롯한 다양한 시민사회단체들까지 참여해 의제를 만들고 해결하는 일에 협력하게 된다. 또한 이런 공론장이 만들어지고 활성화되면 구의원과 시의원들도 자발적으로 참여하게 될 것이므로 생생한 민심을 읽어 주민이 원하는 바를 알게 될 것이다. 지역사회의 공론장은 그 기여의 노력만큼 주민들에게 인정을 받는, 이른바 공개적인 주민정치의 장이 될 것이다. 공론장이 활성화되면 지역사회는 혁신의 생태계로 전환될 것이다.

융합적 실천조직

'주민 주도 마을계획'과 '공공적 기획사업'을 추진하는 실천조직은 칸막이를 뛰어넘는 '워킹 그룹'을 중심으로 짜야 한다. 해당 분야의 전문가-사업지역의 리더-행정지원반, 이들 3자가 단일한 실행단을 구성하고 실행 과정에 대한 결정 권한을 가져야 한다. 행정 부서 간 회의 테이블에서 논의하다 시간을 끌면 현장의 흐름을 전부 놓친다. 따라서 일하기 위한 모임이 필요하다. 일을 논의하기 위한 모임으로는 '일이 되게 할 수' 없기 때문이다. 1기 동안 이미 범한 실수를 반복할 이유가 없다. 워킹 그룹의 성패는 워킹 그룹이 실행 권한을 갖는 것과 워킹 그룹에 참여한 활동가가 일에 전념할 수 있도록 최소한의 생계를 보장하는 데 사활이 달려 있다. 헌신성이 참여를 이끌어내기는 하지만 구체성(detail)을 보장하지는 않기 때문이다.

민간의 강화와 거버넌스 재구성

지난 1기는 행정과 중간지원조직이 흐름을 주도한 형국이었다. 2기에도 그 흐름이 역전될 것 같지는 않다. 서울시가 정책으로 나서서 하는 일이라 그럴 수밖에 없는 면이 크다. 물론 서울시의 정책기조가 '주민 주도'로 민간의 주도성을 강조하고 있지만, 지난 3년간 주민들의 활발한 등장과 지원 시스템의 구축이 가능했던 것은 마을활동가들의 활약에 힘입은 것이 분명하다. 따라서 민간 차원의 힘은 실재한다. 하지만 그 힘이 대부분 지역과 마을이라는 현장에 붙들려 있기에 시 차원의 정책적 대응에 기민하게 대응하기 버겁고 역부족이다.

1기의 성과로는 단연 마을넷의 구성을 들 수 있다. 마을넷은 서울시 25개 구 전체에 구성되어 있으며, 주로 민간 활동가들로 구성된 열린 공론장 성격의 네트워크다. 지난 1기 서울시 마을공동체정책을 검토하고 실행하는 데 중추적인 역할을 담당했다. 2014년부터는 본격적으로 자생단이 만들어지면서 마을넷은 자생단과는 별개의 조직으로 분화되어 독자적으로 운영된다. 자생단이 서울시의 정책을 실행하는 파트너라면, 마을넷은 말 그대로 민간의 공론장이라는 성격을 더욱 분명히 가져가는 계기를 맞이한 셈이다. 그리하여 정부 정책 실행의 파트너라는 실무적인 미션에서 상대적으로 자유로운 지대에서 순순한 민간 차원의 미래 과제에 집중함으로써 거버넌스의 바탕이 되는 힘을 구축해갈 것이다. 마을 생태계가 조성되는 흐름을 민간의 호흡으로 관찰하면서 물적-인적 역량이 차근차근 쌓여갈 수 있는 토대를 잘 구축해가도록 대비하는 것이다. 자산화 전략, 사람의 성장, 정책 능력이 그것들이다. 그러기 위해 마을넷은 민주성, 대표성, 전문성을 강화해야 한다.

마을넷에 참여하는 사람들이 수평적이고 열린 소통을 통해 의사 결정을 해내는 민주주의 문화가 더욱 심화될 것이고, 생태계의 성숙에 필요한 과제를 올바로 설정하고 제대로 실행할 수 있는 능력이 높아질 것이다. 또한 지역에서 마을살이 하는 다양한 주체들 모두가 참여할 수 있게 함으로써 지역에서 풀뿌리를 대표할 수 있는 신뢰를 쌓고, 그를 바탕으로 행정과도 대등한 파트너십을 발휘하게 될 것이다. 이런 과제를 실행하기 위한 가장 적절한 방법은 '지역사회 공론장'의 코디 역할을 하는 것이 아닐까 싶다. 마을은 분과정책 영역이 아니라 다양한 분과 활동이 생활세계에 뿌리내리고 서로 연대하고 시너지를 내는 '장소'다. 문화·복지·자원봉사·교육·경제 영역 등의 활동과 청년, 여성, 베이비 부머, 노인 등 다양한 계층의 의제가 뒤섞여 돌아가는 장이다. 이렇게 다양한 분야를 넘나들며 협력하는 과정에서 형성된 민간의 리더십이 자치구 및 서울시와의 대등한 협력적 거버넌스 파트너십으로 귀결되도록 해야 한다. 지금의 '사무 위탁' 차원의 거버넌스가 '사회 협약'에 기초한 협력적 거버넌스로 진화하기 위해서는 민간의 능력이 더 성장해야 한다. 지역의 문제를 해결해내는 디테일 있는 실행력, 정책 구성력, 이를 실행할 사람들, 그리고 이 사람들이 지속해서 활동할 수 있는 경제적 토대…… 길이 멀지만 그동안 일구어온 내력이 결코 적지 않은 밑천이다.

4장

누구나 살고 싶은
마을의 미래

왜 마을이 대안인가? 아이 낳아 잘 키우고, 제 하고 싶은 것 하면서 살 수 있도록 도와주고, 살고 싶은 동네에 오래도록 살면서 이웃들과 살가운 관계를 이어가고, 동네마다 작은 가게 주인들이 낮에도 동네를 살피고, 어슬렁대는 애들 챙기고, 거동 불편한 어르신 거들고, 동네 자잘한 소문들 옮겨주고, 그러면서 동네 사람들에게 서로 인정받고 살고, 아이들은 물론이고 청소년과 청년 들이 마을에서 존중받으며 마을 일에 한몫하고, 퇴직한 아저씨도 나이 지긋한 어르신도 마을에서 어른으로 인정받으며 함께 어울려 살아가는……, 이런 일들을 하면서 먹고살 일거리도 찾으면 찾아지는 그런 곳이 마을이다.

하지만 쉽지 않다. 쉬울 리 없다. 그래도 한발 한발 뚜벅뚜벅 가다보면 어느덧 당도해 있을 거다. 이런 속도감은 외부자 시선으로는 결코 이해하기 어렵다. 더디고 한가해 보이고 심지어 여유 있는 사람들의 이기심으로 읽히기도 한다. 하지만 시급하고 절실한들 바늘허리 꿰어 갈 수는 없는 게 생활의 이치다. 그래도 혼자가 아니라 할 만하다.

마을정책 2기에는 개별적인 사업 하나하나보다는, 마을에서 함께 살아가는 데 절실하고 시급한 것들을 잘게 쪼개지 않고 서로 이어지며 시너지가 생기도록 해야 한다. 그러려면 사업의 성과가 생활의 변화로 관찰되고 측정되도록 해야 한다. 여러 영역에서 활동하는 기관과 주체 들이 융합적인 협력을 해야 한다. 물론 행정이 솔선수범해야 민간의 협업이 탄력을 받을 수 있다.

아이 함께 기르는 마을

마을살이가 제법 번성하고 그 꼴을 갖춘 곳들은 대체로 아이들을 함께 키우는 일이 마을살이의 가장 중심에 자리 잡고 있다. 사실 보통 사람들이 산다는 것이 무언가? 애 낳아서 잘 키우는 게 가장 중요한 일 아닌가? 그런데 요즘 우리 사회에서는 아이들 제대로 잘 키우기가 쉽지 않다. 맞벌이가 불가피한 도시의 보통 시민들에게 어린 자녀의 보육은 가장 큰 일이다. 좀 커서 초등학교 보내놓으면 방과후가 또 문제다. 아이들을 마을에서 함께 돌보는 일은 마을살이의 가장 자연스러운 시작이 되고, 마을 관계망의 튼실한 씨앗 역할을 한다. 내 아이 내가 알아서 키워야 하는 요즘, 아이를 함께 기르다 보면 인류의 역사 속에서 형성된 협동과 공유, 마을살이의 유전자가 슬슬 되살아난다. 그래서 아이 함께 키우기는 마을살이의 중심적인 내용이면서 마을하기의 가장 효과적인 매개 역할을 한다.

돌봄+교육, 마을이 학교다

미취학 아이들을 위한 공동보육은 20여 년에 걸친 '공동육아'의 실험을 거쳐 이제는 보편적인 대안으로 인식되고 있다. 지금은

'품앗이 돌봄'을 실천하려는 주민 모임을 지원하는 서울시 마을공동체사업이 있어서 훨씬 수월해졌다. 이제는 초등학교 아이들의 방과후 활동을 마을에서 감당하는 마을 단위의 교육 생태계 구축이 더욱 필요해졌다. 초등 아이들은 영유아들과는 달리 돌봄을 넘어 '성장과 발달'까지 챙겨야 하는 교육적 과제가 있다. 부모가 퇴근하기 전까지 아이들을 안전하고 안정되게 돌보는(caring) 일이 절실하지만, 또래 아동기에 걸맞은 성장과 발달을 이끌어주는 교육적 대책 또한 요구된다.

마을의 일상(장소와 사건)이 교육적 환경과 재료로 재구성되고, 마을 주민들이 직·간접적으로 교수·학습 활동에 참여한다. 아이들이 마을살이의 엄연한 주체로서 등장하고, 마을 사람들과 일상을 공유하면서 서로 영향을 주고받으며 성장한다. 마을에서 벌어지는 다양한 일상이 모두 학습 소재이고, 마을 곳곳이 교실이다. 생태학습은 동네 뒷산에서, 경제학습은 마을 생협이나 크고 작은 마을기업을 통해서 한다. 마을축제에 참여하거나 아예 축제 기획을 맡기도 한다. 아니면 디지털 카메라나 캠코더를 들고 영상 기록을 하면서 융합적 학습을 한다. 생협의 공동구매 물류 시스템을 조사하고 생산지 농장을 방문해 농업과 농촌사회의 현실과 미래를 가늠해보고…… 이렇듯 마을에서 살아가는 사람들의 생생한 이야기가 모두 학습 소재가 된다.

또한 마을에서는 사범대나 교육대학을 나와 교사 자격증을 가지고 있는 사람만 교사가 되지 않는다. 동네 주민들이 가진 직업적인 전문성이나 취미로 갈고닦은 재주를 아이들과 나누며 교사가 될 수 있다. 은행에 다니는 현수 아빠가 경제를, 요가 전문가인 여해 엄마가 몸수업을, 화가인 상수 엄마가 미술을, 환경전문 시민단체의 활동가인 호영이 아빠가 생태환경을, 이렇게 한동네 사는 주민들이 각자 자신의 직업이건 취미이건 자신 있는 분야를 맡아한 학기 강의를 감당하면 어떨까? 오히려 일반 교사들보다 훨씬 다양한 영역의 전문성을 확보할 수 있는 방법이다. 요즘처럼 아이들의 관심사가 구체적이고 다양한 시대에 이 방법이 아이들의 교육적 욕구를 더 충족시킬 수 있지 않을까?

그렇다. 마을이 다양한 주민들이 살아가는 삶터라면, 바로 이곳이 우리 아이들이 살아가기를 맛보고 미래를 꿈꾸는 교육의 터전이 되는 게 당연하다. 마을이 학교가 되고, 학교 안에 갇힌 학생이 아니라 학교 담을 넘어 마을을 누비며 공부하는 학생, 교사도 학교에서 상근하는 사람만이 아니라 마을의 주민이, 학부모가 교사가 되는 그런 마을을 꿈꿔보자. 마을학교, '도시 속 마을학교'다. 이렇게 아이들은 마을교육과정에 기초해 일상의 관계 속에서 구체적인 탐색을 통해 지적 구성력을 훈련하고, 관계맺기의 다양한 성공과 실패를 겪으며 생활의 주체로, 삶의 주인으로 성장·발달해 간다.

놀이로 크는 아이들

아이들은 심심한 건 도저히 참을 수 없다. 어떻게든 놀 '거리'를 찾아내 기어코 논다. 어딜 가든 어떤 상황에 놓이든 논다. 땅바닥에 버려진 줄 하나 가지고도 지들끼리 히히덕대며 두어 시간 뚝

딱 잘도 논다. 하지만 요즘은 어른들이 우리 아이들을 밖에 내놓으려조차 하지 않는다. 집에 꽁꽁 묶어두고, 학원으로 뺑뺑이 돌리느라 아이들은 놀 엄두도 못 낸다. 나가 놀다 다치기라도 하면 큰일이고, 유괴니 뭐니 입에 담기조차 살 떨리는 위험에 아이를 집 밖에 내놓기도 무섭다. 그나마 웬만한 동네에 하나씩은 있다는 놀이터는 안전기준이다 시설기준이다 해서 공공이 꽉 쥐고 놓질 않는다(서울에 어린이놀이터가 1,000여 개나 된단다). 그 놀이터에 아이들은 안 가고, 그나마 중고딩 영아들의 '안쓰러운 일탈' 공간 노릇을 하느라 '우범지대'로 낙인 찍혀 애물 취급 받은 지 오래다. 그러다 얄밉게도 누군가가 그 틈 비집고, 돈 되는 건물 짓자고 나서지는 않을지……. 아무튼 아이들이 도통 놀지를 못한다. 그나마 애들이 숨 쉴 '작은 허파'와도 같은 놀이터마저 위기다.

아이들에게 놀이는 관계 형성이고 소통의 감수성을 배우는 중요한 배움터다. 우리 놀이에 '깍두기'라는 제도(?)가 있다. 나이 어린 동생도 놀이에서 배제하지 않고 끼우느라 궁리해낸 묘수일 거다. 놀이를 통해 약자를 챙기고 협동을 익히며, 인생이 승리와 패배가 매번 순환하는 일상사임을 몸으로 마음에 새긴다. 그런데 문제는 '위험'에 대한 염려다. 놀다가 아이들이 다치기라도 하면 어쩌나 하는 염려가 아이들의 놀이를 가로막는다. 하지만 놀이터에서 놀다가 무릎 까지고 머리 깨고 하는 것, 우리 때는 예사였다. 그러면서 조심하는 마음가짐과 몸가짐을 터득하지 않았나.

결국 관건은 '불안'을 극복하는 거다. 위험에 대한 부모들의 불안이 문제다. 아이들이 놀면서 맞닥뜨리는 위험을 대수롭지 않게, 아이들이 성장하면서 당연히 감당할 과정으로 여기고 믿고 격려해야 하는데 엄마들은 안심이 안 된다. 경험해보건대 그 불안은 '함께' 해야 비로소 넘어설 수 있다. 다른 엄마들과 함께 아이를 돌봐야 불안을 떨칠 수 있다. 마을이 뭔가? '옆집 엄마' 때문에 불안한 시대에, 그 옆집 엄마와 '함께 안심하고' 아이 키우자는 거 아닌가? 놀면서 아이들이 관계를 연습하고 몸가짐을 훈련하는 거라면 이게 바로 학교 아닌가. 놀이학교다.

학교, 마을의 중심

학교가 마을에 열리면 금상첨화다. 지금까지 학교는 지역에서 접근하기 어려운 치외법권지대(?)와도 같은 곳이었다. 제 집 앞 골목조차 차들로 점령당한 형편에 그나마 아이들이 놀 수 있는 유일한 장소인 학교 운동장은 거의 접근 불가였다. 학교 선생님들은 대체로 다른 지역에 사시는 분들이었다. 학교가 마을에 연결되면 좋겠다. 그리 오래지 않은 예전에 학교가 마을 놀이터이고 운동장이었다. 학교 운동회는 마을의 큰 잔치였다. 선생님은 마을의 어른이자 유지였다. 마을에 중요한 행사가 있거나 함께 결정해야 할 대소사가 있는 경우 항시 선생님이 초대되고 선생님의 의견이 존중되었다. 마을살이의 이모저모가 학교 안에서 교육과정으로 공유되고, 아이들이 마을 이곳저곳을 누비고 다니며 동네 어른을 만나 마을 내력을 배우면 좋겠다. 학교 선생님들도 마을에 나와 동네 주민들과 마을 일을 의논하고, 주민들이 학교 수업이나 방과후 활동에 참여하면 좋겠다. 그래서 마을과 학교가 이어지고, 학교가 그야말로 동네의 중심이 되면 좋겠다.

　　그동안 마을에서 마을교육의 씨앗을 뿌려온 '마을배움터'들이 점차 경험을 쌓아나가면 학교도 마을의 교육적 잠재력을 믿고 마을을 초대할 수 있을 것이다. 2013년 하반기 '주민제안사업' 교육 분야에 17개 팀이 지원 신청을 해서 마을교육과정 개발과 교사 양성을 위한 준비를 했다. 2014년 하반기에 실행된 시범사업에는 약 100여 개에 달하는 마을배움터들이 참여하고 있는데, 그동안 '부모커뮤니티'와 '우리마을프로젝트' 지원사업으로 등장한 부모들이 주축을 이루고 있다. 한편 이미 금천구 등 교육혁신지구에서는 자치구 차원에서 구청과 교육청이 협력하고 학교와 마을이 협업하는 것을 제도적으로 뒷받침하기 위한 실험에 착수했다. 마을을 매개로 하여 학교와 학교 밖이 연결되고, 정규교육과정과 마을교육과정이 통합적으로 구현된다면 마을에서 아이들을 함께 돌보고 함께 키우는 마을살이가 비로소 가능하게 될 것이다. 그러면 영유아보육과 초등 방과후로 이어지는 일련의 '돌봄과 교육'의 생태계가 마을 차원에서 갖춰지는 것이다. 마을공동체가 먼 미래의 이념적인 지향이거나 전문가와 공무원들만의 정책적인 실험에 머무는 것이 아니라 바로 내 생활의 가장 절실한 문제를 해결하는 구체적인 대안으로 다가오게 될 것이다. 그래야 마을이다. 아이들이 행복하고, 아이들이 함께 자라는 마을이다. 마을 속 학교, 학교 안 마을, 마을학교다.

안심하고
오래 살 수 있는 마을

마을살이의 기본은 집이다. 집은 사람이 살아가는 데 있어 가장 기본적인 요소다. 매일 새벽같이 돈 벌러 외지에 나가도 밤이면 어김없이 들어와 휴식을 취하는 곳이 집이다. 집이 있으니 가끔 이웃들과 마실도 오가고, 휴일 동네로 나와 술 한잔 걸치며 고단함도 푼다. 그런데 그 집을 2년마다 이사해야 한다면 삶 자체가 불안해질 것이다. 서울에서 이주 비율이 15%란다. 산술적으로 봐도 7년마다 천만 서울 시민 전체가 살던 집을 옮긴다는 얘기다. 도시 전체가 들썩이는 셈이다. 얼마 전만 해도 25%였다니 그나마 다행인가? 그러니 늘 의식하며 살지는 않는다 해도 무의식에는 불안정한 '뜨내기' 정서가 깔리게 된다. 그럴진대 이웃과 관계를 맺는다는 것 자체가 번거로운 일이다. 곧 이사 갈 테니 말이다. 이웃과의 관계가 형성되려면 한집에 오래 살 수 있어야 한다.

물리적 주거재생

그래서 마을공동체에서 주거의 문제는 대단히 중요한 주제다. 그동안 주거를 접근함에 있어서 '친환경적이고 공동체적인 주거환경 개선'에 중점을 두는 노력이 꾸준히 있었다. 무턱대고 새로

짓고 보자는 '삽질주의' 행태에 대한 대안이다. 함께 살아온 주민들의 생활 내력이 고스란히 묻어 있어 정겹고, 살아온 기억을 되살리는 흔적이 아련한 동네, 마을의 전통적인 건축물과 자연경관이 자랑스럽게 보존되는 마을. 무엇보다 삶터를 헐어내고 지은 그 아파트에 입주하지도 못하고 타지로 떠날 수밖에 없는 어처구니없는 일을 반복하지 말자는 것이다. 나아가 주거 편의 자체를 개선해야 한다. 물론 지은 지 오래되고 관리가 부실해 불편한 집들은 개선해야 한다. 그러나 수리로 가능한 경우, 대규모 리모델링이 필요한 경우, 아예 철거하지 않으면 안 되는 경우 등 상황에 따라 선택적으로 시도되어야 한다. 무조건 헐고 아파트 짓자는 것도 문제지만 무조건 헐어서는 안 된다는 것도 합리적이진 않다.

사회·경제적 주거재생

주거재생은 물리적 편의 개선 그 자체에만 한정되지 않는다. 아이를 기르고 먹거리를 나누는 등 생활의 필요한 요소를 이웃들과 함께 궁리하며 해결해가는 움직임이 병행되어야 한다. 주거재생을 말 그대로 물리적인 주거재생에만 한정할 때 이웃 관계는 생기지 않는다. 물리적 재생과 사회·경제적인 인프라를 함께 추구할 수 있는 대안적인 주거 모델을 개발하고 성공적인 사례를 만들어야 한다. 공동주택을 짓더라도 엘리베이터에서 내리면 바로 자기 집으로 들어가버리고 마는 극단적인 개인주의적 주거 형태를 지양하고, 공동의 커뮤니티 공간을 늘리고 '따로 또 같이'를 실현하는 코하우징(co-housing)형 공동주택을 만들어야 한다. 소유 형태에서도 협동조합을 통해 공동으로 소유하고 관리하면서 함께 살아가는 관계의 '거리'들이 만들어지는 그런 주거 모델들이 나와야 한다. 청소, 수선 등의 주택 관리에서 공유 녹지의 관리 등을 주민들이 나누거나 주민의 일자리로 만들어내자. 공동육아와 공동부엌, 공동텃밭과 공동식당도 중요한 커뮤니티 인프라에 해당한다.

내 집 마련과 임대주택

문제는 이런 집을 어떻게 장만하느냐다. 안정적인 주거는 서울시민들의 영원한 숙원이다. 주거 안정은 집값이 오르내려도 한곳에서 오래 살 수 있어야 가능하다. 형편이 좀 되는 사람은 '내 집'을 가질 수 있어야 하고, 안 되는 사람은 장기 거주가 가능한 '임대주택'이 있어야 한다. 내 집 마련이 필요한 시민들은 이웃들끼리 주택협동조합을 만들어 코하우징형 공동주택을 소규모로 개발할 수 있도록 해야 한다. 이를 위해 용적률 등 인허가 사항에 대한 행정지원은 물론이고, 전세 보증금으로 건축비를 충당할 수 있도록 자금의 시간차를 이어주고 부족한 자금을 높지 않은 금리로 메워주는 금융 지원이 필요하다.

한편 임대주택은 서민들과 젊은 부부들에게 매우 중요한 생활기반이다. 내 집 장만 전까지 안정적이고 저렴하며 육아, 먹거리 등 생활에 필요한 것들을 함께 해결할 수 있는 공동주택이 절실하다. 청년들이나 싱글 세대들을 위한 코하우징형 원룸·투룸 모델도 수요가 많다. 청년들은 반지하, 옥탑 등 매우 열악한 주거 환경임에도 턱없이 높은 임대료를 내며 어렵게 번 알바 수익을 주거 비용에 쏟아붓는다. 매우 빠른 속도로 늘어가는 싱글 세대를 위한 독립적이면서도 원할 때 언제든지 접속할 수 있는 '따로 또 같이'형 주택이 적절한 비용으로 공급되어야 한다. 단지형 임대 아파트 역시 저소득층 입주민들이 서로 의지하며 살 수 있도록 공간을 설계하고, 함께 아이를 기르고 노인을 돌보거나 먹거리를 해결할 수 있는 프로그램이 실행되어 마을이 살아 있는 임대단지가 되도록 지원해야 한다. 또한 그러한 생활 서비스는 입주민들이 협동조합형 마을기업을 창업해 직접 생산함으로써 마을 고용을 창출할 수 있도록 해야 한다.

현재 서울시가 시범사업으로 추진 중인 협동조합형 임대주택 공급사업은 대단히 혁신적인 사례가 될 것이다. 가양동의 공동육아 협동조합형 임대주택과 만리동의 예술가 협동조합형 임대주택이 대표적이다. 이는 정부가 잘할 수 있는 아파트의 공급 능력과 민간 입주자들의 자발적이고 창의적인 협동적 공동주택 프로그램이 절묘하게 결합된 형태로, 시범사업 기간을 경과하면 대규모 공급 사업을 추진할 수 있을 것으로 기대된다.

동네 가게가
살아 있는 마을

100여 개 마을기업이 서울시의 지원에 힘입어 열심히 활동을 하고 있고, 700여 개 예비 마을기업들이 서울시 마을기업지원프로그램에 연결되어 있다. 서울시가 육성하는 마을기업들은 협동조합의 원리로 운영하는 것을 기본으로 하고 있다. 창업한 마을기업들은 지역사회에서 주민들을 출자자로, 그리고 소비자(이용자)로 확보해야 한다. 이는 일반 기업들의 마케팅 전략과는 달리 철저하게 지역사회의 다양한 관계망에 접속하고, 관계망 속 주민들을 잠재고객으로 만들어야 한다. 이들 잠재고객이 실제 구매 행동을 하고 나아가 출자도 하도록 지속적으로 설득해야 한다. 이 과정은 마을의 입장에서 보면 마을기업을 매개로 마을의 관계망을 한층 다양하고 견고하게 하는 과정이기도 하다. 이렇듯 마을기업의 생존은 마을 관계망에 달려 있고, 마을 관계망 역시 마을기업을 통해 단단해지는 상생의 관계가 바로 마을기업의 효용이자 사회적 경제 주체로서 마을기업의 정체성이다.

골목경제, '단골의 경제학'

이렇듯 마을기업을 매개로 풍부해지는 지역사회의 마을 관계망에 동네 슈퍼, 세탁소, 식당 등의 자영업 점포들이 연결되면 어떨까? 가뜩이나 대기업 계열의 기업형 프랜차이즈가 동네 골목의 상권까지 싹쓸이하는 판이라 동네 작은 가게들의 생존이 불안하다. 이들 자영업체는 단지 소소한 생필품을 공급하는 역할에 그치지 않는다. 삭막한 동네에서 자잘한 소문을 옮기고, 동네 골목길을 서성대며 오가는 아이들이 뉘 집 자식인지 알아보고, 거동 불편한 동네 어르신들 한숨 돌리려 들르면 살가운 말동무 되어주고, 낯선 이 동네에 들어서면 어느 집으로 들어가는지 눈여겨보고…… 마을 관계망의 중요한 허브 역할을 한다. 동네 자영업은 지역사회에서 날이 갈수록 해체되어가는 이웃 관계를 다시 연결하고 복원하는 소중한 고리 노릇을 한다. 늦은 퇴근길에 동네 길목마다 불이 환한 점포 주인과 주고받는 눈인사가 밝은 외등만큼이나 든든하고 안심이 된다는 동네 아가씨의 말이 새삼 공감되는 시대 아닌가?

이렇게 동네 점포가 마을에서 골목 안전망의 보루 역할을 한다는 사실 자체가 바로 동네 점포의 유력한 생존 요인이다. 즉 동네 점포가 생존할 수 있는 힘은 지역, 이웃들 간의 관계를 기초로 한 '단골'에서 나온다. 단골은 꼭 물건이 좋고 서비스가 좋아서 만들어지고 유지되는 것이 아니고 제품 '외적' 신뢰가 동반해야 생긴다. 아니 제품의 품질이 좀 떨어지더라도 제품 외적 신뢰가 돈독하면 그래도 유지되는 게 단골이다. 제품 외적 신뢰란 다름 아닌 안면 관계이고, 관계 속 사연 그 자체다.

동네 자영업의 활로, '내부 거래망'

그동안 영세한 자영업을 지원하는 정책적인 시도는 주로 유통경쟁력 강화에 초점이 맞추어져 있었다. 즉 영세한 개별 점포가 엄두 내기 어려운 상품 구색을 맞추도록 제품 공급력을 보완하는 것이다. 개별 점포들이 합심해서 협동조합형으로 벤더를 설립하거나 다양한 양질의 제품을 저렴한 납품단가로 공급받을 수 있으면 경쟁력이 생겨 버텨낼 수 있다. 하지만 경쟁력을 올린들 거대자본의 경쟁력을 따라잡을 정도로 올릴 수 있을까? 반대로 공급 측면이 아니라 수요, 즉 소비 측면에서 접근할 필요가 있다. 즉 내부 거래망의 구축이며, 일상의 이웃 관계를 연결하고 촉진하는 제품 외적 역할을 매개로 형성되는 단골을 확보하는 것이다.

이들 자영업체들이 마을 관계망으로 쑥 들어와 내부 거래가 활성화된다면 자영업체도 대형 점포의 위협에서 벗어날 수 있다. 그리하여 돈이 외부 거대자본에 빨려 들어가지 않고 지역사회 안에서 돌게 되는 이른바 '살림경제'가 실현될 것이다. 나아가 동네 안면 관계도 다시 활발해지고, 아이들과 부녀자들이 안전한 골목 안전망이 되살아날 것이다. 골목 안전망에 CCTV도 필요하지만 일상의 안면을 트는 관계 확립이 더욱 절실하다.

골목경제와 재래시장

한편 재래시장의 활성화 역시 마을경제 활성화에 빼놓을 수 없는 과제다. 거대 유통자본이 동네 골목 구석구석까지 눈독을 들이면서 영세한 지역상권의 대표격인 재래시장이 시름시름 활기를 잃어버리고 사라지기 시작한 지 오래다. 정부도 그동안 재래시장을 살려보려 나름 애를 써왔다. 그 처방의 내용은 대략 두 가지로 구분된다. 하나는 시장의 매출을 올려보려는 시도였다. 시장 근대화라는 이름으로 번듯한 대형 상가건물을 지어 노점과 다를 바 없던 후줄근한 점포들을 대형 유통 매장처럼 입주시키고, 또는 점포 매장의 인테리어를 개선한다든지 예술 기획자를 초대해 홍보와 판촉 활동을 시도한다든지 하는 노력이었다. 다른 하나는 재래시장의 매출증대는 어차피 불가능하다 여기고 시장 상인들의 복지를 좀 더 개선하는 방향으로 지원하는 것이었다. 결론은 두 가지 모두 별 실효를 거두지 못했다는 것이다.

이미 골목 유통시장에 거대자본이 들어와 있고, 소비자들의 소비 수준이 상향표준화된 상황에서 재래시장 자체에서 어떤 획기적인 타개책이 나오긴 어렵다. 시장이라는 틀 안에서 뭔가를 모색해보려는 시도는 이미 한계를 드러낸 지 오래다. 이제는 재래시장이 지역사회의 마을 관계망에 연결되어야 한다. 그래야 재래시장 자체의 존재 의의가 좀 더 분명해지고 매출도 유지될 수 있다. 즉 앞서 본 영세 점포에서 지적한 제품 외적 신뢰, 안면 관계의 촉진이라는 역할을 재래시장이 어떻게 감당할 수 있을까가 관건이다. 여기서 자영업체와 재래시장이 마을 관계의 내부 거래망으로 연결되는 길목의 역할을 할 지역화폐의 가능성에 대해 적극적으로 궁리할 필요가 있다.

마을기업을 주축으로 마을 관계망이 확장되고, 그렇게 만들어지는 관계망에 동네 자영업체와 재래시장이 연결된다면 어떻까? 호혜적 골목경제의 생태계가 만들어지고, 서로가 서로를 살리는 내부 거래망이 단단하게 자리 잡게 될 것이다. 지금까지는 마을기업이 마을 관계망에 안착하는 것이 중요했지만, 2기에는 자영업과 재래시장을 마을의 내부 거래망에 연결시키는 방안을 적극적으로 시도해야 한다.

세대가
어우러지는 마을

마을 씨앗을 틔우고 관계망을 확장해온 마을의 경우 그 주축은 대부분 30대 중반에서 50대에 이르는 주부들이다. 아이들 기르며 다니던 직장을 포기하고 전업주부로 지내다 우연히 마을 일에 결합하면서 일꾼으로 성장해가는 경우가 일반적이다. 하지만 요즘은 상황이 심상치 않다. 어린 자녀를 둔 젊은 부부들이 살기가 너무 힘들다. 직업이 불안정하고 생계가 더욱 막막해지고 있다. 하지만 사교육비, 양육비, 주거비 등 생활비는 높아져 실질소득은 갈수록 떨어진다. 더욱 심해지는 양극화 구조 속에서 마을을 만들겠다고 나서기가 쉽지 않다. 자신의 문제를 함께 하소연하고 해결해볼 궁리를 내며 이웃과 이런저런 수다를 떨 시간도 여유도 없다. 50대 주부들도 힘들기는 매한가지다. 자식 다 키워놓고 나면 편할 줄 알았는데, 대학 졸업하고 군대 갔다 와도 취직이 안 된다. 그래서 엄마들이 알바에 나선다. 그만큼 이웃에 관심을 보일 여유도 없고, 함께 뭔가를 해볼 엄두조차 내기 어려워졌다.

마을살이의 돌파구, 청년의 마을 접속

주민들이 마을에 등장하기 위해선 새로운 돌파구가 필요하다. 주민들이 자신의 형편에 따라 각자 하고 싶은 마을살이를 해볼 수 있도록 지원하고 도와줘야 한다. 20대와 30대, 그리고 은퇴자와 예술가들이 그런 도움을 주는 촉진자 역할을 할 수 있다. 마을공동체의 새로운 주체로서, 또는 주체 형성의 새로운 촉진자로서 그들의 역할을 기대해본다. 이는 마을공동체사업을 진행하는 데 있어 절대적으로 부족한 인력자원을 발굴·양성하고, 사업을 효과적으로 활성화시키는 역할을 할 '사람'을 발견하는 일이기도 하다. 또한 이미 형성된 마을공동체 활동가들과는 또 다른 색깔의 새로운 주체를 양성함으로써 마을공동체사업의 다각화를 꾀할 수 있다. 그만큼 마을이 풍부해질 테고 다양하고 새로운 시도에 문을 여는 것이기도 하다.[13]

청년들의 실업은 어제오늘의 이야기가 아니며, 매우 심각한 사회 문제다. 청년들 절반 이상이 실업 상태일 정도로 높은 실업률로 불안에 싸인 청년 세대에게 마을이 활동과 경험의 장이 될 수 있지 않을까? 각박한 시장의 살벌한 논리가 아니라 살가운 이웃 아저씨 아줌마들의 격의 없는 환대와 동네 조무래기들, 사춘기 청소년들이 흘끗흘끗 내보이는 관심을 누리고 즐기며 마을살이를 해보는 거다. 과도한 경쟁사회 속에서 소위 '루저'로 통칭되는 계층들이 가진 잉여력을 사회혁신 에너지로 전환시켜야 한다. 자신들의 삶을 위한 최소한의 안전망을 찾고 사회혁신 과제를 해결하는 주체로 등장하도록 해야 한다. 그곳이 마을일 수 있다.

---

13 마을지원센터는 2013년 초 설립된 청년허브센터와 청년들의 마을살이를 지원하는 일을 함께 하고 있으며, 인생이모작센터와도 은퇴자의 인생후반전 프로젝트를 협업하여 진행할 예정이다.

특히 30대 싱글들에게 마을이 하나의 정착지가 될 순 없을까? 마을에서 새로운 가족을 만들 순 없을까? 지역의 주부들과 자매 연대를 맺으면 좋겠다. 이들이 마을에서 아이 키우며 살아가는 주부들과 어울리고 부추기며 연결하는 촉매 역할을 하면 어떨까? 문화적 감수성과 자매 연대의 감수성까지 갖춘 이들이 마을 엄마들의 든든한 지원군이 될 순 없을까? 20대 청년들과는 달리 세상 물정도 알 만큼 알아 아직은 젊지만 마냥 젊은이로 살 수 없음도 안다. 혼자 살아온 자유로움을 결코 버릴 수 없지만 앞으로도 계속 혼자 살아낼 자신이 슬슬 없어진다. 뭔가 살 궁리를 해야 되는데 마땅치 않다. 무엇보다 누구와 살아갈지가 걱정이다. 이들이라면 비슷한 또래 동네 엄마들과 수다도 통하고, 서로의 장점을 부러워하고 가끔은 서로 의지하며 마을에서 함께 살아갈 수 있지 않을까?

인생 후반전, 마을에서 '이모작'

2012년 7월 통계청 조사 자료에 따르면, 최근 평균 퇴직연령이 50대 초반으로 낮아졌고, 비자발적 퇴직자가 전체 은퇴자의 3분의 1을 차지하고 있다고 한다.[14] 이른바 베이비 부머 세대가 무더기로 직장에서 밀려나고 있다. 하지만 이들이 갈 곳이 마땅치 않다. 평생 몸 바쳐 지켜왔다고 믿는, 아니 그렇게 믿고 싶은 가정에서 정작 자신이 설 곳이 없다. 이미 가족들과 어울리고 소통하는

---

14 2012년 7월 22일 통계청 경제활동인구조사 고령층 부가조사에 따르면 비자발적 퇴직자가 전체 은퇴자의 3분의 1(34.9%)을 차지하며, 지난 1년간 구직활동을 했다는 고령자는 15.4%로 6년 전(12.7%)보다 2.7%포인트 증가했다.

방법을 잊어버렸다. 어쩌면 모두 퇴화했는지도 모른다.

　동창들이나 옛 직장 동료들과 어울려보지만 마음이 편치 않다. 새벽이면 어김없이 눈이 뜨이고 자동으로 일어나던 오랜 세월 몸에 밴 습관도 여전하고, 게다가 이제는 눈 뜨는 시간도 점점 당겨지니…… 자리 털고 새벽같이 애꿎은 산만 찾는다. 하지만 허하다. 오랜 기간 나라 안팎에서 다양한 경험을 하고, 크고 작은 성취를 이뤄낸 분들의 사회적 경험을 사회활동으로 전환시키는 노력이 필요하다. 50대면 아직 육체적으로나 정신적으로나 한창 일할 나이다. 무엇보다 조직에서 이탈되면서 사회로부터 배제됐다는 상실감이 더 큰 멍에다. 상실감을 이겨내고 자존감을 회복할 뿐 아니라 다양한 곳에서 제 역할을 할 수 있도록 해야 한다.

　은퇴자들의 경험은 사실 대단하다. 거의 마니아 수준의 첨단 기술을 보유하거나 분야별로 전문적인 경험을 가진 분들도 많다. 젊은이들이 버는 것 없이 스펙 쌓기에 엄청난 비용을 들이느니 은퇴자들과 멘토링 관계를 맺으며 앞으로 살아갈 방책도 의논하고, 기성세대와 소통하는 방법과 태도도 '실전'으로 익히고, 전문적인 경험과 기술도 배우면 좋겠다. 선배 세대의 경험이 '시장'이 아니라 '관계'를 통해 연결되고, 교육이 아니라 공감으로 전수되면 좋겠다. 그 과정에서 기성세대와 청년세대가 새로운 관계를 만들어간다면, 그 관계가 마을의 일상 풍경으로 자리 잡는다면 그야말로 활력이 넘치는 마을이 되지 않을까? 가재 잡고 도랑 친다고, 이렇게 남의 자식과 관계 맺고 소통하다 보면 자기 자식에게 말 건네볼 용기도 생기지 않을까?

세대가 어우러지는 마을

세대가 '따로 또 같이' 어울리는 마을을 꿈꿔본다. 중고딩 청소년들이 학원 가방 안 들고 동네 골목 활보하고, 자기들끼리 뭘하는지 밤낮으로 아지트에 모여 속닥거리고, 그러다 마을 어른들에게 도와달라고 떼도 쓰고, 설득할 수 있다며 피티도 만들어 설명회도 하고, 동네 마을기업 곳곳에서 알바도 하고, 마을축제위원이라며 축제마당 구석구석을 설치고 다니면 좋겠다. 동네 이러저런 회의에서 청년들을 보면 그냥 기분이 좋다. 내 아이 같지 않게 잘 큰 거 같아 든든하다. 그런데 내 아이도 대견하다고 말해주는 이웃이 있어 안심이 된다. 마을기업을 창업해서 친구들과 동네에서 사업한다고 쩔쩔매는 모습이 대견하다. 안쓰러워도 그냥 돕지는 않는다.

연식이 좀 된 20대 청년들은 동네 엄마들하고 죽이 잘 맞아 뭔 일을 해도 되게 한다. 그것도 폼이 나게 한다. 30~40대 아빠들은 직장 다니느라 그렇겠지만 평소 눈에 잘 안 띄다가도 밤만 되면 동네 곳곳에 출몰해 일을 벌인다. 대체로 요 또래 남자들이 모이면 '사고치는' 일에 아주 즐겁게 몰두한다. 회사 스트레스를 동네에서 풀기라도 하는 건지, 아무튼 이들이 일을 벌이면 주도면밀하고 일머리 깔끔한 동네 엄마들이 수습하느라 바쁘다. 이제 마을에 50~60대 장년들도 한몫한다. 나이와 외모가 주는 설득력이 커 이들이 말문을 열면 마을 사람들은 일단 듣는다. 젊은 사람들 틈에서 주책이란 소리 듣지 않으려 말을 아끼는 편인데, 가끔 던지는 말에는 분명 '뭐가' 있어 사람들이 듣는다. 이리저리 다양한 분야에 아는 사람도 많아 마을 일 하다 보면 막히는 대목에서 톡톡 길을 내주는 역할을 한다. 70~80대 어르신이 마을에서 함께 노년을 보낸다. 50대 장년층이 특히 어르신들에게 각별하다. 자식뻘 되는 세대라 그런가, 이미 남 일이 아닌 나이라 그런가, 어르신들에게 정성을 많이 쏟는다. 결코 꿈이 아니다. 아직은 미미하고 소소하지만 다양한 연령대가 마을에 접속하고 마을에 모이고 있기 때문이다. 아직은 서먹하지만 서로 말을 걸고 관계를 트고 있기 때문이다.

현대판 청년 브나로드 운동을

시울시의 '청년뉴딜일자리' 정책을 발판 삼아 21세기형 '청년 브나로드 운동'을 전개해보자. 20~30대의 청년들이 마을로 향하고, 지역 대학들이 농촌활동 가듯 '마을활동'을 오게 하자. 대학생과 그들의 언니뻘인 마을 청년들이 팀을 이루고 짝을 지어 동네 방과후 활동도 돕고, 중·고등학교 애들과 눈높이 맞추며 선배 노릇도 해주고, 마을을 조사하고 기록하며 어쩌다 마을 일에도 끼어보는 거다. 그리고 여기에 50~60대 장년들이 든든한 후견인처럼 동행하면 어떨까? 학점 있는 수업으로 주마다 오든 방학 때 몰아서 오든, 대학생들이 지역사회를 실제 현장에서 일상의 감각으로 보고 만지고 건드려보게 해보자. 마을이 뭔지, 마을이 왜 우리 사회의 희망인지, 왜 마을에서 시작해야 하는지 생각해보고, 마을이 생각보다 재미있고 즐거운 곳이라는 것을 느끼게 해주면 어떨까?

마을, 마을살이, 마을하기

요사이 마을이 대세인가 싶을 정도로 마을에 대한 관심이 많다. 부산스럽게 정책을 짜고 지원사업을 만들고, 시범마을이다 특화사업이다 해서 정부가 더 앞서는 것 같아 걱정도 많다. 어쨌거나 정부든 민간이든 마을에 관심을 갖고 힘을 모으는 것은 다행스런 일이다. 그런데 마을을 통해 무엇을 이루려는지, 그런 마을을 위해서 무엇을 해야 하는지 각자 처한 위치와 조건에 따라 마을에 대한 이해가 각기 다르다 보니 혼선을 빚기도 한다. 기왕 마을에 힘을 쏟기로 한 마당에 이러한 혼선을 되도록 줄이고, 정부 자원이 효과적으로 쓰여 마을살이에 보탬이 되면 좋겠다.

나는 미아리라는 도시 변두리에서 어린 시절을 보내 도시 마을에 대한 원체험 같은 것을 가지고 있다. 성인이 되어서는 마포구에 있는 성미산마을에서 마을살이를 해온, 토박이나 다름없는 서울 시민이다. 지금은 서울시 마을공동체종합지원센터에서 서울시의 마을공동체정책을 지원하는 일을 하고 있다. 내가 마을에 대해 바람직하다고 믿는 것들의 대부분이 도시라는 나의 경험세계를 크게 넘어서지 못할 것이다. 이러한 경험의 한계를 알면서도 마을이 무엇인지, 마을이 형성되는 원리는 무엇인지, 나아가 정부가 정책으로 추진하는 마을만들기에 대한 생각들을 정돈해보려 한다. 버거운 일이지만 이미 전국 도처에서 일군 다양한 경험을 나누고, 더 나은 미래를 함께 꿈꾸려면 거쳐야 하는 과정이기에 먼저 매 맞는 심정으로 나서본다.

마을이란 무엇이며, 어떻게 형성되는가?

1. '마을'이란 무엇일까?

마을을 이야기할 때 가장 애매하고 오해가 많은 대목이 바로 마을의 실체다. 마을을 얘기하면서 한동네에 대대로 함께 모여 사는 농촌의 집성촌(集姓村) 마을을 떠올리기도 하고, 개인의 영역이 극히 제한되어 재산까지 공유하는 엄격한 소유 공동체나 종교 공동체를 떠올리기도 한다. 한편 온라인상에서 정보와 의견을 나누고 가끔 정모도 하는 사이버 커뮤니티를 포함시키기도 한다. 21세기, 그것도 도시에서 마을이 예전 농촌 공동체의 재현일 수는 없다. 특정 종교나 이념을 중심으로 개인의 재산까지 가벼이 여기는 강력한 공동체 또한 일반 시민이 접근하기엔 너무 특수한 공동체다. 그렇다면 우리가 일구려는 마을은 어떤 모습일까?

'관계망'으로서의 마을

마을은 자주 또는 가끔 만나 인사하고 수다도 떨고, 그러다 뭔가 작당도 벌이며 함께하는 이웃들의 관계다. 아이들 방과후를 어떻게 하면 좋을지, 어린 아이를 둔 맞벌이 엄마들이 안심하고 보낼 수 있는 괜찮은 어린이집이 동네에 있는지 살피고, 중국산 농산물이 싸긴 한데 어떻게 재배했는지 알 도리 없어 농약에 찌들지 않았나 걱정하고, 커서 못 입는 아이의 점퍼 동네 누구에게 입히면 좋을까 떠올리고, 친정엄마가 손수 담근 젓갈을 그릇에 조금 나누어 아랫집에 찾아가는 등 일상을 매개로 만나는 이웃들의 관계다. 이렇듯 마을은 '일상생활의 대면 관계'를 기본 특성으로 한다는 점에서 온라인 커뮤니티와는 애초에 다르다.

그렇다고 한동네 산다는 것만으로 마을이 만들어지는 것은 아니다. 예전의 농촌 공동체에서는 누군가 태어나면 자동으로 그 마을의 주민이 되는 관계였다. 우리가 지금 이루려는 마을은 어떤 계기를 통해 관계가 만들어져야 비로소 가능하다. 누군가가 손을 내밀고 다른 이가 내민 그 손을 맞잡아야 그 관계는 시작된다. 즉 자기 의사와 무관하게 주어지는 관계가 아니라 '개인의 자유의지에 기초해서 선택한 관계'다. 그래서 마을을 'association'으로 설명하기도 하고 'intentional community'라고 표현하기도 한다. 마을에서는 개인의 자발적인 의사가 가장 기초적이며, 개인의 형편과 조건이 존중되는 관계망이어야 한다.

기능적 상호의존성

그래서 교류 없는 아래층 집과는 마을이 아니면서 길 건너 골목에 사는 집은 마을일 수 있다. 사실 도시에서야 앞뒷집, 위아래 집에 산다고 이웃은 아니니 말이다. 게다가 행정동은 행정이 편의상 구획을 정해 명명한 것에 불과한 것으로, 행정구역별로 마을살이의 관계가 형성되는 것도 아니다. 그러나 마을이 온라인 커뮤니티가 아니라 대면적 커뮤니티를 기초로 한다는 점에서 지리적 근접성은 마을의 중요한 요소다. 교통수단이 편리하고 통신수단이 일상화되어 있어 거리의 원근이 관계에 그리 결정적인 요인은 아니지만, 일상적 대면의 관계가 지속적이려면 어느 정도 지리적 근접성은 불가피하다.

자고 나니 상전벽해라고 할 만한 대규모 재개발로 어린 시절 추억이 묻어 있는 골목골목의 장소들은 모조리 콘크리트 건물로 뒤바뀌고, 마을의 오랜 역사와 사연을 담은 흔적들은 온데간데없이 모조리 사라지는 세상이다. 오랜 세월 간직해온 그 마을만의 고유한 역사와 문화, 그리고 그 마을 사람들의 오랜 인연과 사연들, 오랜 세월 삶의 터전이 되어온 그 마을만의 독특한 지리와 풍토(지역성)는 마을의 중요한 토대가 된다. 또한 일상생활을 공유하기 위해서는 가장 기본이 되는 '사는 곳'이 한동네라는 점(주거성)은 물론 도로나 골목, 학교, 관공서, 시장 등 다중이 이용하는 근린시설(사회적 기반시설)을 함께 공유한다는 것 역시 마을의 토대가 된다. 이렇듯 지역성과 주거성, 그리고 사회적 기반시설은 마을이 성립하고 마을에서 사람들이 이웃으로 살아가게 하는 '기능적 상호의존성'의 중요한 내용이다.

무한경쟁시대와 '공동체성'

하지만 오늘날 '마을'을 다시 의미 있게 거론하고 강조하는 것은 물리적 환경 못지않게 마을이 가지는 '공동체성'을 마을의 중요한 요소로 보기 때문이다. 즉 연대감, 지역적 정체성, 대면적인 협력적 관계망, 공동의 목적을 추구하는 다종다양한 활동과 같은 공동체성을 지역사회에 부활시키는 것이 개인적·사회적으로 의미가 있다는 점에 주목하기 때문이다. 저마다 살아남기 위해 서로를 경쟁자로 내모는 사회 분위기에서 공동체성은 우리 사회의 절실한 희망이자 탈출구다. 그래서 우리는 마을을 마을공동체로 이해한다. '마을'이라는 일반명사는 '공동체'라는 단어와 함께할 때 비로소 시대적 맥락을 지닌다.

3년 전 서울시의 마을정책을 처음 논의하면서 중간지원조직의 역할을 할 지원센터를 설립하기로 했는데, 명칭을 '마을' 지원센터로 할지, '마을공동체' 지원센터로 할지를 두고 논쟁을 벌인 적이 있었다. 이때 '공동체'라는 표현이 '특별한 소수의 강력한 결사체'로 오해되어 일반 시민에게 문턱이 되지 않을까 우려했다. 하지만 공동체성은 우리 사회의 시대적인 과제를 담고 있으므로 이를 이름에 담아야 한다는 의견에 공감해 '마을공동체종합지원센터'로 명명했다.

마을, 마을공동체의 정의

마을이라는 말은 마을공동체를 뜻하지만 일상에서 사용하기에는 마을이 입에 올리기 간편하고 간명해 마을로 줄여 부르기로 한다.

다시 마을의 뜻을 정리하면, 주민들이 '생활상의 필요와 욕구'에 관해 함께 '하소연'하고, 그것을 해소할 수 있는 가능성을 함께 '궁리'하며, 함께 '해결'하는 과정 속에서 형성되는 '이웃들의 협력적 생활 관계망'이라 할 수 있다.

2. '마을살이'의 뜻

마을살이란 무엇일까? '마을살이'라는 단어는 '마을이 형성되는' 원리이자 '마을이 움직이는' 원리를 뜻한다. 마을살이는 이웃들의 관계망이 형성되는 과정이라 할 수 있으며, 그 원리는 '하소연'과 '궁리', 그리고 문제를 해결하기 위한 '협동'으로 설명된다. 또한 마을살이는 주민들이 자발적인 노력으로 마을(관계망)을 형성해가는 원리로서, 이른바 활동가들이 마을을 '만들기' 위한 목적으로 의식적으로 벌이는 '마을활동'과 구별하기 위해 사용하는 말이기도 하다. 그럼, 마을은 어떻게 형성되고 움직이는가?

하소연, 공감과 친밀한 신뢰 관계

마을살이의 첫 단계인 하소연에서 가장 중요한 것은 누구에게 하소연하는가다. 내 처지의 어려움과 속상한 사정을 얘기할 상대방이 있어야 하소연이 시작되니 당연하다. 나의 속사정을 털어놓는 일이니 아무에게나 하소연할 수는 없는 노릇이다. 하소연의 대상에 따라 하소연의 내용과 깊이가 달라진다. 그러니 하소연을 받는 입장에서 보면 하소연을 해도 좋을 상대로 인정받는 각별한 행위인 거다. 자신의 속사정을 털어놓을 수 있는 '특별한 관계'에 초대되는 것이다. "있잖아……"라는 말로 초대하기도 하고, "왜 그래? 무슨 일 있어?"라는 질문을 해주길 바라는 표정으로 초대하기도 한다. 이러한 하소연의 발화(發話)는 상대에 대한 '친밀감과 신뢰'가 없으면 불가능한 일이다. 따라서 하소연의 상대가 된다는 것은 친밀한, 그리고 신뢰하는 관계로 인정받는 일이다.

하소연의 역할은 고통을 공감하는 것이다. 공감적 고통(empathic distress)이란 타인의 고통을 자신의 고통처럼 느끼는 것인데, 누군가의 하소연을 들은 사람이 하소연을 한 사람의 고통을 자신의 고통인양 느끼는 것이다. "그렇구나" "힘들겠다" "어떻게 견디니?" "어떻게 그럴 수가 있어?" 하소연하는 이가 털어놓는 이러저러한 사정에 동조하고, 나아가 마치 자신이 그 사정에 처하기라도 한 것처럼 힘들어하고 아파한다. 하소연에 대한 상대방의 공감은 하소연하는 이에게 커다란 위안이 되고, 실제 받고 있는 고통이 줄어드는 것 같은 느낌을 준다.

하소연은 도움이 필요한 상황을 털어놓고 도움을 청하는 행위다. 그렇지만 정작 하소연을 받은 사람은 해결책을 굳이 내놓지 않아도 된다. 하소연하는 이의 입장에서는 도움이 필요한 상황이지만 반드시 해결책이 나오지 않아도 좋다. 어려움을 느끼는 상황을 이해 받고, 나아가 그 고통을 공감 받는 것만으로도 하소연하는 이는 이미 만족을 느낀다. 슬픔은 나누면 작아지고 기쁨은 나누면 커진다고, 고통을 공감하는 것만으로 하소연의 목적(?)은 이미 충분히 달성되었는지도 모른다. 그러므로 하소연은 마을에서 이루어지는 관계 맺기의 중요한 계기가 된다. 하소연을 통해 낯선 사이가 살가운 사이로 바뀌고, 이미 알고 지내는 살가운 사이라도 더욱 돈독한 관계로 다져지게 된다.

사실 자기의 말을 누군가가 경청하고 받아들이며, 응답해주는 경험은 어쩌면 사람으로서 살아가기 위한 가장 기본적으로 필요한 조건일지 모른다. 나아가 자신의 의견을 주장하고, 자기와 다른 의견에 대해 이의를 제기할 수 있으려면 자신이 '어떤 장소'에선가는 '공감' 또는 '긍정' 받고 있다는 마음이 반드시 있어야 한다. 그래서 공감은 개인이 주체가 되기 위한 가장 기본적인 조건이다. 더욱이 단절과 고립된 일상을 살아가는 경우 하소연은 고립에서 벗어나 관계로 이어주는 절실한 구명선의 역할을 한다. 오늘날은 기아보다는 단절과 배제라는 고립감이 생존을 위협하는 더욱 치명적인 요인이라고 하니, 하소연은 인간으로서 생존케 하는 인권의 마지노선을 지키는 파수꾼인지도 모른다.

궁리, 문제 해결의 당위성과 가능성

궁리의 첫 번째 단계는 공감의 확장(empathic extention)이다. 하소연을 통해 고통을 공감하고 친밀하고 강한 유대를 갖게 된 둘 사이의 관계 역시 바로 공감 확장의 시작이다. 문제를 해결하기 위해서는 필연적으로 '나'의 문제가 '우리'의 문제로 발전하고, 나아가 '여럿'의 문제로 공유되어야 한다. 여럿이 문제를 공유한다는 것은 그만큼 문제가 해결되어야 한다는 공감대가 넓어지는 것이며, 문제 해결의 당위성이 커지는 것이다. 나만의 필요, 둘만의 욕구가 아니라 여럿이 공감하는 보편적인 필요와 욕구라는 점이 확인된다면 그만큼 문제를 해결해야 한다는 명분과 정당성이 생기는 것이다. 따라서 궁리의 첫 단계는 문제 상황에 대한 '공감의 확장'을 통해 '필요와 욕구의 보편성'을 획득함으로써 '문제 해결의 당위성'을 인식하고 확인하는 것이다. 이는 '개인'의 문제가 '우리'의 문제로 바뀌면서 친밀한 관계가 둘만의 사(私)적인 관계 그 자체에 머물지 않고 공공(公共)의 영역으로 나아가는 첫걸음이다. 이는 궁리의 다음 단계를 거치면서 더욱 공공적 실천으로 발전한다.

궁리의 두 번째 단계는 문제를 해결하기 위한 방안을 다양하게 살피고 가장 효과적인 방안을 가려내는 일이다. 필요한 자원들을 일일이 열거하고, 적기에 최소의 비용으로 조달하기 위한 방법을 모색하는 것이다. 즉 문제 해결의 방법과 조달 비용의 최적성을 계속 시뮬레이션하면서 '문제 해결의 가능성'을 점검하고 높이는 일이다. 이 과정은 다양한 영역의 경험과 정보가 필요하다. 따라서 마을 안팎의 사람들을 끌어들여 정확하고 합리적인 경험과 정보를 기꺼이 내놓도록 네크워킹하는 작업이 무척 중요하다. 이 과정에서 또 한 번 공감의 확장이 일어난다. 이른바 '엮이는' 사람이 생기는 것이다. "아 글쎄, 아무개 아빠가 다니는 회사가 건축설계 회사래." "그래? 딱이네." 그동안 마을에서 겉돌던 사람들도 이런 기회를 통해 단박에 마을살이 관계망으로 접속되고 자연스레 마을에 기여하게 된다. 사실 도시는 별의별 재주 가진 사람들이 다 모여 사는 곳이다. 단지 뭘 잘하는지 서로 모르고 살 뿐이다. 전혀 그럴 것 같지 않은 직업을 가지고 있거나 상상을 넘는 수준의 재주와 능력을 가지고 있는 경우가 참 많다. 서 말이 넘는 구슬이 비로소 꿰어지는 순간이다.

문제 해결의 방안을 찾고 필요한 자원 조달의 가능성과 방법을 찾는 일은 여러 차례의 판단이 필요하다. 다양한 문제 해결의 방안이 있다면 가장 효과적인 방법이 무엇인지 결정해야 하는데, 여기엔 참여하는 사람들의 가치관이 불가피하게 개입하기 때문이다. 이 과정에서 궁리하는 내내 크고 작은 의견의 차이가 드러나고, 의견 대립의 양상을 띠게 될 것이다. 이러한 의견의 차이는 가치관의 차이에서 비롯될 수도 있고, 사소한 판단의 차이에서 생길 수도 있다. 어쨌든 이 차이를 조정하고 합의해야 최종 결정에 다다를 수 있다. 따라서 궁리 단계의 세 번째 과정에서는 '문제 해결의 방향성'이 중심에 선다. 즉 문제 해결의 가능성을 점검하는 내내 문제 해결의 방향성을 결정하는 과정이 반복된다.

문제 해결의 당위성, 가능성, 방향성 이 셋은 각기 독립적인 이슈이지만 서로 영향을 주며, 당위성의 정도에 따라 가능성의 수준이 달라진다. 문제를 공감하는 사람들이 많고 그 문제를 해결해야 한다는 주민들이 많을수록 가능성이 높아지는 것은 당연지사다. 한편 가능성의 충실도가 방향성을 결정하는 아주 현실적이고 유력한 기준이 되기도 한다. 즉 어떤 방안이 성사될 가능성이 아주 높아보이면 그 방안의 방향성에 대해 흔쾌히 동의하지 않더라도 설득될 가능성이 높아진다. 반대로 어떤 문제를 해결하는 전제로서 특정한 방향성이 정해지고 나면 그 방향에 공감하지 않는 사람들의 참여를 처음부터 막게 된다. 결과적으로 공감의 범위를 좁히게 되고, 또 그만큼 자원 조달의 범위와 가능성이 줄어들게 되어 문제 해결의 가능성이 낮아진다. 이렇게 문제를 해결하기 위해 정보나 의견을 나누면서 당면한 문제에 대한 인식을 심화하고, 외부 자원을 모색해 장해를 감지하는 궁리의 과정은 친밀한 관계가 공공성의 영역으로 더욱 확장되는 과정이다.

협동, 역할 분담과 의사 결정

협동은 문제 해결을 위해 힘을 모아 실천해보는 것이다. 함께 궁리하면서 도출한 해결 방안을 이웃들과 직접 실행에 옮기는 것으로, 역할 분담과 의사 결정이 관건이다. 먼저 역할 분담은 역할 인정을 전제로 한다. 참여하는 개인마다 각기 형편과 조건이 다르기 때문에 각자가 할애할 수 있는 시간과 내놓을 수 있는 재물의 양이 다르고, 주변에서 동원할 수 있는 인적·물적·정보 자원도 다 다르다. 각자가 이 일에 대해 갖는 의지와 열의 또한 모두 다르다. 역할 분담에 앞서서 이러한 차이를 인정하고 모두가 중요한 기여자임을 인정하는 '역할인정'이 전제되어야 한다. 기여하는 역할의 크기와 중요도가 현실에서는 당연히 차이가 있으므로, 이 차이는 인정하되 그것이 차별의 이유가 되면 안 된다. 즉 기여도의 차이가 있어도 의사 결정의 권한은 동등해야 한다. 협동조합에서 출자금 액수에 무관하게 모두 1/n라는 동등한 의사 결정의 권한을 갖는 것과 같은 이치다. 그래야 다양한 재주를 가진 여러 사람들이 거부감 없이 참여할 수 있고, 기여하는 역할의 다양성이 풍부함으로 승화될 수 있다.

협동 단계에서 그다음 중요한 요소가 '의사 결정'이다. 민주적인 의사 결정의 방법으로 다수결이 자주 이용된다. 하지만 마을에서는 다수결보다는 가급적 만장일치 합의로 결정하는 것이 좋다. 다수결은 합의가 어려운 경우 신속하게 결정을 도출하고, 결정 이후 다른 의견을 가진 사람들의 승복을 효과적으로 강제하기 위한 장치다. 의견이 분분하고 더 이상 결정을 유보할 경우 더 큰 부작용과 비용이 예상될 때 최선이 아니더라도 일단 결정을 짓고 그 결정이 유효하게 지속될 수 있도록 한다는 점에서 다수결 방식은 유용한 규칙이다. 하지만 마을에서는 결정 그 자체가 목적이 되면 곤란하다.

만장일치에 도달하기 위한 토론의 과정은 차이가 구체적으로 드러나고 그 대립이 첨예하게 격돌하는 갈등의 과정이다. 그런데 그 내부를 들여다보면 갈등 속에서도 학습과 이해를 통한 합의가 이루어지고 있다. "아, 그런 얘기였어?" 논쟁적 토론을 통해 다른 의견의 진면목을 알게 되고, 나아가 그 의견의 타당성을 이해하게 될 뿐만 아니라 자신의 의견을 바꾸는 근거를 찾기도 한다. 토론이 바로 민주주의의 기초인 이유가 여기 있다. 그래서 논쟁적 토론을 깊이 있는 '이해와 학습'의 과정으로 여기는 것이 중요하다. 설령 궁극에 다수결 방식을 사용하더라도 충분한 토론이 선행되면 그만큼 구성원의 이해도가 높은 상태에서 이루어지는 결정이기 때문에 올바른 선택이 이루어질 가능성이 높다. 그래도 격렬한 토론은 크고 작은 마음의 앙금을 남기기 마련인데, 그래서 토론 후에는 이어서 뒤풀이가 필요하다. 단상(壇上)의 공식 공론과 단하(壇下)의 비공식 공론이 교대할 때 소통은 윤택해지고 학습과 합의의 성능은 높아진다.

토론장은 또한 '공론장'이어야 한다. 누구에게나 발언이 허용되고, 자신의 의견을 제시하고 상대방의 의견에 대한 의문을 자유롭게 질의할 수 있어야 한다. 그야말로 계급장 떼고 참여하는 누구나 자유롭고 동등한 발언의 권리를 누려야 한다. 또한 그 개인이 어떠한 단체나 집단을 대표함으로써 발언의 자유가 반감되는 경우를 경계해야 한다. 이렇게 관심 있는 사람이 참여하고, 참여한 사람이 자유롭게 의견을 개진하여 의사 결정이 이루어진다. 그 결정은 이후 공개한다.

이것이 '공론장 토론'의 기본원리다.

하소연을 통해 친밀한 공감적 신뢰 관계가 형성되고, 궁리를 거치면서 공공적인 관계와 행위를 준비하다가 결국 협동적 실천으로 나아가게 되면 개인은 공공적 실천의 주체로 전환한다. 이는 다름 아닌 '주민이 주체가 되어 만들어가는 공공성'의 형성 과정이다.

생활의 필요, 자발성과 생활정치

주민의 자발성은 개인의 생활상의 필요, 그것도 절실히 필요한 때 잘 일어난다. 당연히 당사자의 직접적인 이해관계에 닿아 있어야 관심이 가고, 그 필요의 성취를 기대하고 지속적인 관여가 이루어지는 것이다. 즉 '내 문제'로 시작하고, 그 결과가 자신의 생활에서 개선되어 나타나야 자발성이 지속된다. 대표적인 '생활의 필요' 영역은 의식주를 기본으로 한다. 아이 낳아 건강하게 기르고(보육), 그 아이가 나중에 훌륭한 성인으로 성장하도록 키우고(교육), 원하는 곳에서 오랫동안 안정적으로 사는 것(주거), 깨끗한 먹거리를 안심하고 먹는 것(식품), 아플 때 제때 제대로 치료받고 미리미리 건강을 챙길 수 있는 것(의료), 사고의 위험으로부터 안심하고 일상을 사는 일(안전), 자유로이 이동하고 연락할 수 있는 것(교통·통신) 등이다. 그리고 이 모든 것을 기본적인 수준에서는 누리고 살 수 있는 안정적인 소득과 일자리 보장(경제/고용) 등이 모두 '생활의 필요'들이다.

뭔 일을 해보려고 구청에 도움을 청하려면 이래서 안 되고 저래서 안 된다고 거절 당해본 경험이 있을 것이다. 공무원들은 마음먹으면 일이 되게 하는 백 가지 근거를 댈 수 있으면서, 반대로 같은 일을 안 되게 하려고 마음먹으면 바로 백 가지의 불가능한 근거를 들 수 있다고 한다. 물론 과장된 이야기이지만 공무원의 의지가 매우 중요하다는 것이고, 또한 공무원이 행동하는 데에는 항상 근거가 따른다. 공무원은 근거와 전례(사례)가 있어야 움직인다. 나중에 책임을 면할 방패, 즉 면피 거리가 있어야 비로소 움직인다. 그래서 공무원과 되니 안 되니 실랑이를 하기보다는 그 공무원이 좋아하는 법적 근거를 만들면 일이 훨씬 쉽다. 국회가 아니더라도 구청 조례가 있으면 해결할 수 있는 일이 많다. 바로 구의원들이 필요한 조례를 만들도록 하면 된다.

정치가 별건가? 정치는 우리에게 절실한 생활상의 필요를 성취하는 데 방해가 되는 것은 걷어내고 촉진에 도움이 되는 법적 근거와 제도적 장치를 만드는 일이다. 일이 잘되도록 하는 데에 필요한 돈이 제때 제대로 흘러가도록 예산을 편성하고, 또한 잘 집행되도록 개입하여 변화시키는 일이다. 이런 것들이 바로 정치(政治)이고, 주민 스스로 나서 주민의 뜻대로 정치가 돌아가도록 하는 것이 '자치(自治)'다. 따라서 정치도 중요한 생활의 필요에 들어간다. 이른바 '생활정치'이고 '자율정치(자치)'이다.

마을살이 vs. 마을활동

지금까지 살핀 마을살이의 원리 또는 마을 형성의 원리는 주민이 자신의 생활상의 필요를 이웃과 함께 하소연하고 궁리하며 해결해나가는 과정 그 자체로서, 일상에서 벌어지는 일들이다. 즉 주민이 생활의 주체로서 스스로의 필요와 욕구를 해결하기 위해 이웃들과 관계를 맺어가는 과정에서 마을이 형성되는 것이다. 따라서 마을살이는 이른바 활동가들이 마을을 '만들기' 위해 목적의식적으로 벌이는 '마을활동'과 구별된다. 단체나 기관에 소속되어 상근·반상근하면서 활동가들이 벌이는 마을활동을 마을살이와 구별하는 몇 가지 특징을 살펴보자.

첫째는 '계몽적 방식'이다. 활동가들은 목적의식이 충만하고 대단히 적극적이고 성실한 나머지 주민의 입장에서 보면 좀 앞서간다 싶은 경우가 많다. 주민들은 지금 현재의 심정과 함께하는 이들 사이의 관계에 대한 감수성이 중요하지만 활동가들은 다음 단계의 과제, 심정보다는 이성적이고 합리적인 실행 목표, 리더와 팔로워의 역학관계 등에 더 주목하고 또 그렇게 움직인다. 활동가들은 대체로 하소연의 단계를 경시하고, 궁리의 단계로 바로 돌입하는 경향이 있다. 그러다 보니 하소연을 통해 친밀한 관계를 형성하고, 함께하는 이웃들과 공감하면서 자신의 존재감을 인정받으며 스스로도 인정하는 관계 형성 과정이 누락되기 쉽다. 이 과정은 바로 주민 스스로 함께 나서는 과정이기 때문에 무척 소중하다.

둘째는 '프로그램식 활동'이다. 마을살이는 우연성이 지배하는 세계다. 마을살이는 사전에 치밀한 계획을 가지고 계획에 따라 조립하듯 만드는 일이 아니다. 엄연히 일상을 살아가는 과정 그 자체의 자연스런 흐름이 있고, 그 흐름 안에서 무슨 일이든 벌어지고 성사되기 때문이다. 하지만 프로그램식 활동은 예측 가능하고 시공간적 효율성을 높이도록, 무엇보다 사후 평가에 필요한 계량적 산출물을 염두에 두고 짠다. 주민들은 사전에 계획된 인위적인 시공간에 놓이고 이미 정해진 순서대로 따라가도록 계획한다. 그러다 보니 마을살이의 우연적 흐름이 잉태하는 주민들의 창조적 에너지가 여간해서 나오기 어렵다.

셋째는 프로그램이든 관계 맺기 활동이든 그 성과가 주민들이 자기 주도적인 삶의 관계망을 형성하고 강화 확장하는 방향으로 잘 귀결되지 않는다는 점이다. 즉 하나의 프로그램이 종료되고 나면 새로운 프로그램이 이어지지 않는 한 참여 주민들은 다시 개인으로 환원되고 만다. 그 주민들은 '대상화된 프로그램 소비자'로 남고, 계속되는 프로그램에 초대되기만 한다. 그 소비자의 숫자가 그 프로그램과 프로그램을 진행한 단체의 성과로 평가된다.

3. '마을하기'의 뜻

최근 10여 년 넘게 중앙정부는 국토부, 문화부, 안행부, 농수식품부 등을 중심으로 마을정책을 꾸준히 추진해왔다. 한편 전북 같은 광역은 물론 진안, 완주, 강릉, 안산 등의 기초 자치체에서도 마을정책을 의욕적으로 추진해왔다. 여기에 2012년 서울시가 마을공동체정책을 전면에 내세우면서 '마을'은 새로운 도약의 계기를 얻게 된다. 하지만 정부의 마을정책이 마을이 활성화되는 기회로 작용할지, 오히려 관 주도의 부작용이 극대화되어 그나마 조금씩 일궈온 마을 생태계의 여린 싹들을 다치게 할지 알 수 없다. 그래서 정부가 정책으로 재정을 투입하는 방식의 마을만들기가 안고 있는 문제점을 잘 들여다봐야 한다. 한편 시민사회는 자력으로 마을에 연결할 수 있는 자원을 별로 가지고 있지 못하므로, 정부 자원을 제대로 사용하는 것은 현실적으로 무척 중요한 일이다. 따라서 정부의 마을만들기 정책이 야기할 부작용을 잘 통제하면서 주민이 주도하는 마을하기가 더욱 단단히 뿌리내리도록 힘써야 한다.

정부가 정책으로 추진하는 '마을만들기'와 구별하는 의미로, 주민이 자신의 삶터에서 자발적으로 이웃들과의 생활 관계망을 만들어가는 움직임을 '마을하기'로 부른다. '마을만들기'가 정부가 정책으로 추진하는 것이라면, '마을하기'는 이러한 관 주도적 흐름에 대응하여 아래로부터 주민 주도적인 마을 형성의 흐름을 만들어가려는 노력을 설명하는 용어로 사용하고자 한다. 그래서 이제 우리는 주민 주도의 마을하기를 중심에 두고, 정부의 마을만들기 움직임을 잘 견인하여 긍정적인 시너지를 내기 위한 방안을 궁리해야 한다.

공공성이란?[15]

공공성의 어원을 따져보면, 'public(국가)'의 의미를 지닌 라틴어 'publicus'에서 유래한다. 또한 형용사인 'publicus'의 명사형은 'populus'인데 이는 'people(인민)'의 뜻을 가지고 있다. 즉 인민(people)이 곧 국가(public)로서, 인민은 곧바로 국가를 형성하는 주체였던 로마 시대의 정치 제도를 반영하는 것으로 이해된다. 공공성이라는 말에는 이미 '인민(people)'이라는 말이 내포되어 있다. 로마 이후 공화정

---

15 공공성의 개념에 관하여 조한상의 《공공성이란 무엇인가?》(책세상, 2010)를 참조했음.

이 제정과 절대군주제로 대체되면서 인민의 자리에 황제 또는 군주가 들어서면서 정치활동이 자유로운 자유민을 의미하던 'populus'라는 말은 점차 이익의 주체로서의 사람들을 의미하는 뉘앙스를 띠게 되면서 '공공복리(公共福利, salus publica)'를 뜻하는 말로 쓰였다.

한편 독일어에서는 'Öffentlich'라는 말이 있는데, 이는 '열려 있는(open)'의 뜻으로 쓰였고, '진실한', '올바른'이라는 뜻도 있다고 한다. 무엇이든 올바른 것으로 인정되려면 어떠한 것도 감춘 것 없이 열려 있어야 한다는 의미로 이해될 수 있다(칸트, "이성이란 비판적 개방성이다"). 또한 'Öffentlich'는 '공동의(gemein)'라는 뜻으로 사용되면서 라틴어의 'publicus'와 의미상 유사하게 되었다.

이렇게 어원으로 살펴볼 때 공공성이라는 말에는 인민, 공공복리, 공개성이라는 세 가지 의미를 함께 담고 있다고 볼 수 있다. 그런데 공공복리는 처한 입장과 처지에 따라 다르고, 사람들의 이해관계에 따라 언제나 가변적인 형태로 나타날 뿐 아니라 서로 충돌하게 된다. 따라서 공공복리의 실체는 미리 정해져 있는 것이 아니라 어떤 것이 공공복리에 적합한지에 대한 합의의 과정을 따르게 된다. 이 합의가 이루어지고 나면 공식적인 확인을 거치게 되는데, 이 모든 과정은 공개적인 의사소통을 통해 이루어진다. 공공복리는 누구에게나 올바른 것으로 확인되어야 하고, 특정인이 아니라 누구에게나 이익이 되는지를 판단하기 위해서는 '공개성'이 필수적이기 때문이다. 또한 누구라도 차별 없이 공개적인 의사소통에 참여해 발언할 수 있어야 하므로 공개성에 더해서 의사소통의 평등성 혹은 접근성이라는 요건이 부가되어야 한다. 이렇게 평등한 사람들의 공개적인 의사소통이 이루어지는 곳을 '공론장'이라 부른다.[16] 공공성은 자유롭고 평등한 인민이 공개적인 의사소통의 절차를 통해 공공복리를 추구하는 속성이다.

국가공공성과 '마을만들기'

공공성(公共性)이라는 말에는 공공성의 '주체'로서의 인민(人民)과 공공성의 '목표'로서의 공공복리(公共福利), 그리고 공공성 실현의 '방법'으로서의 공개성(公開性)이 함께 들어가 있다. 하지만 근대국가가 성립한 이래 국가의 주도성이 강화되면서 공공성을 단지 국가(권력)의 속성으로 이해하는 경향이 생겼다. 이런 경향은 특히 시민사회를 제대로 경험하지 못한 신생 독립국에서는 당연하게 여겨지고, 민주주의가 후퇴하고 시민사회가 억압받는 시기일수록 더욱 강화된다. 즉 국가는 시장경제가 확립된 이후 시장경제의 폭발적인 확장으로 마련된 국가 재정을 이용하여, 사회간접자본 및 복지 제도를 통해 '공공(公共) 영역'을 만드는 사업과 투자를 지속적으로 확대해왔다. 이렇게 국가가 하향식(top-down)으로 공공 영역을 형성해온 역사 속에서 공공성은 국가의 전유물이 되었고, 시민은 오로지 공공 영역에서 수혜자라는 수동적인 위치에 머물게 되었다. 따라서 생활세계는 국가에 의해 지도·감독되어야 하고, 단지 계몽의 대상으로 취급된다. 이때 공공성(公共性)이라는 단어에서 앞의 '공(公, public)'은 국가의 공권력을 의미하며, 뒤의 '공(共, common)'은 시민들 간의 상호 교류가

---

16 하버마스는 공론장을 사회구성원 간의 이성적이고 비판적인 토론과 대화가 이루어지는 곳이라 정의했다. 또한 대화와 토론이 의사소통적 합리성의 전제조건이 된다고 하였다.

이루어지는 시민사회의 영역을 의미한다. 따라서 국가공공성(國家公共性)이란 국가(公)가 주도하여 만들어낸 공(共)의 영역, 즉 공공(公+共=公共) 영역의 성격을 뜻한다.

우리 사회 역시 5·16 군사쿠데타 이후 개발독재식 경제개발과 국가통치적 사회·복지정책의 추진 과정에서 공공성은 국가의 전유물이 되었고, 국가 주도의 위계적(통치적) 거버넌스로 공공(公共) 영역이 만들어져왔다. 이 과정에서 시민의 자발적 참여와 창의는 억압되고, 관변적인 시민동원체제만 비정상적으로 구축되었다. 하지만 이러한 하향적 공공정책은 그나마 국가 재정의 고갈로 급격히 추진력을 상실하게 되고, 무엇보다 다원화된 사회에서 그 정책적 효과가 형편없이 떨어지면서 근본적인 한계를 드러냈다. 더욱이 신자유주의의 파고는 경쟁 자체를 무의미하게 하는 '강자독식'의 지경으로 치닫고, 국가가 응당 책임져야 할 사회 안전망이 민영화라는 이름으로 시장으로 내맡겨져 급기야 개인의 책임으로 떠넘겨지고, 최소한의 사회 보장적 장치에 구멍이 뚫리게 되었다. 생계형 자살 사건이 빈발하는 것은 이러한 현실의 한 단면을 보여준다. 이른바 공공성의 한계, 공공성의 해체라는 공공성(公共性)의 위기 상황이 벌어진 것이다.

정부가 주도하는 마을만들기는 이러한 공공성의 위기를 배경으로 추진된다. 즉 일방적인 복지 자원의 전달 체계는 갈수록 복지 재정 확보를 힘겨워할 뿐만 아니라 복지 사각지대가 자주 노출된다든지, 이른바 '낙인 효과'에 따른 거부감으로 상징되듯 복지 수혜자의 만족도가 떨어지는 등 뭔가 새로운 전환이 요구되고 있다. 그래서 정부는 공공성 위기의 대안으로 정부가 구축하고자 하는 공공 영역을 마을이라는 생활세계로 하향시킴으로써 공공(복지)정책의 체감도를 높이려 한다. 무엇보다 마을 주민들 간의 호혜적인 관계망을 복원함으로써 시민이 창출하는 공(共) 영역을 통한 정책의 효과를 높이고자 한다. 아울러 정부의 재정 지원이 단절 또는 축소되더라도 마을에서 자율적인 자원 조달이 이루어져 지속성을 갖게 할 수 있다는 점도 기대하고 있다.

그런데 이 역시 정부의 관 주도적 행정 관행이 근본적으로 변하지 않은 채 집행됨으로써 이른바 '마을만들기'라는 하향식 마을정책이 시민적 공(共) 영역을 창출하는 데 실패하거나 오히려 방해하는 문제를 야기하고 있다. 이렇게 국가가 생활세계에 기초한 공(共) 영역을 창출한다는 것은 국가 주도 공공성의 위기를 극복하기 위한 유력한 대안으로 강구된 것이다. 그럼에도 국가 주도의 마을만들기가 관 주도의 부작용을 야기함으로써 문제를 해결하지 못하게 되어 딜레마 상황에 빠져 있다. 이 딜레마를 해결할 수 있는 방법은 무엇일까?

마을공공성과 '마을하기'

마을공공성은 국가가 주도하는 공 영역의 창출과는 달리 시민 혹은 주민이 자신이 생활하는 장소를 거점으로, 자신이 주도해 생활의 필요를 해결하기 위해 자신들의 자원(돈, 지혜, 땀, 정보)을 내놓고 스스로 위험을 부담하면서 공(共) 영역 및 공조(共助)의 영역을 형성하고 확장할 때 얻어진다. 즉 시민·주민이 마을이라는 일상적 생활세계 속에서 생활의 필요를 중심으로 협동적 실천을 해나가는 것이 바로 '마을공공성'을 구축하는 과정이다.

앞 절에서 설명한 대로, 하소연과 궁리, 그리고 협동으로 이어지는 일련의 과정에서 개인의 필요가 친밀한 공감적 신뢰 관계를 바탕으로 한 의사소통을 통해 공동의 과제로 공유되고, 이를 함께 해결해가는 과정에서 공공성이 형성된다. 이렇게 형성되는 공공성을 '마을공공성'이라 하며, 마을공공성을 창출하는 의식적인 노력을 '마을하기'라 부른다. 여기서 주목할 대목은 '공론화 과정'이다. 즉 개인의 필요가 여럿의 공통된 필요로 전환하게 되는 계기가 바로 공론화 과정을 통해 만들어지기 때문이다. 공론화 과정에서 각자의 필요가 (공동의 이익이라고) 주장되고, 서로 충돌하며 궁극에는 합의·조정되면서 공동의 이익이 공개적으로 확인되고 공적으로 확정되는 것이다. 즉 공론화란 주민들이 개인의 생활상의 필요와 관심을 유지하면서도 그 것을 자연스럽게 공공의 관심사로 확장시키는 과정이고, 이런 공론화 과정이 이루어지는 의사소통의 장을 공론장(公論場)이라 한다. 따라서 마을하기의 핵심은 공론화 과정이며, 마을하기의 핵심 과제는 바로 공론장을 여는 것이다. 마을살이는 친밀한 이웃들과 '끼리끼리' 시작되지만 이를 넘어서야 지속 가능하기 때문이다.

공론장의 역사적 사례로 17~18세기 유럽에서 유행한 살롱을 들수 있다. 귀족과 지식인 등이 주도하고 문학과 예술을 주된 화제로 삼았지만 점차 공권력에 대한 비판의 장으로 확대되었다. 이는 차를 마시는 친밀한 공간에서 당대 정치적 쟁점인 절대주의 정치체제에 대항하여 공개적인 토론을 벌이는 시민사회의 대표적인 공론장으로 기능하였다. 그 밖에도 티파티(tea party)나 타운홀 미팅(town hall meeting), 마을 회의, 지역신문 등도 마을 및 지역사회 차원에서 공론장이라 할 수 있다. 또한 공론장은 참여하는 사람들의 규모, 토론하는 주제의 성격에 따라 그 위상이 다양하다. 이웃 주민들 몇몇이 모인 작은 주민 모임에서부터 여러 개의 주민 모임이 함께하는 공론장이 있고, 동 단위 또는 그 이상의 규모에서 마련되는 공론장이 있을 수 있다. 이렇게 의제의 성격이나 나서는 주민 주체의 범위 및 역량에 따라 다양한 공론장이 생기고, 다양한 위상의 공론장들이 서로 영향을 주고받을 때 가장 바람직한 공론장의 생태계가 조성된다.

공론장이 부실하거나 부재할 경우, 마을살이는 개인의 이해나 일부 소수의 집단적인 이해관계로 인해 마을 관계망을 확장시키지 못하게 되며, 경우에 따라서는 배타적인 모습을 띨 수도 있다. 더욱이 현대사회에서는 공론장이 거의 파괴되어 제대로 작동하는 공론장이 거의 없다시피 하다. 산업사회의 비약적 발전과 국가권력의 확장으로 근대적 공론장이 축소되고, 시민들은 기술관료의 분배정책에 대해 수혜자 지위에만 몰두하고 정치적으로 무관심할 뿐만 아니라 자신의 사생활에만 매몰되는 경향을 보인다. 또한 매스미디어의 발전은 시민들을 수동적인 문화소비자로 전락시키고 시민사회의 공공성 창출능력을 퇴화시켜버렸다. 한편 현대의 국가는 과거와는 달리 강제적이고 폭력적인 통치 방법을 사용하지 않고, 국민이 스스로의 역량을 강화하며 자신의 삶을 주체적으로 영위하도록 함으로써 국가를 유지발전시키는 '관리합리적' 통치 방식으로 전환한다고 한다. 그래서 시민의 국가에 대한 비판적인 공론의 기능은 갈수록 협소해진다.

우리 사회 역시 이러한 현대사회에 대한 진단을 부인하기 어렵다. 국가 차원의 공론장인 의회와 언론에 대한 시민들의 불신은 갈수록 높아가고, 마을이나 지역사회 차원의 공론장 역시 그나마 자취를 찾아볼 수 없게 되었다. 동네 골목길과 구멍가게, 시장통이 주민들의 일상적 공론장 역할을 했건만 아파트가 대규모로 들어서면서 사라져 버렸다. 일상의 대면 관계는 익명성에 흡수되고 반상회나 아파트 입주자회의는 관변화되어 공론장으로서의 공개성과 평등성을 상실한 지 오래다.

국가공공성과 마을공공성

한편 공론장의 활성화는 국가공공성의 과도한 확장을 막고, 나아가 국가공공성을 마을지향적이고 주민 친화적으로 개조하는 역할을 한다. 그동안 국가가 통치적으로(top-down) 공공성을 주도하면서 주민을 동원하고, 마을 차원의 공공 영역(공론장)을 파괴하거나 관변적 성격으로 바꾸어 국가적 통치 질서로 포섭했다면, 반대로 마을공공성이 국가공공성(국가적 공공 영역)을 혁신하여 관변화된 공론장을 주민 주도적으로 바꿔내고, 주민들이 쉽게 나설 수 있는 공론의 환경을 확대하는 것이다. 결국 마을공공성과 국가공공성은 각자의 주도권으로 공적 영역(공론장)을 확장하려는, 서로 대립하는 위치에서 작용한다고 볼 수 있다.

국가(公)가 주도하여 만든 공(共) 영역을 공공(公共)이라 부른 것과 대비하여, 주민(私)들이 공공적 영향력을 발휘하여 국가 제도로 확보한 공(共) 영역을 사공(私共)이라 부르기도 한다.[17] 이렇게 획득된

---

17 요코다 카쓰미, 《다 그런 거지 하는 가운데 실천하는 얼터너티브》, 가나가와 네트워크운동, 1998년.

사공(私共)은 역으로 주민이 주도하는 공 영역(공론장)을 보호하고 촉진하는 역할을 한다. 이렇듯 주민이 주도하여 공 영역을 창출해내는 과정에서 생긴 힘이 제도적인 변화를 추동해내고 (생활)정치력이 작동하는 상태를 자율정치, '자치(自治)'라고 한다. 마을이라는 생활세계에 기초해 하소연을 통한 공감과 열린 공론장에서의 수평적 소통으로 형성되는 협동적 생활 관계망은 새로운 정치적 잠재력이다. 전문 정치인을 통한 위임정치가 아니라 문제의 당사자로서 문제 해결에 직접 나서는 이른바 '직접 민주주의적 실천'의 동력이 되기 때문이다.

시민공공성과 마을공공성

국가는 선거를 통해 '위임(委任)' 받은 권력을 사용하여 시민을 동원하고 시민사회를 국가 질서에 포섭함으로써 국가적 공공(公共) 영역을 구축하고 국가공공성을 실현한다. 국가공공성은 국가가 주도해 시민사회를 대상으로, 행정력을 발휘하고 국가 재정을 동원하는 '톱다운(top-down)' 방식으로 공공 영역을 창출하므로 그로부터 나오는 공공성은 통치적 성격(질서, 규율, 통합)을 가진다. 반면 시민단체는 시민을 '대변(代辯, advocacy)'하기로 '자임(自任)'하고, 국가공공성을 개조하고 혁신함으로써 시민공공성을 실현하고 확장한다. 이는 국가공공성과는 달리 선거라는 주권 위임의 절차 없이 스스로 자임하므로 그 행동에 권력이 발생하지 않고, 자율과 비판 그리고 성찰 등을 주요한 가치와 행동의 원리로 삼는다. 80년대 민주화투쟁 이후, 한국 사회의 시민단체들은 국민/시민을 대변하여 민주주의적 정치와 사회를 확립하기 위하여 국가 제도의 개조와 혁신을 주도해왔다. 80년대 학생운동에 뿌리를 둔 민주화운동의 세력이 주축이 된 시민단체의 시민운동은 90년대를 경유하면서 시민운동에서 주체가 되어야 할 주민(시민)이 참여하지 못하고, '지지' 수준의 수동적인 참여에 머물면서 시민단체 활동의 동력과 그 영향력은 갈수록 축소되어왔다. 따라서 갈수록 엘리트 중심의 계몽적인 성격으로 고착되었다. '시민 없는 시민운동'이라는 반성은 그런 상황을 반영한다.

마을공공성이란 본질상 국가에 대항하여 자율적 시민들이 스스로 생활세계에서 공(共) 영역을 구축하면서 실현된다는 점에서 시민공공성과 같다. 하지만 지금 시민공공성의 실현 현장에는 시민 주체가 머뭇거리고 있고, 지지자라는 수동적인 위치에 머물고 있다. 이제는 시민이 직접 나서서 자신들의 공공 영역을 만들어내야 한다. 엘리트 시민 활동가들의 자임적 대변에 지지를 보내는 것에 그치지 않고 주민들 스스로 나서서 공 영역을 만들고, 나아가 그 과정에서 쌓이는 마을공공성을 바탕으로 국가공공성을 개조하고 혁신해가야 한다. 즉 시민단체가 했던 역할을 시민이 자신이 생활하는 장소(생활세계, 마을)에서부터 직접 나서서 하는 것이다.

한편 시민이 직접 나서려면 자신의 생활상의 필요를 해결할 수 있고, 친밀한 이웃들과 함께일 때 비로소 가능하다. 그런데 이웃들과의 친밀한 관계를 바탕으로 자신의 생활상의 필요를 함께 해결해가는 것이 바로 '마을살이'다. 그래서 마을이라는 장소에서 이웃들과 함께 만들어간다는 의미를 강조하고자, '엘리트 중심의 계몽적 성격'이 강한 시민공공성과는 구분해 굳이 마을공공성이라는 말을 사용하려는 것이다. 그러므로 마을공공성은 생활세계를 기초로, 주민이 주체로 나서는 과정에서 '시민사회=시민공공성'을 미시적으로 재구성하는 계기라 말할 수 있다.

그 차이를 좀 더 설명해보면 아래 표와 같다.

공공성 개념			권력적 역관계	정치 영역	공론장	
국가공공성 public	국가 公同體	공조 (公助)	하향식(top-down)	제도정치권	국가 공공권	공공권 (圈)
			선거와 (권력) 위임			
			동원과 포섭			
시민공공성 citizenship	시민 사회	공조 (共助) ⋮ 근조 (近助) ⋮ 자조 (自助)	대변(advocacy)	자율정치권	시민 공공권	
			자임과 지지			
			계몽적 대변			
마을공공성 common(s)	마을 共同體		상향식(bottom-up)		마을 공공권 (지역사회)	
			직접 나서기			
			하소연-궁리-협동		친밀권(圈)	

정부의 일방적인 마을만들기 흐름에 맞서 그 부작용을 통제하고 주민이 주도하는 마을하기가 제대로 자리 잡으려면, 정부에 대한 적절한 전략이 필요하다. 즉 협력적 거버넌스와 마을지향 행정을 더욱 진전시켜야 한다.

대립과 견제, 그리고 균형 생활세계에 기초하여 주민이 주도하는 (bottom-up) 공 영역과 그것이 만들어내는 마을공공성(commom)은 국가가 주도해서 만들어내는 관치적(官治的, top-down) 공 영역과 그것을 기반으로 하는 국가공공성(public)을 견제하고 혁신하는 역할을 한다. 즉 지나치게 비대해진 '국가공공성을 축소시키고' 주민이 함께 만드는 '마을공공성을 확장시키는' 노력을 통해 국가공공성을 견제해야 한다. 그럴 때 정부가 만드는 공(公) 영역과 주민이 만드는 공(共) 영역이 힘의 균형을 이루게 된다. 아울러 이 두 영역(국가와 주민)이 만들어내는 공(共)적 가치가 상호 선순환하며 확대재생산될 때 우리 사회는 공공성이 널리 보장되는 사회로 한발 다가서는 것이다. 이 것이 바로 사회 혁신이다. 또한 마을공공성과 국가공공성이 서로 균형을 이루게 되면 국가(정부)는 '통치의 주체'가 아니라 '주민자치의 도구'로서의 성격을 가지게 된다. 예컨대 '세금'이 기본적으로는 국가가 '통치'를 하기 위한 자본으로서 사용되지만, 다른 한편으로는 주민이 '자치'를 하기 위한 자본으로도 사용될 수 있다. 이럴 때 시민은 민주주의에 의해 통치를 받는 대상이 아니라 민주주의를 '사용'하고 '행사'하는 정치의 주체로서 등장하는 것이다.

국가공공성의 혁신과 마을지향 행정 마을공공성의 강화는 국가공공성을 혁신하는 역할을 해야 한다. 혁신의 핵심은 국가 재정을 집행하는 방식을 혁신하는 것이다. 즉 국가의 자원을 지원(top-down)하되 그 성과는 주민이 주도하는 형태(bottom-up)로 나오도록 톱다운(top-down) 방식을 혁신하는 것, 즉 행정을 혁신하는 것이다. 그러기 위해서는 행정 시스템을 마을공공성이 만들어지고 움직이는 마을 방식과 들어맞도록 바꿔야 하는데, 이를 '마을지향 행정'이라고 말한다. 마을지향 행정이란 '마을지향성'과 '주민친화성'이 장착된 행정을 뜻하며,

행정 혁신의 방향이다.

　정부 예산을 양성평등 원칙에 위배되지 않도록 편성하는 기준으로 '성인지예산제'가 행정 시스템에 안착되었듯이, 마을지향 행정 역시 행정이 예산을 편성하고 정책을 짤 때 항상 염두에 두어야 할 원칙으로 자리 잡도록 해야 한다. 마을지향성은 한마디로 '마을 관계망이 형성되고 확장되는 흐름을 거스르지 않고 촉진시키는 방향으로 역할'을 잘하면 되고, 주민친화성은 '일반 주민들이 쉽고 만만하게 정부의 지원 프로그램에 접근할 수 있도록 문턱 낮추기'를 잘하면 달성된다.

　협력적 거버넌스와 혁신의 지속성 마을공공성의 성장에 힘입어 국가적 공공 영역이 개조되었다 하더라도 그것이 마을지향적으로 제대로 작동되도록 하려면 주민과 행정(공무원) 간의 긴밀한 협력이 필요하다. 이때 협력은 실로 대등한 수평적 협력이어야 한다. 국가공공성이 작동하는 오랜 관행에 따르면, 행정이 공공성을 독점하고 공공성의 유일한 담지자이자 집행자로 군림한다. 시민은 그 수혜자에 불과하고 잘해야 집행 체계상 말단의 보조 수행자에 지나지 않는 역할이 주어질 뿐이다. 이러한 관계 설정에서는 어렵게 개조된 행정 시스템이 마을지향적으로 작동하지 않는다. 오히려 주민이 삶의 현장에 그동안 구축해온 공(共) 영역의 경험을 행정이 존중하고 배우는 자세로 임해야 한다. 나아가 주민은 이제 더 이상 통치의 대상이 아니라 '자치의 주체'이며, 행정은 이제 더 이상 통치의 주체가 아니라 '자치의 도구'가 되었음을 인정해야 한다. 이럴 때 비로서 민과 관은 '협력적 거버넌스'의 파트너가 되는 것이다. 이렇게 관이 먼저 민에 대한 인식을 바꾸는 것이 협력적 거버넌스의 필요조건이다. 또한 협력적 거버넌스가 현실에서 제대로 작동하기 위한 충분조건은 시스템의 변화다. 그 시스템 변화의 핵심은 '의사 결정의 공유', 즉 권한의 분담이다. 이는 계획 수립의 단계, 집행 및 평가의 단계에 이르기까지 일관되게 지켜져야 한다. 그래야 보조자, 하청업자, '을'이 아니라 대등한 협력 파트너가 된다.

주민이 자신의 삶터에서 생활의 자잘한 필요로부터 이웃들과 협동적 관계망을 일궈내고, 그 힘을 바탕으로 국가를 움직여 국가적 공 영역을 혁신하는 과정은 우리 사회의 공 영역을 균형 있게 확장시킴으로써 사회 혁신을 이뤄내는 중추적 동력이 된다. 또한 사회 혁신의 구도와 흐름이 지속적으로 작동하게 하려면 주민과 행정이 상호 대등한 협력적 거버넌스라는 협업 시스템을 구축해내야 가능하다. 그래서 주민 주도적 마을하기가 감당해야 할 과제는 주민이 협력적 거버넌스의 당사자가 되는 것까지 포함되어야 한다.

1. 마을이란?

마을공동체는 주민들이 '생활상의 필요와 욕구'에 관해 함께 '하소연'하고, 그것을 해소할 수 있는 가능성을 함께 '궁리'하고, 함께 '해결'하는 과정 속에서 형성되는 '이웃들의 협력적 생활 관계망'이다.

관계망으로서의 마을	일상생활의 대면 관계	• 일상의 흐름 위에서 일상의 소재를 매개로 일상의 장소에서 만나는 이웃들의 관계
	개인의 자유의지에 기초하여 선택한 관계	• 개인의 의사가 가장 중요한 관계 • 개인의 형편과 조건이 존중되는 관계망
무한경쟁 시대와 공동체성	기능적 상호의존성	• 마을이 성립하고 마을에서 사람들이 이웃으로 살아가게 하는 원동력으로서 지역성과 주거성 및 사회적 기반시설의 공유
	공동체성의 부활	• 연대감, 지역 정체성, 대면적 · 협력적 관계망 • 공동의 목적을 추구하는 다양한 활동 등

2. 마을살이란?

마을살이란 마을에서 이웃들과 살아가는 것. 즉 자신의 생활상의 필요와 욕구에 관해 이웃들과 '하소연'하고, 그것을 해소할 수 있는 가능성을 이웃들과 '궁리'하고, 그리고 마침내 이웃들과 '해결'하면서 함께 살아가는 것이다.

마을이 움직이는 원리이자 마을 형성의 동학	생활의 필요와 욕구	• 주민의 자발성과 아이템의 내발성(내재성) • 생활정치와 자율정치
	하소연	• 상대에 대한 친밀감과 신뢰에 기반 • 이웃의 고통에 대한 공감과 나눔
	궁리	• 문제의 보편성과 해결의 당위성을 인식 • 그 가능성과 방향성에 대한 탐색
	협동	• 문제 해결을 위한 역할 인정과 역할 분담 • 이해와 학습을 위한 공론의 장으로서 토론과 의사 결정
자발적 마을 형성 원리로서 마을활동과의 구별	마을살이 vs. 마을활동	• 활동가들이 마을을 '만들기' 위한 목적으로 하는 '마을활동'과 구별하기 위해 주민들이 자발적인 노력으로 마을(관계망)을 형성해가는 원리를 '마을살이'로 부른다.
	이들을 구별하는 몇가지 특징	• 계몽적 방식, 프로그램식 활동, 대상화된 프로그램 소비자

3. 마을하기란?

정부 정책으로서의 '마을만들기'와는 구별되는 의미로, 시민·주민이 자신의 삶터에서 자발적으로 이웃들과의 생활 관계망을 만들어가는 움직임을 '마을하기'라 부른다. 정부 정책과 주민이라는 양자의 움직임이 긍정적인 시너지를 내도록 하기 위한 방안을 궁리해야 한다.

국가공공성과 마을공공성	관 주도의 (국가정책으로서의) 마을만들기	• 정부 정책에 대한 체감도를 높이고, 주민 관계망과 결합하여 정책 효과의 시너지와 지속성을 창출하고자 마을 단위의 생활세계로 공공정책을 더욱 하향시켰지만 여전히 하향적, 관 주도의 문제점을 지니고 있다.
	민 주도의 (마을공공성을 위한) 마을하기	• 주민 주도적 마을공공성: 시민·주민들이 생활공간을 거점으로 스스로 주도적으로 생활의 필요를 해결하면서 공 영역을 형성·확장한다.
		• 마을지향적 국가공공성: 마을공공성에 기반한 생활정치를 통해 국가공공성을 마을 지향적으로 혁신한다.
협력적 거버넌스와 마을지향 행정	대립과 견제, 그리고 균형	• 주민 주도의 공공 영역을 형성함으로써 정부가 만드는 공공 영역을 견제하고 혁신을 유도하여 국가 재원을 주민자치를 위한 기반으로 활용함으로써 두 영역의 균형과 상호 선순환 관계를 지향한다.
	국가공공성의 혁신과 마을지향 행정	• 국가공공성을 혁신하는 방향은 마을지향 행정이며, '마을지향성'과 '주민친화성'을 그 내용으로 한다.
	협력적 거버넌스와 혁신의 지속성	• 행정이 공공성을 독점하고 시민·주민을 그 시혜의 대상으로 삼게 되면 마을지향 행정을 구현하기 어려우므로, 시민·주민이 자치의 중심에 자리 잡고 마을지향 행정이 가능하도록 민·관의 수평적이며 협력적인 파트너십을 형성하고 의사 결정을 공유해야 한다.

마을과 행정 사이를 오가며 짱가가 들려주는 마을살이의 모든 것

도시에서 행복한 마을은 가능한가

지은이 | 유창복

1판 1쇄 발행일 2014년 12월 1일
1판 2쇄 발행일 2015년 11월 2일

발행인 | 김학원
경영인 | 이상용
편집주간 | 위원석 황서현
기획 | 문성환 박상경 임은선 최윤영 조은화 전두현 최인영 이혜인 정다이 이보람
디자인 | 김태형 임동렬 유주현 최우영 구현석
마케팅 | 이한주 김창규 이선희 이정인
저자·독자서비스 | 조다영 채한을(humanist@humanistbooks.com)
스캔·출력 | 이희수 com.
용지 | 화인페이퍼
인쇄 | 청아문화사
제본 | 정민문화사

발행처 | (주) 휴머니스트 출판그룹
출판등록 | 제313-2007-000007호(2007년 1월 5일)
주소 | (121-869) 서울시 마포구 동교로23길 76(연남동)
전화 | 02-335-4422 팩스 | 02-334-3427
홈페이지 | www.humanistbooks.com

ⓒ 유창복, 2014

ISBN 978-89-5862-740-1 03300

* 이 도서의 국립중앙도서관 출판예정도서목록(CIP)은 서지정보유통지원시스템 홈페이지(http://seoji.nl.go.kr)와 국가자료공동목록시스템(http://www.nl.go.kr/kolisnet)에서 이용하실 수 있습니다.(CIP제어번호: CIP2014033686)

만든 사람들

편집장 | 황서현(hsh2001@humanistbooks.com)
기획 | 박상경 최윤영 이보람
편집 | 송성희 이영란
디자인 | 임동렬
일러스트 | 황진주